広島修道大学学術選書22

言語政策としての英語教育

山田　雄一郎

溪水社

目　　次

序　章　言語政策確立の必要性について……………………………3

第1章　動き出した世界の英語……………………………………17
　　第1節　「文化」としての英語から「道具」としての英語へ　17
　　第2節　EUの多言語主義とイギリスの不安　24
　　第3節　「英語たち」の世界　40
　　第4節　世界の期待と不安：多言語主義とグローバリゼーション　58

第2章　JETプログラムと英語教育………………………………63
　　第1節　ネイティブ・スピーカー幻想　63
　　第2節　JETプログラムの実態とその思想　67
　　第3節　ネイティブ・スピーカーにとってのJETプログラム　78
　　第4節　反省と改善に向けて　95

第3章　小学校における英語教育…………………………………99
　　第1節　問題の所在　99
　　第2節　目的に関する議論　109
　　第3節　手段に関する議論　122
　　第4節　反対論を超えて　139

第4章　英語公用語論の思想 …………………………… 147

第1節　英語公用語論の登場　147
第2節　言語政策と公用語の問題　150
第3節　バイリンガル育成とイマージョン教育の問題　163
第4節　言語政策の確立のために　173

第5章　日本人に求められる英語 ………………………… 181

第1節　新しい動き：「英語が使える日本人」の育成のための戦略構想　181
第2節　「戦略構想」誕生の背景　191
第3節　「戦略構想」の批判的検討　199

終　章　日本における多言語使用の可能性 ……………… 219

資　　料 ………………………………………………………… 241

1　JETプログラム　241
2　「英語が使える日本人」の育成のための戦略構想　249

参考文献 ………………………………………………………… 255

あとがき　269

索　引　273

言語政策としての英語教育

序章　言語政策確立の必要性について

　本書のねらいは、日本の英語教育が抱えるさまざまな問題のうち、とくに言語政策に関わるものに焦点を当てて論述し、問題の所在を明らかにし、かつ、その改善に向けて提案を行うことにあります。本書で取り上げているのは、外国語教育の世界的趨勢、JETプログラム、小学校英語教育、英語公用語論などの問題です。これらの問題は、一見、別々の相貌を呈していますが、その本質的な部分では互いに密接な関連を持っています。そして、その関係を明らかにすることは、そのまま日本の英語教育が抱えている矛盾を明らかにすることでもあります。論述にあたっては、できるだけ多くの資料にあたり、公平な視点から検討することを基本としました。以下、本論に先立って、言語と言語教育一般に関する本書の理論的立場を明らかにしておきたいと思います。

　地球上にどれくらいの言語があるのかははっきりとはわかりませんが、現在、その数は、6,000から7,000位であると推定されています[1]。さらに、これらの言語は、互いに無関係に存在しているというよりも、階層的な序列の中で体系化されていると考えられています。たとえば、Louis-Jean Calvet (1999) は、世界の言語は、バイリンガル（二言語使用者）によって結びつけられながら一大言語体系をなしていると言っています。Calvetは、

---

[1] 世界の言語の数を正確に示すことは、およそ不可能と言えます。方言のような地域的差異のどこに線を引いて亜種を認めるかには、決まった原則は存在しない（酒井邦嘉、2002: 99）のです。最近の推測値は6,000あたりに落ち着くようで、たとえば、David Crystal (2000) は、Ethnologueなどの統計値を参考にしながら、6,000±1,000を示しています。

この言語による世界システムのことを「グローバリゼーションの言語版」と呼んでおり、その基本的枠組みを次のように説明しました。

> システムの中心、つまり世界システムの中軸には、もちろん英語というハイパー中心言語がある。このハイパー中心言語の周囲をおよそ10のスーパー中心言語[2]が取り囲み、それらの言語の話者は英語を習得しようとする傾向がある。次にスーパー中心言語の周囲を100から200の中心言語が取り囲み（これは二言語使用者によってスーパー中心言語と結ばれている）、その次にこの中心言語が4000から5000の周辺言語の引力の中心となっている。(L-J. Calvet, 2000b: 31)

この仮説は、「重力モデル」(gravitation model) と呼ばれています。この仮説の基となった考えは、Abram de Swaan (1991) によって示された「銀河モデル」(galactic model) です。De Swaan (1991) では、'galactic model' という用語は使われていません。しかし、それに代わるものとして、'a floral figuration'（花の比喩）や 'the entire constellation of languages'（全言語群）という表現[3]が用いられており、Calvet の「重力モデル」のヒントとなった考えが示されています。De Swaan (2001) は、このモデルを改良し、スーパー中心言語として英語を含む12の大言語をあげ、それぞれを沢山の小惑星を従えた太陽系としてイメージしています。これら12の太陽系の中心に位置するのが英語であり、それらは、全体として一大銀河系を構成することになります。De Swaan (*ibid.*, 6) では、次のように説明されて

---

[2] Abram de Swaan (2002: 5) では、スーパー中心言語として、アラビア語、中国語、英語、フランス語、ドイツ語、ヒンズー語、日本語、マレー語、ポルトガル語、ロシア語、スペイン語、スワヒリ語の12言語が挙げられています。De Swaan は、これらの言語は、スワヒリ語を除いて1億以上の話者人口を有しており、その周辺の中心言語を結びつける役目を果たしていると説明しています。

[3] 大言語を中・小言語が放射状に取り巻く姿を、「花」や「星座」に喩えた表現です。

います。

> 英語は、世界的コミュニケーションの中心言語である。英語を含む12の大言語はそれぞれの言語太陽系を構成しているが、その中で英語は、全銀河系の中心に位置している。英語がその地位についたのは、わずか半世紀前のことで、将来基軸言語としての地位を失うことも考えられる。もっともここ数十年は、その心配はないであろう。逆に、その地位は、一層強化されると予想される。

　この仮説を押し進めていけば、最終的に世界中の言語が英語という一言語に向かって吸い寄せられ、場合によっては膝を屈することになる[4]のですが、果たしてそのような事態が生じるかどうかは簡単に結論づけられません。David Graddol (1999) も、これからの世界に英語とのバイリンガルが増加するとは予想していますが、バイリンガルによって世界の言語がどのように結びつけられ、その結果、英語がどのような立場に置かれるかについては予測できないとしています。いずれにしても、世界の言語は、これまでのように互いに無関係を装って、自分とその自分を取り巻く小さな世界の中だけで生きていくことは、もはやできなくなっているのです。

　以上を日本にあてはめれば、そこから導き出される指針も明らかです。これからの日本の英語教育は、これまでのように日本人だけの問題として存在するのではありません[5]。学んだ英語を、世界との交流の道具として使

---

[4] たとえば、R.M.W. Dixon (2001: 206) は、「今の状態がこのまま変わらないとすれば、現在起きている中断期の最終段階では、最も大きな威信を持った、単一の世界言語が残っているだけの状態となってしまうだろう。そうなるには数百年かかるだろうが、それが我々の向かっている究極の状態なのだ」と述べています。

[5] 「21世紀日本の構想」懇談会の報告書 (2000) にも、「グローバリゼーションの影響は政治と外交から経済、社会、生活にも及び国の中だけで完結する「閉ざされたシステム」は空洞化し、疲弊していくだろう」という記述が見られます。

いこなさなければならない時代がやってきたのです。英語を学習の対象としてのみ扱うような自己満足や自家中毒的症状の中にとどまっていることはできません。外国語教育プログラムの中で英語を無視することは、いまや世界のどの国にとっても困難になっています。むしろ、英語との間合いをどう取るかによってその国の外国語教育が決まってくると言った方がよいくらいです。英語は、かつて世界にその勢力を誇示してきたいずれの言語とも、その性質と立場を異にする言語になっているのです。そのことは、これまで英語に対して敵愾心を燃やしてきたフランス人ですら進んで英語を学び始めた[6]という一事をとっても明白であると言えるでしょう。

このように、英語は、世界の中心的言語として大きな吸引力を働かせるようになりました。その結果、英語自身がそれを求めたというわけではないのですが、気がついてみるといつの間にか支配言語の役割を演ずることになっていたのです[7]。他の言語にしても、自分たちは被支配言語であると思って英語に向き合っているわけではないでしょう。しかし、両者の関係は、互いの影響力の差によって階層的に捉えられるのが普通であり、それを否定することが困難であることを認めないわけにはいきません。上位の言語は、競争社会を勝ち抜く上で、政治、経済、学問などさまざまな分野で、下位の言語に比べて有利な立場にあります。そのため、下位の言語を話す人たちの間に、常に自分より上位の言語を学ぼうとする傾向が生まれ

---

[6] フランスでは、義務教育課程において外国語として選択できる言語は14あります。第一外国語は、中等学校（college）1年次（11歳）で選択必修となっていますが、生徒の88％は英語を選択しているということです。第二位は、ドイツ語で11％、その他の言語はこの段階で殆ど選ばれないことになります（Chaz Pugliese, 2001参照）。

[7] Robert Phillipson (1992) に、アメリカのフォード財団やロックフェラー財団あるいは英国のブリティッシュ・カウンシルなどの英語教育普及支援と英語帝国主義を結びつける記述が見られますが、英語普及と政治外交の関連づけについては解釈が分かれています（cf. Alan Davies, 1996）。こうした機関が、当初から今日の英語支配状況を企画していたと断言することはできませんが、その施策が与えた影響の大きさは否定できません。

るのです。Florian Coulmas (1993: 20-21) は、「共通語は富である」という比喩の持つ意味を、言語と経済の結びつきの視点[8]に立って次のように説明しています。

> 「言語は富である」というのは、したがって、より正確には、「共通語は富である」ということである。その意味は、共通語は個々の地方市場間の散財的な関係をまとめて大きな国内市場を形成する際の支えとなり、かくして関係者を初めて相互に結合してひとつの市場を形成させたということ、しかもそのさまざまな交易関係が言語の障壁によって阻害されず、今までより円滑に機能しうるような国家的な市場を形成させたということである。またその意味は、今までよりずっと大きな集団の知識が集められ、交換され、広い階層の人々にとって接近しやすくされたということでもあり、これは長期的には労働市場における使用可能な資源の質的向上とその動員の可能性の増大を意味したのである。

このように地球上の言語は、不覚のうちに一大体系の中に取り込まれ、相対的な関係の中で位置づけられ、価値づけられているのです。世界は、いま、言語の階層化が惹起する言語シフトとその結果生まれる言語消失という深刻な問題に直面しています。R.M.W. Dixon (2001) の言うように、標準に向かって収束を繰り返すという言語の特質が避けがたいものであるとしても、われわれがこの現状を座視してよいということにはなりません。公平な現実認識の中に積極的に身を置いて、言語的な平等を実践することによって新しい言語の地平を切り開く必要があります。Daniel Nettle &

---

[8] 言語を経済学の視点から捉え直すという考えは、日本でも新たな研究分野として広がりつつあります。たとえば、井上史雄 (2001) は、「経済言語学」という観点から日本語の位置づけを試みています。

Suzanne Romaine (2002: 297) は、米国で現れている二言語併用教育反対運動を批判する中で、「単一言語話者の喪失を悲しむより、二言語併用話者となることの推進に取り組むべきである」と述べています。

　以上のような認識に立って、私は、日本の英語教育を再検討することを考えています。これからの日本の英語教育は、これまでのように西洋文明の入り口としての機能を果たせば済むというわけにはいきません。日本は、英語の窓を開ければまるで風が流れ込むように西洋が飛び込んで来るという、いわば入超とその落とし子である西洋崇拝の時代を長く経験してきました。しかし、これからは、外の世界に向かって、その開けた窓から「何」を「どのように」運び出すかを真剣に考えなくてはならないでしょう。その意味からも、英語を始めとする外国語が果たす役割は、以前にもまして大きなものがあります。というよりも、ここまで述べてきたことからも予想できるように、政治、経済、その他諸々のことが地球規模で往来する今日、言語がその通行の手形[9]として大きな役割を果たすと考えなくてはならないでしょう。本書のタイトルからも想像できるように、私の考えているのは、世界の言語事情を視野に入れた英語教育の制度的な見直しです。そしてその見直しは、これまでのような一種対症療法的なものではなく、英語教育を中心とした外国語教育全体の政策的理念の検討を含んだ根本的なものでなくてはならないのです。

　明治以来、日本の言語政策は、日本語を中心に展開されてきました。「国語」の確立とその普及教育、アイヌ語や琉球語の撲滅と「国語」への同化政策、朝鮮や台湾における日本語強制、小笠原諸島返還に伴う「国語」化政策[10]などがその代表的な事例です。これに対して、外国語を対象にした言語「政策」は、皆無といってもよい状況です。外国語は、常に教育・学習の対象言語ではありましたが、その目的の中心は、外国語の学習を通して

---

[9] EC の打ち出した 'language portfolio' (第1章参照のこと) という考え方は、ここでいう「通行手形」としての言語という捉え方と本質的に同じものと言えます。

新しい知識や技術を習得するといった受け身的な役回りが強調されたものでした。その段階では、対外的な言語戦略[11]といった思想はなかったと考えてよいでしょう。

「武器としてのことば」(language as a weapon)という比喩がいつ頃からのものか正確にはわかりませんが、戦後に限っても、この喩えには、少なくとも三通りの意味が観察されます。初期の用法は、政治、とくに共産主義と関連づけられています[12]。George Orwell の代表作の一つ、*Nineteen Eighty-Four* の世界です。二番目の例は、Dwight Bolinger (1980) や Keith Allan & Kate Burridge (1991) に見られる純粋に言語学的視点から捉えられたものです。この場合、「ことば」は、使い方次第で相手を傷つける武器になるという視点から捉えられることになります。それから僅かの間に、この喩えに、もう一つの意味が加えられました。「ことば」を、地球規模での「競争の道具」として捉える解釈です。こうして、現在の「ことば」は、グローバリゼーションという相互依存を前提にした競争社会を勝ち抜くための道具として捉えられているのです。しかし、この捉え方には、注意しなくてはならない問題が含まれています。先進国首脳会議のメンバー国に代表されるような恵まれた国の場合には、「外国語学習の振興」を手だてすることにより、容易にこの競争に参加することができるのですが、競争力

---

[10] 1968年の返還以来の国語化政策のため、小笠原諸島の中心的言語であった英語は、死を迎えつつあります。Peter Trudgill (2002: 152-3) は、小笠原諸島における英語変種の現状に触れて、このままではその存在の記憶すら失われるとして、その記録の必要性を訴えています。この事例は、'killer language' と呼ばれる英語でも、状況次第で絶滅の危機を迎えるということを教えてくれます。また、有馬敏行(1975)は、小笠原返還当時の小・中学生の言語使用状況を具体的に紹介しています。

[11] 鈴木孝夫 (1985、1995) や「21世紀日本の構想」懇談会 (2000) など、近年、この視点の重要性が徐々に認識されるようになっています。

[12] US Government Printing Office (1959), *Language as a Communist Weapon: Consultation with Dr Stefan T. Possony, Committee on Un-American Activities, House of Representatives, Eighty-sixth Congress, first session.*

を持たない国の場合は、その前に解決しなければならない難題が山積しているのです。

　グローバリゼーションが世界の新しい統一形態だとすると、この統一は、装いを変えた帝国主義の一面を持っています。軍事・経済力による領土拡大競争を柱とした大国家主義が帝国主義であるとすると、グローバリゼーションは、地球上のあらゆる地域の相互連絡や相互依存を意味しており、いわゆる帝国主義の特徴である世界統合を目的とするものではありません (John Tomlinson, 1997: 342)。しかし、経済的活動や文化的活動の結果は、かつての帝国主義同様に支配と被支配の関係を生みだしているのです。植民地主義が終焉を迎え、「独立の時代」'the independence era of 1960s'[13] (David Crystal, 1999b) が始まってから、既に40年が経過しました。ケニアの作家 Ngugi wa Thiong'o (1987: 14-15) の次の言葉は、その希望の時代が始まってから20年以上も後のものですが、文化という名の新しい搾取[14]が依然として続いていることを如実に物語っています。

　　世界の被抑圧・被搾取人民は反抗を持続している。盗みのない世界の実現を期している。しかし、この集団的反抗に対して、帝国主義がふるい、日々実際につきつけている最大の武器は文化の爆弾である。文化の爆弾の効果たるや、一民族に自分たちの名前、自分たちの言語、自分たちの環境、自分たちの闘いの遺産、自分たちの団結、自分たちの能力、最終的には自分自身への信頼をなきものにすることである。それは彼らに自分たちの過去を何の達成もない一つの荒野だと思わせ、その荒野から自分らを引き離すことを願望させるのである。それは自らとは最もかけ離れているもの、たとえば、自らの言語ではなく

---

[13]　これは、一般に、植民地が次々に独立していったこの時代を代表する言い回しとして用いられています。
[14]　John Tomlinson (1997) の言う「文化帝国主義」。

<u>他民族の言語との一体化を彼らに願望させるのである。それは退廃的で反動的なもの、彼ら自身の姓名の泉を停止させるような諸勢力と彼らを一体化させるのである。</u>（下線は、筆者）

　このように、「ことば」を「武器」としてグローバリゼーションの大波に撃って出ようにも、その武器を最初から奪われている人たちも大勢残されているのです。彼らは、自分たちの言語がグローバリゼーションを生き抜くための道具とはなり得ないことを十分に感じ取っており、感じ取っているが故に、自分たちの言語や文化を犠牲にしてでも世界の言語階層を駆け上がろうとするのです。木谷勤 (1997: 55) は、Edward Said のオリエンタリズムの思想を下敷きにして、この関係の背後にあるものを次のように説明しています。

　　資本主義的「世界システム」のもとでの世界の一体化は「中心」と「周辺」のあいだに垂直分業をつくりだすことによって世界に工業化＝発展とモノカルチャー＝低開発という分裂を生み出した。この過程で「中心」のヨーロッパ人の心に、西洋の英知、文明、キリスト教にその他の世界の無知、野蛮、異教を対置する区別（差別意識）が根をおろした。

　David Graddol は、『英語の未来』(1999) という本の中で、世界の言語を階層的に図式化し、その最上位を大言語群（英語やフランス語）、最下層構造を地域固有の言語群とし、その間に上位から、広域言語、国家言語、民族国家内の公用語の三群を配しました。この階層図の底辺におかれた言語群は、木谷の言う資本主義的世界システムの周辺部と符合しています。Graddol (ibid., 161) には、イングコ指数[15]をもとにした予想が示されていますが、それによると2050年の段階では、現在最下層部を構成している6,000の言語のうち、約5,000が失われることになっています。

自分の話す言語によって世界のシステムの垂直分業の位置づけが決められるなどということは、これまでの人類が経験したことのない価値観です。しかし、日本人だけが、この枠組みの外に居続けることはできません。われわれは、不覚にもこの新しい価値観に取り囲まれてしまったわけですが、これからは、自らの意志をもって英語に取り組まなければならないのです。それは、自分自身の学習の目的を明確にすることによって、自分と英語との間合いを客観的に把握することを意味します。それは、また、憧れの対象としての英語との訣別をも意味します。しかし、言語階層の頂点を占めている英語の支配から逃れることは、理屈で説明するほど簡単なことではないようです。われわれ日本人は、幸運なことにスーパー言語の一つを所有しています。しかし、そのことが、英語からの独立を保障してくれるわけではありません。姜尚中 (1996: 172) は、世界システムのもつ分業的性格とその不平等な階層性について、次のようにまとめています。

　　世界システムは、広汎な分業体制を含むシステムであるが、その場合の分業は、「機能的な分業」であるだけでなく、「地理的な分業」をも含んでいる。このシステムは全世界を包括する単一のシステムであるが、決して全域にわたって均質ではなく、地理的な偏在にもとづく不平等で位階制的な、世界的な規模での経済活動の分割が支配している。いわゆる中核と周辺を軸としての分業がそれである。資本主義世界経済は、拡張と収縮という周期的変動と、経済活動の主導的中心の移行によって、中核と周辺の構成メンバーは変化してきたにもかかわらず、そうしたヒエラルキーの構造は不変であり、むしろその格差は

---

[15] イングコとは、The *Eng*lish *Co*mpany Ltd. という会社名が元になっています。イングコ予測モデルとは、人口統計、人間開発、経済のデータをもとに、世界の言語の相対的地位を検討し、世界の言語の使用者数を予測するために開発されたものです (D. Graddol, 1999: 6参照)。

ますます拡大するとともに、分極化の様相を強めつつある。

　姜尚中が言うように、この階層構造が不変のものであり、それを支える言語間の階層的差異もまた必然のものであるとすると、われわれがグローバリゼーションという概念のもとで進めようとしている改革は、どのように説明できるのでしょうか。世界融和を錯覚させるグローバリゼーションは、新しく企てられた帝国主義の側面を併せ持っているのです。「21世紀日本の構想」懇談会の主張[16]（2000年1月）は、つまるところ、この新しい競争社会を勝ち抜くための提案であると考えることができます。そして、この融和と競争の両立という矛盾を典型的に現わしているのが、EUの多言語政策です。この政策は、言語的平等を建前にしているのですが、現実は、Robert Phillipson（2001）や Juliane House（2001）が批判しているように、11の公用語が建前通りに機能することなど不可能であり、言語間の不平等が起こるのは避けられません。かりに、その理想が守られるとしても、EUが全体として目指しているものは、世界的平等とはほど遠い自己の利益追求であるはずです。英語は、こうしたEU内部の矛盾を、ヨーロッパ人の誰にとっても第一言語ではない（'de-nativised', J. House: 2001）という最大の利点をもって突き崩し、その勢力を伸ばしているといってよいでしょう。De Swaan（2001: 144）は、EUの多言語政策の理想と現実の落差を、'the more languages, the more English' という言葉で、的確に言い表しています。

　本書は、以上のような問題意識を持って、日本の英語教育が抱えている矛盾を指摘し、その改善に向けて政策的な提言を行うことを目的にしています。ただ、ここまで簡単に述べたことからだけでも推測できるように、現代社会は、言語と民族と国家（視点を変えるなら、言語と政治と経済）が、複

---

[16] 「日本のフロンティアは日本の中にある」という懇談会報告書に見られる主張（第4章において論述）。

雑にからみあって成立している面を持っています。現在、地球の至る所で、言語と民族と宗教の問題を火種とした紛争が繰り返されています。そこでは、それぞれの共同社会が、互いの協力よりも先に自己の利益を求めてしまうのです。もともとどんな民族も社会も、自らの純血を主張できるようなものは一つもないのかも知れないのですが、それにもかかわらず、言語や宗教を紐帯にした民族意識は、強烈な排他意識の温床となってしまうのです。Edward M. Said（1998b: 50-51）の次の言葉に、未来への可能性を託すことができる人がどれ位いるでしょうか。

> 国民国家的として規定される文化すべてに、主権と支配と統治を求める野望が存在すると、わたしは信じている。この点において、フランス文化もイギリス文化も、インド文化も日本文化も同じといえよう。と同時に、逆説的なことだが、歴史的・文化的経験は、じつに奇妙なことに、つねに雑種的（ハイブリッド）で、国家的境界を横断し、単純なドグマや声高な愛国主義といった政治的行動などを無視してかかる。……文化は、統一的で一枚岩的で自立的などころか、現実には、多くの「外国的」要素や、他者性や、差異を、意識的に排除している以上に実際にはとりこんでいるのだ。今日、インドやアルジェリアにおいて、現在の現実の姿から、過去のイギリス的・フランス的要素だけを確信を持って分離できるものがいるだろうか。そしてまた今日のイギリスやフランスにおいて、イギリスのロンドンやフランスのパリだけを隔離するような、このふたつの帝国首都に対するインドやアルジェリアの影響を排除するような明白な境界線を引ける者がいるだろうか。

われわれは、自言語の中に他言語を、自己の中に他者を見出すことができたとき、初めて言語的、民族的偏見から自由になることができるのだと思います。そして、あらゆる言語的偏見から自由になり、自他の区別なく

同じ言語的地平に立つことができたときに、初めてことばの壁という不可視の障壁を乗り越えたと言えるのではないでしょうか。しかし、言語を始め、あらゆるものが価値の階層の中に捉えられている現在、これが実現する可能性は、まったく見えてきません。このような状況下、世界の時流に乗り遅れまいとしてか、文部科学省は、2002年7月12日、英語教師の英語力の底上げの必要を訴え、そのための予算措置、到達目標値、研修計画などの概要を発表しました[17]。そのほか、大学入試の問題、小学校英語教育の問題、ALTの問題などについての言及がありましたが、そのいずれについても理念的な問題意識は、残念ながら見えてきません。そのため、提案の内容がどれも対症療法的な印象を与えます。まるで時流に圧されるまま、グローバリゼーションの大波の中に方向舵を持たずに押し出そうとしているような印象を与えます。日本の英語教育が、その時々の思いつきや偶然に流されることは避けなければなりません。これからの英語教育は、政策的な側面が強調されるようになるでしょうし、また、そうなる必要があると思います。本書では、言語政策の面から考察することがふさわしいと思われる問題に的を絞って検討を加えていますが、その種の問題を全て取り上げているわけではありません。また、扱われた問題にしても、意を尽くして論じることができたという自信はありません。ただ、私自身は、本書の執筆を通して、これまで自らが看過してきたいくつかの問題を改めて見直すことができたと思っています。

---

[17] 「『英語が使える日本人』育成のための戦略構想」（第5章において論述）。

第1章　動き出した世界の英語[18]

第1節　「文化」としての英語から「道具」としての英語へ

　今、英語は、新しい時代を迎えようとしています。いや、もうすでに、新しい時代のただ中に置かれていると言ったほうがよいかも知れません。*World Englishes* という雑誌がイギリスで創刊されたのは、1981年のことでした。つまり、そのころには、'English' を 'Englishes' という複数形で呼び得るような環境がすでに整っていたということになります。

　それから、既に、20年以上が経過しました。英語の勢力は、以前とは比較にならぬくらい大きくなっています。そして、英語の勢力の拡大とともに、世界に認知される英語の変種の数も増加しています。学習の対象としての英語は、以前のように、イギリス英語かアメリカ英語かといった単純な図式では捉えにくくなっているのです。

　英語の勢力拡大は、外国語教育の世界にいろいろな変化を生み出しています。これまでは英語とそれほど関わりがなかった国においても、英語教育への取り組みが始まろうとしています。たとえば、2002年にようやく独立国家としての国際的認知を受けた東ティモールは、その好例です。東ティモールは、これまで400年以上にわたって他国（ポルトガルとインドネシア）の支配を受けてきました。そのため、今回の独立に際して、公用語の問題が浮上してきたのです。米国に本拠を置くアジア財団の調査によると、公

---

[18]　この章は、拙論（2002）「ガーディアンを読む：イギリスの言語政策と世界の英語」を、新しい資料をもとに加筆・訂正して書き直したものです。

用語として選ばれる可能性があるポルトガル語、インドネシア語、テトゥン語の話者人口比は、それぞれ、17％、63％、91％となっています[19]。話者人口比だけで判断するなら簡単なのですが、実際には、ポルトガル語を話すがインドネシア語を理解できない指導者層、1975年以降のインドネシア支配の下でインドネシア語教育を受けてきた若い世代、語彙上の制約のため公文書作成に不向きだが幅広い層に受け入れられているテトゥン語、と三言語が複雑に交差しています。そして、この混雑のなかに割り込むようにして勢力を拡げようとしているのが、英語なのです。最近の新聞報道によると、シンガポールとカナダが協力して、東ティモールやベトナムの英語教育に取り組み始めたということです[20]。

一方、すでに外国語としての英語教育に取り組んでいる国では、従来の中等学校から初等学校へと、その開始年齢を早める傾向が見られます。たとえば、アジア諸国を例にとっても、韓国、中国、台湾、タイ、ベトナムなど、多くの国がこの問題に取り組み始めています。韓国が小学校3年から教科として英語を導入したのは、1997年のことでした。また、台湾では、英語は正課として、2001年から國民小学5年以上で週2時間教えられるようになっています[21]。さらにタイの場合は、1996年改訂の新カリキュラムによって、英語は、必修ではないものの、公立小学校の1年生から教えることができるようになりました[22]。これは、近隣諸国では最も早い開始年齢と

---

[19] 飯田展久（2001）参照。
[20] 『日本経済新聞』2002年6月24日付け朝刊には、次のような記事が掲載されています。
「シンガポール政府は地域援助の一環として、カナダ政府と共同で東ティモール、カンボジア、ラオス、ベトナムの公務員向けの英語訓練を実施する。東南アジア諸国連合（ASEAN）の会議での「公用語」である英語力の向上は、国際会議での各国の意思疎通を円滑にし、結果的に周辺地域の関係強化にもつながるとの期待がある。これまでカンボジアなどASEAN新加盟国向けに同様の援助をしたが、東ティモールを対象に含むのは初めて」
[21] 大谷泰照（2000: 42）参照。
[22] 竹下裕子（1997）参照。

言えます。このように、多くの国において、英語が外国語教育の中心に位置し、加えて早期化の傾向を強めているのです。

現代は、あらゆるものが、国境を越えようと絶えずその目を光らせている時代です。このような時代では、早期外国語教育の役割が、これまで以上に重要視されるようになってきます。ただ、その認識の仕方や具体的な方策は、それぞれの国が置かれている政治的、言語・文化的、経済的事情などによって異なってきます。

たとえば、イギリス人にとっての第一言語は英語ですから、小学校における早期外国語教育の対象言語は、当然ながら、英語以外の言語ということになります。しかし、どの言語が選ばれるにしろ、イギリス人は、外国語学習にそれほど熱心にならないかも知れません。イギリスがEUの多言語政策に歩調を合わせきれないのは、彼らの第一言語が世界で最も学習者の多い英語だからです。彼らは、自分たちが他の言語を学ばなくても世界の人々が英語を学んでくれるということを知っているのです。

それに対して、日本などの非英語国では、外国語として英語が選ばれるのが普通ですから、早期教育の対象言語もまた英語となってしまいます。もちろん、非英語国といっても、一律に説明することはできません。ただ、全体的に見れば、EU加盟国も含めて世界的に英語に集中する傾向が現れています[23]。いまや、世界の(早期)外国語学習の中心は英語である、と言っても言い過ぎではないのです。

それでは、これからの世界は、英語をもって互いの越境の道具とするようになるのでしょうか。その可能性は、大いにあります。ただし、その場合の英語は、これまでとは全く違った新しい特徴を備えることになるでし

---

[23] 国立国語研究所が行った「日本語観国際センサス」(1999)によると、ポルトガルを除く全ての調査対象国が、「将来子供に習わせたい言語」として英語を第一位にあげており、その支持率も90%前後と極めて高くなっているということです(井上史雄、2001: 111参照)。

ょう。その新しい特徴とは、一言でいえば、「身軽さ」です。あらゆるものがかつてない速度で行き来する現代において、その往来に必要となる通行手形は、簡便でなくてはなりません。これまでのように手形の発行元がイギリスやアメリカ[24]である必要はなくなるでしょう。すでに、シンガポール、インド、オーストラリアなど、これまで一段格下の英語を話すと見られていた国々も、独自の「英語」通行手形の発行元として名乗りを上げ始めています。今後はこのような国がさらに増えていくことが予想されます。将来、日本が堂々と日本式英語の国際市民権を主張する日が訪れないとも限りません。

　イギリス英語やアメリカ英語の基準を唯一正統なものとして仰ぎ見る時代は、過ぎ去ろうとしています。外国語は、どんなに努力して学習しても、その言語のネイティブ・スピーカーになることはできません。それは、モデルがどんなに「正統」であっても同じです。日本人が、これまでイギリス英語やアメリカ英語にこだわり続けることができたのは、学んだ英語を日本人同士で、あるいは非英語国の人たちを相手に積極的に使う必要がなかったからではないでしょうか。日本人が英語を使う相手は、常にイギリス人やアメリカ人に代表される西洋人でした。大部分の日本人は、英語による対外接触を一部のエリートに任せることによって、「日本人＝日本語」という錯覚が生みだす閉鎖社会の中に安住してきたと言えるでしょう。

　インドやシンガポールで独自の英語が発達したのは、その土地の住民が習い覚えた英語を日常生活の中で使い続けていったからです。彼らがモデルにしたのは「正統」なイギリス英語だったはずですが、できあがったものは、自分たちの第一言語の特徴を色濃く残す英語でした。植民地支配のもとでは、「正統」なモデルの学習が完成するまでその使用を保留する余裕など、始めから無かったのです。現在でも依然として、インド人やシンガ

---

[24] 本書では、「アメリカ合衆国」という表現と共に、文脈から誤解が生じない範囲において、「アメリカ」および「アメリカ人」という表現を使用しています。

ポール人の心の中には、イギリス英語に対する憧れと負い目が残っています[25]。しかし、その一方で、自分たち自身の英語を誇り、その国際市民権を主張する思想[26]も生まれつつあります。

　私は、日本人同士で英語を使え、と主張しているわけではありません。日本人が互いに英語で話すようになるかどうかは、自然に決まることです。それよりも大切なことは、新しい時代の外国語学習は、読み書きも含めて、その言語を実際に使用できるようになることを目指す必要があるということです。

　もちろん、これまでの日本の英語教育が、その点をまったく考慮しなかったというわけではありません。戦後だけを見ても、オーディオリンガリズムの波に乗り「習慣的言語能力」の形成を目指した時代から、新しい言語学・心理言語学研究の影響を受けて「言語活動」を主張した時期を経て、今日の「コミュニケーション能力」重視へと、徐々にコミュニケーションへの志向を強めていることがうかがえます。また、世界の外国語教育の流れも、日本のそれと大差はありません。ただ、同じような道のりを歩んだはずの日本と諸外国との間に、徐々にではありますが、ある違いが生まれ始めているのも事実です。

　その違いとは、外国語学習を通して何を見るかの違いです。日本が、内向きの英語学習を繰り返している間に、諸外国の目は外の世界に向けられるようになっていたのです。この違いは、学んだ英語の活用度の差となって現れます。英語学習に対する学習者の態度は、学習の結果としての言語活動に反映されます。日本人は、英語学習の目的をあらためて尋ねられた場合、「英語を使えるようになること」というふうに答える人が多いと思います[27]。ところがその一方で、入学試験を中心に行われる日本の英語教育

---

[25] たとえば、シンガポールが2001年に打ち出した 'Speak Good English' 運動。
[26] Usha Rai, 'Indian English ready for export,' *The Guardian Weekly* (on line), Thursday October 25, 2001.

が、学習者の当初の目的を見えにくくしているという現実があります。「話せるようになりたい」という希望は、文法や語句の暗記作業という試験のための苦行によって絡め取られてしまっています。その結果、現在の日本の英語教育は、一種の自家中毒症状を呈している[28]と言ってもよいでしょう。

　われわれは、できるだけ早くこのような状況を改めなくてはなりません。これからの外国語教育は、近い将来、地球規模での多言語社会が到来することを前提にしなくては一歩も先に進めないでしょう。われわれは、現代世界の中で、「日本人＝日本語」という閉じられた世界の住人であり続けることはできないのです。これは、何処の国の誰にとっても等しく通用する大切な問題です。ただ、言語と民族と国家が見事に重なりあうと信じている[29]世界にまれな国、日本において典型的に現れているに過ぎません。

　現在ヨーロッパのあちこちで生まれつつある「新しい英語」[30]は、これまでは国内の言語問題に目を向けることに忙しかったヨーロッパの国々においても、新しい認識が生まれつつあることを示しています。ヨーロッパにおける英語は、殆どの人間にとって「外国語」のはずですが、それにもかかわらず「ヨーロッパ第一の言語」の地位に就こうとしています。ただし、この英語は、イギリス英語とかアメリカ英語といった規準の外に置かれようとしています。

---

[27] 筆者による大学1年生（英語専攻生）を対象とした2000年と2001年のアンケート調査では、「会話ができるようになりたい」という意見がもっとも多く見られ、全回答の約85％に達しています。

[28] これによく似た事情は、韓国においても観察されます。鄭讃容（2000）は、韓国の英語学習者の傾向をよく伝えています。

[29] このような国民的誤解の背景に関しては、小熊英二（1995）に詳述されています。

[30] Allan R. James (2000), 'English as a European *Lingua Franca*: Current Realities and Existing Dichotomies' 参照。また、ヨーロッパにおける 'lingua franca' としての英語は、'Euro-English' と呼ばれることもあります（Jeniffer Jenkins & Barbara Seidlhofer, 2001参照）。

一般に日本における英語学習では、言語技能の習得に加えて「英語文化」や「西洋的ものの見方」を身につけることが暗黙の了解事項となっている面があります。最近のコミュニケーション重視にはさまざまな理由がありますが、その一つがこうした文化・教養的な英語学習に対する反動であることは否定できないでしょう。これに対して、もともと精神的風土に共通点の多いヨーロッパの人たちは、英語を英語文化に結びつけて考えるというよりも、ヨーロッパの、さらには世界の「共通語」として実用的な面に視点を置きがちです。彼らは、英語との「バイリンガル」を目指すことはあっても、ことさら「バイカルチュラル」であることを強調する必要はないのです。

　このように、いまヨーロッパを中心に広がっているのは、「道具としての英語」という認識です。もちろん、同じことは日本についても言えるのですが、その意識には大きな違いがあります。その違いがどのようなものであるのかについては、この章だけでなく、本書を通して必要に応じて触れるつもりです。

　次節では、いま述べたようなヨーロッパの変化が、否応なしにそれと向き合うことになる「英語国イギリス」にどのような心理的、実際的な影響を与えているかを検討します。また、この章の後半では、EU以外の国に視点を拡げ、英語を中心にした言語教育政策が現在どのように進行しているのか、その中で日本はどのような立場に置かれているのか、などについて考察します。その考察に当たっては、イギリスの新聞 *The Guardian* のインターネット版に現れた記事を中心にして、世界に広がりつつある早期外国語教育の動きを整理し、そこに現れる問題点を検討するという手法をとっています。最近の動向をつかむという意味から、対象とした記事は、だいたい1999年以後のものを中心にしています。

第2節　EUの多言語主義とイギリスの不安

　すでに述べたように、英語を例外的な言語、すなわちその背後にある「文化」と切り離しその「道具的側面」を全面に出した言語、として受け入れる姿勢は、ヨーロッパにおいて典型的です。その場合、すでに英語という「通行手形」を持っているイギリス人は、この問題に対してどのように向きあうことになるのでしょうか。イギリスにおける外国語教育への取組みは、他のヨーロッパ諸国とは少し違ったものにならざるを得ないのでしょうか。ヨーロッパは、いま、さまざまな意味で国境を越えようとしています。通貨統合は、それを象徴する出来事です。「通行手形」を先渡しされてしまったイギリス人は、多言語政策のもとで英語との距離を測りかねているヨーロッパ人とどのようにして共同歩調をとっていくのでしょうか。そこには、われわれの想像する以上の困難が控えているのかも知れません。Charlotte Hoffmann (2000: 13) に次のような報告があります。

　　ユーロスタット（EUの統計部門）の1998年報告は、EUの小学生の90％が英語を学習していると伝えている。また、ヨーロッパ全体で、外国語を早期に導入する傾向が見られると同時に、学校教育の開始そのものを早める動きが観察される。ヨーロッパの小学生の四分の一は、すでに英語を学んでおり、EU加盟国の中で公立小学校における外国語が必修となっていないのは、イギリスだけになっている。

　EU内の小学生の90％が英語を外国語として学んでいるという事実、公立小学校で外国語教育を義務づけていないのはイギリス一国だという事実、この二つの明確な事実を前にしてなお従来の単一言語主義とも言える施策を続けることは、イギリスにとってもはや困難となっているのです。

1997年イギリスの首相に就任した Tony Blair は、このユーロスタットの報告を受けた1999年12月、オックスフォード大学シェルドニアン・シアターにおける年次講演で「21世紀の教育と人的資本」と題して、次のような考えを表明しました。

> 英語は、新しい時代のリンガ・フランカです。これは、われわれにとって実に有利なことです。とくに教育の上で大きな利点となります。しかし、その利点は、われわれが新しいヨーロッパそしてより広い世界にいかに踏み出していくかにかかっています。言語の学習は早く始めるほど簡単であることは、誰もが知っています。その意味で、現在、外国語が中等学校から必修となっているのはよいことです。しかし、子どもたちの中には、もっと速く始めるのがよい場合があります。すでにいくつかの小学校では、この点に関して優れた実績をあげています。どの学校も、基礎能力が身についた7歳から8歳くらいで外国語教育は導入するのが一般的のようです。どの学校も読み書きと計算の基礎能力を重視する傾向がありますが、小学校高学年においてこれまで以上に言語教育の導入することを真剣に考えなくてはならない段階にさしかかっています。(K. Sharpe, 2001: 3)

ブレア首相が早期外国語教育に少なからぬ関心を示していることは、Hilly Janes[31]に紹介された、彼の18ヶ月になる息子レオとフランスのシラク大統領との間の逸話からも窺うことができます。それは、まだよちよち歩きのレオが、ダウニング街を訪問したシラク大統領に、その誕生日を祝って "Bon anniversaire!"(誕生日、おめでとうございます)と言ったことを踏み台にして、早期外国語教育の問題を取り上げた記事でした。しかし、こ

---

[31] Hilly Janes, 'Talking the talk,' *The Guardian* (on line), Wednesday December 5, 2001.

の講演の内容を見る限り、ブレア首相の外国語教育に対する意識は、まだ十分とは言えません。多言語社会の実現を視野に入れたEUの実践と「これまで以上に外国語教育に力を入れるべく真剣に考慮中」というブレア首相の言葉との間には、この問題に対する両者の認識の違いがはっきりと映し出されています。

　一般にイギリス人が外国語の学習にさほどの関心を示さないということは、上述の比較とは別に、世界的に広まっている評判です。それは、当のイギリス人自身がよく認めるところで、Keith Sharpe (2001: 6) は、その理由をかいつまんで次のように紹介しています。

　　対立意見がもっともはっきりしているのは外国語教育に関してである。イギリスでは、外国語の有用性が十分に認識されていないことが原因であろう。外国語は、教育のあることの証ではあっても、有用であるとは考えられていない。非英語国では、外国語を必要不可欠なものと考えるところがあるが、イギリス人にはそのような認識が薄い。英語の世界語としての優位性が、外国語学習の必要性と有用性の認識を阻害している。イギリス人は、相手が英語を話すのだから、自分たちが相手の言語を話す必要はない、と考えているところがある。

　英語が事実上の世界の共通語となりつつある現在、英語を自言語とする人々にとって、外国語学習の必要性を真に認識することは簡単なことではありません。かりに、「地球村」(global village)[32]という言葉に代表されるような理念的な理解が得られるとしても、その理念と実践との間には、一人

---

[32] この用語は、M. McLuhan (1989), *The Global Village: Transformations in World Life and Media in the 21st Century* (Oxford: Oxford University Press) において初めて用いられました。最近の言語（教育）学関連文献では、M. Modiano (1999)、D. Nettle & S. Romaine (2001) あるいは M. Modiano (2001) などに現れています。

一人の人間の意識の喚起、予算措置、教育制度の見直し、帝国主義的な経済的寡占の排除、言語権の確立、地球規模での生態系の保護など大小さまざまな問題が錯綜した形で埋め込まれているのです。「連中がわれわれの言語（英語）を話すのだから、われわれがわざわざ連中の言語を学ぶ必要はない」という植民地時代からの野蛮なしかしこの上ない便利な独善を捨て去らないかぎり、これらの問題を外国語学習と結びつける形で掘り起こすことはできません。

　また、この種の独善は、イギリス一国に限ったことではありません。たとえば、アメリカ合衆国における 'English Only' 運動に代表されるバイリンガル教育攻撃は、アメリカ人としてのアイデンティティを「英語を話す」という行為に象徴させようとする一種の言語帝国主義であると言うことができます。アメリカにおける英語話者の不安と憤りを誘っているのは、直接には現代アメリカにおける新参者であるラテン系移民が持ち込むスペイン語です。'U.S. English' および 'English First' という反バイリンガル教育団体が誕生したのはそれぞれ1983年、1986年であり、カリフォルニア州の州民投票で「提案227号」(Proposition 227) が可決されバイリンガル教育の廃止が確認されたのは1998年であることからも、この問題が比較的新しいものであることがわかります。この種の動きは、一般に、当該国が政治的・経済的に安定しているときには見えにくいものなのですが、住民間の諍い、雇用不安、治安悪化など具体的市民生活にきしみが生じた場合に表面化しやすいという特徴をもっています[33]。

　アメリカにおけるバイリンガル教育反対運動を複雑にしているのは、「英

---

[33] たとえば、D. Nettle & S. Romaine (2001: 296) は、この問題について次のように述べています。「マイノリティの言語が、支配的な文化と潜在的に相容れない二者択一の視点と生活様式を代表するかぎり、二言語併用教育の要求は、現存の権力にとっての脅威となるかもしれない。そのような計画は、とりわけ経済的な苦境にあるときには、マジョリティの政府の税収から助成を受ければ批判を招きかねない。昨今のカリフォルニア州やアリゾナ州の二言語併用教育にたいする激しい反発は、その好例である」

語」による国家的統一を自明のものとして受け入れる「アメリカ合衆国」という精神的風土の存在です。より具体的に述べるならば、こうした運動を支援する人々の心には、「自分たちは侵略先の住民に英語を強制しているわけではない、アメリカにやってきたのは移民の都合であり、勝手にやってきた以上そこで使われている言語を学ぶのは当然である、自分たちの祖先もそのようにして今日のアメリカを築いてきたのだ」という一見説得力に富んだ理由付けと自負があります。そのように考える人々にとって、1968年に制定された二言語教育法（The Bilingual Education Act）以来アメリカがとってきた移民に対する言語教育政策は、移民に対する必要以上の肩入れであり税金の不当な支出以外の何物でもないのです[34]。しかしこうした考えに立つ人々は、大国アメリカに脅威を与えるほどの大量の移民を生みだしている根本的な原因に気付いてはいません。

　アメリカ合衆国を頂点とする資本主義経済システムが結果としてもたらしたものは、富の寡占とそれを支えている生態系の破壊です。現在アメリカが抱えている移民問題もこの世界的なシステムが生みだした必然とも言えるのですが、バイリンガル教育反対運動の支持者たちはこの問題を意識の外に追いやってしまっています。この種の独善は、権力を持つ者が一種の危機状態におかれたときに現れやすいのは既に指摘したとおりです。そしてその典型例の一つが、2001年9月11日に起こった航空機同時多発テロ事件を受けてのブッシュ大統領の「十字軍発言」です。この発言は、直後に内外に大きな波紋を引き起こし、ホワイトハウスは直ちにこれを撤回し、

---

[34]　James Crawford（2000: 40）は、「提案227号」を支持するアメリカ人の心理を次のように記述しています。「移民は、この国にいることに感謝すべきである。アメリカ人を自分たちに従わせようとするのではなく、彼ら自身がわれわれのやり方を受け入れることでアメリカに対する尊敬を示すべきである。なぜ彼らが、税金還付を申請できたり、自言語で運転免許試験を受けられる必要があるのか。アメリカ国民としての責任はどうなるのか。自分たちの祖先は、同じ移民として、何の援助も受けずに英語と格闘してきたのだという意識を持つ人にとっては、現在の移民優遇政策が極めて不公平なものに見えるのである」

二度とこの問題には触れようとはしませんでした。しかし、ブッシュ大統領の不用意な発言に象徴される大国的独善は、事の大小に関わりなく機会あるごとに顔を出す支配者側の悪癖なのです。この「十字軍発言」について、バングラデシュのデイリー・スター紙[35]は、'Just Another View' という見出しのもとに皮肉を込めて次のように伝えています。

　9月11日の事件後、ブッシュはCNNテレビに登場し、怒りと攻撃的な姿勢を露わにした。彼は最初、この事件は、イスラム教徒のテロリストの仕業だと決めつけた。父親のブッシュ元大統領は、イスラム教徒がテロリストというわけではないのだから、とこれを訂正した。すると再び、ブッシュは、テロリズムに対する十字軍を宣言した。イスラム社会に対するユダヤ人社会やキリスト教社会の反感を煽るこのような彼の行為は、本当に正しいことと言えるのだろうか。

　このブッシュ大統領の発言の心理的背景には、アメリカのもつ経済的、軍事的な優越感とこの国が寄り合い所帯であるが故の統一意識があることは、ほぼ間違いありません。カリフォルニア州やアリゾナ州を中心に勢力を広げているバイリンガル教育に対する反対運動は、英語という「強い」言語の開き直りという点で「十字軍発言」と同根であると言えます。これに対して、かつての勢力をあらゆる意味で減殺してしまったイギリスの場合、ヨーロッパという目前の回り舞台で展開される多言語政策を観客の立場で眺めている余裕はもはやありません。イギリスが今後もEUの加盟国としてさまざまな政策を共有しようとする以上、また、EUの言語政策がバイリンガリズムの先のマルチリンガリズムを見越している以上、イギリス自身が、早晩、この回り舞台に引き出されるのは必至なのです。そのとき

---

[35] *The Daily Star Internet Edition*, Saturday November 17, 2001.

の自分の舞台衣装が、着古したモノリンガリズムのそれであるのか、あるいは、新調されたバイリンガリズム、マルチリンガリズムのそれであるのかは、演者であるイギリス自身の決断に委ねられているのです。

ここで、イギリスのおかれている状況がどのようなものであるかを理解するために、歴史を少しだけ振り返ってみましょう。EU統合が進む1988年、当時のEC内の教育方針に関してある重要な決議[36]がなされました。イギリスを代表してこの会議に出席したのは、当時の教育相 Kenneth Baker でした。この決議の中心となる考えは、ごく簡単に言うならば、将来のEUを支えることになる子供たち[37]の間に、(1)「ヨーロッパ人」の意識を育てること、(2) ヨーロッパ、さらには世界という大きな枠組みの中で、互いの文化を尊重する精神を育てること、(3) 経済と社会の統合的発展の意識を育てること、の三点に要約されます。この決議を受けてイギリス政府は、1991年、それを具体化する教育政策の指針を発表したのです。K. Sharpe (2001: 91-92) は、その骨子を次のような形で抜粋しています。

- 児童生徒が、多文化・多言語共同体としてのヨーロッパという認識を持つよう支援すること
- ヨーロッパの歴史、地理および文化の多様性を理解すること

---

[36] この決議とは、'Resolution of the Council and the Ministers of Education meeting within the Council on the European dimension in education' を指しています。
[37] EUは、これまで、さまざまな政策決定にあたって常に「子供たち」を念頭に置いてきたのですが、それを象徴する出来事として2001年12月31日フランクフルトで開催された「統一通貨ユーロ」導入の式典があげられます。この式典には、EU加盟国から子供たちの代表が多数招待され、ドイセンベルク欧州中央銀行総裁の英語による式辞に耳を傾けました。同時通訳のヘッドセットをつけた子もつけなかった子も、目の前に展開される儀式を通してEUの一員としての一体感を意識したであろうことは想像に難くありません。統一通貨ユーロは、2002年1月1日をもって正式にEU市場に導入されましたが、イギリスは、スウェーデン、デンマークと共に、この段階ではまだユーロに参加していません。

- ヨーロッパの経済的・社会的発展に参加できるような青少年を育成し、彼らのヨーロッパにおける可能性への挑戦を援助すること
- 欧州共同体(EC)の起源や役割に関する知識はもとより、ヨーロッパ全体の過去・現在・未来にわたる政治的、経済的、社会的発展についての知識を身につけさせること
- 適切な実体験を通して、ヨーロッパ人としての意識を高めること
- ECと他のヨーロッパ諸国および世界の国々との相互依存関係についての理解を深めること
- ヨーロッパのさまざまな言語について興味を持たせ、かつそれらの言語における能力をのばすこと

　イギリスがこの政策指針において多言語社会、多文化社会への参加を表明しているのは明らかですが、その後の進展については疑問視する声が多いのです。先に引用したブレア首相の講演の基調の弱さは、この指針と現実の落差が大きいことを物語っていると言えます。K. Sharpe(2001: 92)は、この問題を、「これらの指針は、十年後の現在も、依然として理想的な目標であるに過ぎない」という言葉で締めくくっています。
　同様の問題点は、Terry Lamb (2001: 5) において、さらに明確なかたちで指摘されています。そこでは、ノッティンガムやシェフィールドにおける早期外国語教育への取組みの成果が報告されていますが、同時に、イギリスの言語政策全体に対する次のような懸念も表明されています。

　　（イギリスで）近年導入された中等学校における外国語の必修化は、すでに問題視され始めている。ECは、二つ以上の外国語の学習を前提にした言語学習の共通枠組み（Common European Framework）を示している。しかし、（ただ一つの外国語教育もおぼつかない）イギリスで、それが機能する可能性はほとんどない。

このような状況下、期待通りに進展しない言語政策に対してさまざまな批判が現れています。英国労働党選出議員である Denis MacShane は、小学校における外国語教育の開始年齢が一向に早まらないのに業を煮やし、「保守党のやり方は、われわれは、仕事にしろ旅行にしろ、ただ英語を話せばいい、外国人が分からなければ大声を出せばいいというものだ」[38]と、'Conservative' を掛詞として用いながら保守党の保守的な態度を批判しています。一方、同じ紙面で影の内閣における教育相 Theresa May は、首相が繰り返す「教育、教育、教育」は子供が学校に行く週あたりの日数のことだ、と皮肉っています[39]。また、リバプール市議会の Mike Storey は、「われわれは、みんな小英国主義者(little Englanders)に成り下がっている」[40]とさらに手厳しい意見を述べています。ここでいう「小英国主義者」にかつての帝国主義のイメージが重ねられているかどうかはわかりませんが、少なくとも今後のイギリスが英語だけに頼っているわけにはいかないという認識がイギリス人の間に広まりつつあることは間違いありません。こうした認識の存在を証拠立てるような記事を二つ紹介しましょう。

> セント・ジョン校のアニ・マッギル校長は、多くの批評家が「イギリス人には現代産業社会を勝ち抜くために必要な外国語能力が備わっていない」と述べている点に注意をうながしている。これからの二十年で、世界は大きく変わるかも知れない。次に時代の言語は、(英語ではなく) 中国語やスペイン語であるかも知れないのだ[41]。

---

[38] *The Guardian* (on line), 'Good day, bad day,' Friday January 12, 2001.
[39] *Ibid.*
[40] Helen Carter, 'Baby bilinguals,' *The Guardian* (on line), Tuesday May 8, 2001. なお 'little Englander' とは、19世紀の造語で、英国本国の国益は、帝国の拡大へ関心を向けるよりも、本国自身に努力を向けることによって最もよく達成されるものだとする小英国主義者を意味します。
[41] Amanda Roper, 'C'est bon, n'est-ce pas?' *The Guardian* (on line), Tuesday September 12, 2000.

ハル大学現代語学科長のジョージ・タルボット博士は、「イギリス人は英語が広く話されているため、他の言語の必要性をあまり認識していない。一つの言語しか話せないイギリス人は、二つ以上の言語を流暢に操る外国の人たちに比べて明らかに不利な立場にあり、国際競争の上で危険な立場に置かれている」と述べている。タルボット博士の見解は、ヨーロッパ経営学校連合の報告書によっても裏付けられている。事実、多国籍企業の多くは、少なくとも三つ以上の言語を操れる人材を求めているのである[42]。

　これまでイギリスは、自分たちの話す言葉が英語であるというそれだけの理由で、他のヨーロッパの国々と比べて言語的に有利な立場にありました。そしてイギリス人がこの優位に寄りかかって外国語の学習をおろそかにしてきたというのも、その通りでしょう。ただ、英語が今日ある姿にまで成長するのには、長い年月とさまざまな要因が絡み合っており、ここで単純にその因果を説明することはできません。現在のイギリスの不安がどの程度のものであるのかは不明ですが、たとえば次の Robert Burchfield (1985: 160-161)に見られるある種の傲慢は、英語の優位とそれがもたらす言語的自信が手を伸ばせば触れることのできるほど浅い過去のものであることを示しています。

　　英語は、リンガ・フランカとなり、今では、教育のある人間で英語ができないとなると、何か不足した人間と見なされるところまできている。貧困、飢餓、病は、残酷で言い逃れようのない損失としてただちに認識される。言語的な損失は気付かれにくいが、実は、極めて重要なものである。

---

[42] Graham Wade, 'World at their feet,' *The Guardian* (on line), Saturday August 18, 2001.

「英語を知らなければ教育があるとは言えない」あるいは「英語を知らなければ損をする (deprived)」という認識の仕方は、たとえそれが真実の一部を伝えているとしても、ある危うさをはらんでいることは否定できません。言語の専門家である Burchfield とイギリス人一般の認識が、この当時、どの程度重なりあっていたかはわかりませんが、20世紀後半のイギリスの言語産業が極端な輸出超過であったことは疑いのないことです。その勢いの盛んなことは、1991年旧ソ連が崩壊した後の東ヨーロッパ諸国の第一外国語が、ロシア語から英語へとたちまちのうちに移動したことでも想像できます[43]。

　このように Burchfield の指摘は、非英語国が一流国の仲間入りをめざしてこぞって英語学習に精を出してきた点を捉えれば間違っているわけではありません。かつて Braj Kachru (1985) は、英語のネイティブ・スピーカーで構成される「内円」(Inner Circle)をその中心に据えた「内円」(Inner Circle)―「外円」(Outer Circle)―「膨張円」(Expanding Circle) という同心円図を描き、「外円」にはシンガポールやインド、その他の英語を日常的に使用している国を、「膨張円」には日本などのように英語を外国語として学習している国を配置しました。その後、David Graddol (1999: 31-32) は、Kachru の用語の欠点として、「英語のネイティブ・スピーカーや英語を母語とする国々を世界における英語使用の中心に据えてしまうことで、正確な英語のモデルや、最良の教師、最良の英語教材、英語教育サービスの供給源はこの中心円であり、その周辺部に位置する人々はただそれらを消費するだけという錯覚を与える」点を指摘し、後に取り上げる R. Phillipson などの批

---

[43] 旧ソ連崩壊後の東欧諸国の外国語教育事情については、Dennis Ager, George Muskens & Sue Wright (eds.) (1993) および Sue Wright (ed.) (2000) を参照。なお、この動きは現在も続いています。一例を挙げれば、エストニア議会は、2001年、教育言語としてのロシア語を廃止する法案を通過させ、2007年までにすべての学校における教育言語をエストニア語に切り替えようとしています (*The Guardian* (on line), Thursday March 22, 2001)。

判をかわす姿勢を見せています。Graddol 自身は、Kachru の同心円図を三つの円を並置するかたちで書き直し、呼び名も「第一言語としての使用者」、「第二言語としての使用者」、「外国語としての使用者」というふうに表現することを提案しています。そのうえで、Graddol は、Expanding → Outer → Inner という方向で英語化が進むことを予言していますが、その説明自体も今世界で進行している事態をやや単純化しすぎている点は否定できません。すなわち、非英語国は、英語習得を通してバイリンガルになるとしても、それがそのまま彼らのバイカルチュラルにつながるわけではないという新しい認識が登場してきたのです。その限りにおいて、「外国語としての使用者」が「第二言語としての使用者」に、「第二言語としての使用者」が「第一言語としての使用者」に移行していくという発想は、やや緻密さを欠いた表現と言わざるを得なくなっています。A.S. Canagarajah（1999: 42）は、このあたりの事情を次のように説明しています。

　　しかし、ポスト・コロニアルの研究者たちは、英語に対する反抗はすでに周辺部（the periphery）の人々の日常生活で始まっていると言うだろう。小さな抵抗手段は、地球規模で起こったり組織だった方法をとるよりも、とりとめのない振る舞いであることのほうが普通である。だから土着化した英語、ポスト・コロニアル文学における新しい英語、そして共同体内部での言語の混淆、これらこそが、英語に対する反抗が現れる場となるのである。

　この Canagarajah の観察は、直接には自分の故国であるスリランカでの調査を通して得られたものですが、その射程は Kachru の言う「膨張円」と「外円」を覆っていると考えてよいと思います。ヨーロッパの言語事情が他の非英語国のそれと異なる面を持つことは否定できませんが、そこで起ころうとしていることに本質的な違いは認められません。次の C. Hoffmann（2000: 12, 19-20）の言葉は、Canagarajah の観察を裏づけるような事態がす

でにヨーロッパに現れていることを示唆していると言えます。

> 英国におけるバイリンガル(家族間の言語は、英語以外の言語であるのが普通)と異なり、ヨーロッパにおけるバイリンガルは、家族間の言語が英語である場合、英語の社会的優位性のおかげで当該社会の主要言語に対して劣等意識を持たないで済む。つまり、EU内で英語とのバイリンガルであるということは、特別な意味を持つのである。(12)

> この特異なバイリンガリズムのもう一つの特徴は、英語に堪能であることがバイカルチュラルを意味しないというところにある。アングロ・サクソン文化の一通りの知識があれば十分で、二重のアイデンティティや文化的思い入れの感情は必要ないのである。(19-20)

　繰り返しますが、英語を例外的な言語として受け入れる姿勢は、ヨーロッパにおいて典型的であると言えます。その場合、当然のことながら、イギリスにおけるバイリンガリズムの行方は、少なくともその初期の段階で、他のヨーロッパ諸国のそれと大いに異なる色合いを帯びる可能性が高くなります。いずれにしてもイギリスは、いま、「英語しか知らない者は教育があるとは言えない」、「英語だけでは損をする」と、先に引いた Burchfield の言葉を裏返しにした形で返答を迫られていると考えればよいでしょう。
　それに対するイギリスの答えが、アメリカを始めとする他の英語国の力を背景に単一言語(英語)主義へと開き直るのか、EUが目指す多言語・多文化主義へと向かうのかは興味深い点です。もしかするとその答えは、イギリスのユーロ参加の問題にも似て、すでに与えられているのかも知れません。EUのプロディ欧州委員会委員長は、ユーロ導入を前にした報道機関との会見で、イギリスなど残る三カ国のユーロ参加について、「我々の決めることではない」と直接の言及をさけながらも「将来は欧州すべての国がユーロ圏に参加するようになると思う」と述べました[44]。

経済と言語の強い結びつきは20世紀の特徴の一つですが、イギリスの選択の如何によって21世紀の言語模様が変わってくるかも知れません。イギリスがユーロ圏に参加するということは、とりもなおさず多言語主義に参加するということであり、それはそのままアメリカと言語政策的に決別することを意味しています。そのとき、オーストラリアやカナダなど他の英語国を二分する形で、単一言語主義と多言語主義の対立図式ができるのか、あるいは、アメリカ以下すべての英語国が世界の多言語主義の流れに乗ることになるのか、この段階で結論を出すことはできません。

　これからのイギリスは、EUという枠組みの中で世界との関係を模索しようとする限りにおいて、早急に自らの方針を明らかにしなければならない立場にあります。かりに1991年に示された指針が不動のものだとすると、イギリスに残されているのは、その効果的な実践以外にありません。そのことをイギリスの識者たちは十分に認識しており、また認識しているが故にその意見を先鋭にしているところがあります。こうしてイギリスの言語教育政策は、小学校への外国語教育の導入という準備的な段階を素通りして、早期外国語教育の実践へと一気に歯車の回転を急にすることになります。Rebecca Smithers[45]は、実用的な外国語能力を備えた労働力の慢性的不足とそれがもたらす経済的不利益を指摘しながら、次のように報告しています。

　　その報告[46]は、早期言語教育、中等教育の充実、かつて要求されていた高等教育進級時の高度な外国語能力基準の復活、政府や産業界からの外国語能力の重要性についてのキャンペーン活動の継続などの必要性

---

[44] 『日本経済新聞』、2001年12月31日付け朝刊。
[45] Rebecca Smithers, 'Monolingual workers cost Britain dear,' *The Guardian* (on line), Wednesday May 10, 2000.
[46] この報告は、ナフィールド財団の援助によって行われた調査に基づいたものです。

を訴えており、かつ、政府に、全ての児童に七歳からの外国語教育を許可するべく早期外国語教育に対する長期的視点に立った検討を行うよう迫っている。

現在、イギリスの小学校においては外国語が必修科目となっていないため、公立小学校で外国語教育を実施しているのは、25％ほどに過ぎません。残りの約75％の子どもは、中等学校に入るまで外国語に接する公的な機会はまったくないということになります[47]。このような現実を見る限り、「7歳開始」という提案を政策決定者が簡単に約束することはできないでしょう。しかし、外国語教育の早期実施を主張するこの種の意見は後を絶たず、ときには学問上の仮説を曲解したものまで現れています。

　早ければ早いほどよい、と専門家は言っている。リスニングとスピーキングの技能は歳を取るほど衰えるもので、早く始めた人は発音が優れているということは証明されている[48]。

　言語学習は、文化的障壁をうち破る国家間の理解を促進する恰好の手段である。（中略）開始年齢は、五歳から八歳の間が理想的である[49]。

かつて Robert Phillipson (1992) は、ELT の世界に蔓延している迷信の一つとして 'the earlier English starts, the better the results' の誤謬を指摘しました。しかし、「外国語の学習は早ければ早いほど効果がある」という考えは、一般に広く受けいれられており、それを信じて外国語教育に携

---

[47] Hilary Footitt, 'Elite corps,' *The Guardian* (on line), Tuesday October 24, 2000.
[48] Hilly Janes, 'Talking the talk,' *The Guardian* (on line), Wednesday December 5, 2001.
[49] Kamal Ahmed, 'Drive to teach all infants German,' *The Guardian* (on line), Sunday May 20, 2001.

わっている教師も多いのです。だからこそ Phillipson の批判も生まれたのですが、この考えはイギリスにおいても同様に広く流布していると考えてよいでしょう。ただ、言語研究者、とくに第二言語習得の研究者たちの間では、むしろ逆で、この仮説の有効範囲はきわめて限定されると考えられています。この点は、次の Thomas Scovel (2000: 125) によってはっきりと指摘されています。

　「早ければ早いほどよい」という仮説を検討している大部分の研究者は、次の二つの立場のどちらかに所属する。それは、(1) この社会的通念は正反対の意味をもつ、すなわち、大人のほうが優れた学習者である、および、(2) この通念は、部分的には有効である、という二つの立場のいずれかである。

　すなわち、これまでの第二言語習得研究の成果に従う限り、この仮説は第二言語習得に多くの過程において無効であるということになります。Scovel は、その根拠として、M. Lewis (1993) を援用しながら、第二言語習得の中核をなすのは語彙であること、語彙の習得は文法構造の獲得と密接に関連していることをあげ、子どもの方が優れているのは発音の領域に限定されるとして次のようにまとめています。

　私の研究では子どものほうが大人より優れた言語学習者でありうるという結果が出ている。ただしこの主張が有効なのは、極めて限られた言語技能、すなわち、ネイティブ並の発音という面に限ってである。しかも、このネイティブ並の発音という能力は、バイリンガルの要件全体から見れば重要度の低いものであるから、これによって「早ければ早いほどよい」という仮説を支持することはできない。また、私の研究結果と、大人のほうが一般に学習効率がよいという主張との間に矛盾は生じない。(128-9)

この引用に見られるように、子どもが大人に優れてその能力を発揮するのは発音の面に限られ、しかも「ネイティブ並の発音」(nativelike pronunciation)にしてもバイリンガルであるための要件とはならないというのが大方の専門家の理解なのです。しかし、一般の理解は、学問的意見に比べて冒険的であるのが普通です。そしてそれは、先ほど見たガーディアン紙の記事において「発音においてすぐれている」が「リスニングやスピーキングにおいて優れている」に置き換えられていることが如実に示すように、針小棒大的な解釈につながりやすいのです。こうしてイギリスに期待されている決断は、いつのまにか「早期外国語教育がなぜ必要か？」という問題から「どの言語を何歳から？」という問題に移ってしまった印象があります。世界的な早期外国語教育の流れのなかで、イギリスがどのような判断を下し、どのような一歩を踏み出すかは、今後の世界の英語教育 (ELT) の枠組みに少なからぬ影響を与えることになると考えてよいでしょう。

第3節 「英語たち」の世界

これまで確認してきたように、イギリスの不安は、単一言語 (英語) 主義の維持に対する不安であると言えるでしょう。われわれは、世界が英語への傾斜を鮮明にしている今日、その表向きの一極集中の先に開け始めた多言語世界にどのような形で参加すればよいのでしょうか。これは、イギリスはもちろん世界のすべての国が、その好むと好まざるとにかかわらず、早晩答えを出さなければならない問題なのです。というよりもう既に、世界の至る所で、それぞれの国がそれぞれの立場でその答えを用意し始めていると言った方が事実に近いかも知れません。

前節でEUの言語政策が、多言語主義・多文化主義を基調にしていることに触れました。しかし誤解してはならないのは、このような政策的理念を表明しているからといって、EUの言語政策が必ずしも一枚岩的な団結

のもとに進んでいるわけではないという点です。たとえばEU内では、15の加盟国の言語のうち11の言語が公用語として同等の権利を有していることになっています。それらは、デンマーク語、オランダ語、フィンランド語、フランス語、ドイツ語、ギリシャ語、イタリア語、ポルトガル語、スペイン語、スウェーデン語、英語の11言語です。このことは、一見、公平の原則に従っているようですが、国と言語の関係が単純でないヨーロッパでは、さまざまな矛盾を生みだすことになります。たとえば、この11言語の中には、ベルギーで用いられている三言語(オランダ語、フランス語、ドイツ語)がすべて含まれている一方で、スペインで勢力のあるカタロニヤ語は、その総話者人口がデンマーク語やフィンランド語よりも多いにもかかわらず公用語には入っていません[50]。これ以外にも、フランスの大国意識、経済的格差からくる加盟国間の足並みの乱れなど、EUが安定した軌道に乗って走り始めるまでには、まだしばらく時間がかかると考えた方がよいでしょう。Juliane House[51]は、そのあたりの事情を、次のような辛辣な言葉で報じています。

> EUの言語政策は、効果がないばかりか偽善的でさえある。言語的平等と多言語主義という考えは、経費がかさむ上に厄介な代物である。なぜこのような幻想がまかり通るかと言えば、まず、フランスは、自分がこれまでヨーロッパの中心であったため、フランス語の衰退を容認できないからである。第二の理由は、社会言語学者たちが、政治的には正当なイデオロギーでもってヨーロッパのリンガ・フランカとしての英語に異を唱え続けているからである。三つ目の理由としては、職業的翻訳者たちの強力なロビー活動があげられる。時間と経費と面倒

---

[50] このあたりの記述は、R. Phillipson (2001) を参考にしています。
[51] Juliane House, 'A stateless language that Europe must embrace,' *The Guardian Weekly* (on line), Thursday April 19, 2001.

<u>を抱え込んだ翻訳機構が、言語的平等という高い理想を掲げながら、その幻想を多言語主義と翻訳可能性という別の幻想に置き換える仕事を続けているのである。</u>（下線は、筆者）

　Houseは、EUの言語政策を「効果がなく偽善的」であると非難し、言語的平等を前提にした多言語主義を幻想であると決めつけています。言葉の激しさには少々驚かされますが、指摘の内容は、決してHouse一人のものではありません。同様の見解は、Robert Phillipson[52]によっても表明されています。

　EU加盟を望んでいる国は、自分たちの言語が他の公用語と同じ権利を持つと考えているだろう。これは、とんでもない誤解である。通訳や翻訳のシステムは、現在でもうまく機能していない。加盟国が増えれば、さらに状況は悪くなると考えなくてはならない。方針の再検討が必要なのである。フランス語を守ろうとするフランスの努力を笑うことでは、問題は解決しない。フランス語や英語のネイティブ・スピーカーが自分たちの言語を使えるのであれば、他の言語を話す人たちに同じ権利を保障するにはどうすればよいのか。いま緊急に求められていることは、公正な言語政策につながる基準および異なる言語の話し手たちが真に平等なコミュニケーションができるような仕組みを作り上げることである。

　これらの意見は、部分的にはフランスに対して厳しいものになっていますが、全体的な視点に立てば、イギリスがイギリスとしての不安を抱えているように、EUもその内部に解決しなければならない問題を数多く残し

---

[52] Robert Phillipson, 'English yes, but equal language rights first,' *The Guardian Weekly* (on line), Thursday April 19, 2001.

ていることを意味しています。House や Phillipson が批判するように、EU がその多言語主義の理想を実現するまでにはまだまだ多くの難題を解決しなくてはならないでしょう。しかし、その一方で、新しい英語観、新しいリンガ・フランカの思想が芽生え始めていることも否定できない事実です。第 2 節でも触れたように、新しい英語変種が生まれる兆しはヨーロッパの各所で観察されています。Allan R. James (2000: 33) は、Michael A.K. Halliday (1978) による方言 (dialect) とレジスター (register)[53] の区分を援用しながら、新しく生まれつつある英語をレジスターとして説明しています。Halliday によれば、ある言語の変種を方言と呼ぶかレジスターと呼ぶかは、分類の基準をその変種の「使用者」に置くか「使用法」に置くかによって区別されることになります。この視点に立てば、現在ヨーロッパ各地で生まれつつある「新種の英語」(たとえば James がとりあげたアルプス-アドリア海地方英語がそうであるように、特定の言語集団を持つというよりも、その場その場のコミュニケーション上の必要から生まれる、機能を限定された英語) は、レジスターとして捉えられることになります。

　ところで、英語を第二言語として習慣的に用いるのではなく、その場の必要に応じて「取り出して用いる」という姿勢、すなわち英語を「国家を持たない言語」(stateless language) として、あるいは自分が話せる言語の明細 (language portfolio) の中身の一つとして捉えようとする姿勢[54]は、単に

---

[53] レジスターは、言語使用域とも言われ、「ある特定の場に特有な言葉遣い」を意味します。

[54] この考え方は、2000年の「ヨーロッパ言語年」を機に EU で正式に打ち出されたものです。その間の事情は、Wolf Halberstadt (2001) に詳しく述べられています。また、Max de Lotbiniére, 'Take pride in your languages—no matter how faltering,' *The Guardian* (on line), Thursday March 22, 2001には次のような説明があります。「ヨーロッパ言語明細 (the European Language Portfolio) は、ヨーロッパ言語年に併せてスタートしたもので、言語間の障壁を取り除き、不自由ながらも自信を持って言語を話すことを奨励する目的を持っている。明細の内訳は、六段階の共通基準に基づいて自己の言語能力を記した言語パスポート、自己の言語学習経歴を記した言語履歴、および職歴や資格などを示す身上調書から構成されている」

ヨーロッパだけに観察される傾向ではありません。英語を英語文化と切り離す動き、より正確にはイギリス愛好(anglophile)という心理的枷から解放されようとする傾向は、すでに世界の各地で観察されているのです。

　一般的に、言語は民族意識と切り離しにくいもの、切り離せないものとして捉えられがちです。これは、言語と思想の密接な関係を強調した言語相対論に直結する考え方で、これまで歴史のあちこちで強力に支持されてきました。スターリン政権下のロシア語強制や日帝時代の朝鮮における日本語の強制など、言語による一体感の高揚政策は、こうした思想の単純な実践例とも言えます。しかし、言語と民族意識の関係は、まだ未解明な部分が多く、その反証例も報告されています。たとえば、渡邊日日(2000)は、今日までロシア語を強制され、今ではそれを母語と見なしている非ロシア系諸民族でも、自らをロシア人とは見なしていない場合があるという調査結果を報告しています。かりに言語と民族意識の結びつきがこれまで考えられているよりも緩やかなものであるならば、英語を第二言語あるいは外国語として学ぶ者にとって、その背後の英語文化を切り離すことはそれほど難しいことではないかも知れません。Andy Kirkpatrick[55]は、世界の「英語たち」を次のように紹介しています。

　　英語を話す人に共通する「英語」文化なるものを切り離して示すことは不可能である。ナイジェリア英語、シンガポール英語、インド英語、スコットランド英語、フィリピン英語、オーストラリア原住民英語、これらの英語がそれぞれに代表する文化は、みな違うものである。言語は文化と結びつかざるを得ないが、それは、どれか一つの文化に縛られるという意味ではない。(現在生まれている)新しい英語は、複数

---

[55] Andy Kirkpatrick, 'The global English debate: English as an Asian language,' *The Guardian* (on line), Thursday November 23, 2000.

の文化を体現する可能性を持っている。

　本章の冒頭でも触れたように、さまざまな土地に根を下ろした英語は、その経緯はともかく、今日では、'Englishes'と複数形で呼び慣わされるほどの広がりと種類を生み出しています。Braj Kachru[56]によれば、現在、アジアで用いられている英語の総話者数は、アメリカ合衆国、イギリス、オーストラリア、カナダの英語の総話者数を上回っているそうです。そうしてこれらアジアの英語話者たちは、これまでのように「与えられる者」の立場で英語に接するのではなく、自らを「所有者」として、積極的に英語を使うようになると考えられています。アジアの英語使用者は、当面、Kachruのいう「外円」あるいは「膨張円」に所属することになるのですが、この枠組みが近い将来崩れていくことが予想されています。その兆候は、ヨーロッパにおける新しい英語と同様、すでに世界の至る所で現れています。新しい英語の現れ方の典型として、南アフリカとインドの例を取り上げます。

　まず、Neville Alexander[57]の報告に現れた南アフリカの例を紹介します。新生南アフリカが各部族の第一言語を教育言語として採用することを立法化したのは、1997年のことです。当初は、白人の支配から解放された南アフリカを統一するのは英語をおいてほかにない、と多くの人が考えていました。しかし、実際には、それを実現するための経済力、設備基盤、エリート層の政治的意欲という要件を欠いていたため、理想とはほど遠い混乱が生まれています。Alexanderは、その様子を次のように伝えています。

---

[56] Braj Kachru, 'British export,' *The Guardian Weekly* (on line), Thursday October 25, 2001.

[57] Neville Alexander, 'Where English can serve but not empower,' *The Guardian* (on line), Thursday January 11, 2001.

結局のところ、他のアフリカ諸国同様、英語が事実上の公用語、唯一の教育言語となりつつある。南アフリカも、多言語政策を止めて、英語政策あるいは英語中心政策に切り替えてはどうだろう。

Alexander は、状況を悪化させている原因として、上記の欠如条件に加えて、多くの英語教師が「正しいモデル」を示すだけの英語力を有していないことをあげています。それがどの程度の「乱れ」を意味しているのかは明らかではありませんが、Alexander 自身は、この「乱れ」を正し、各部族の第一言語と英語とのバイリンガル社会の実現を目指しているようです。しかし、この「乱れた英語」が Alexander が期待するような「正しいモデル」に移行していく保証はどこにもありません。かりにそれが「正しいモデル」に近づいていくとしても、結果として生まれる英語が、どの程度容認できるものになるのかは未知数です。ただ、「乱れ」がどこまでも程度の問題である以上、南アフリカに新しい英語の変種が生まれる可能性は高いと考えてよいでしょう[58]。それは、インドやシンガポールやナイジェリアの英語が、既にその存在をもって証明していることからも十分予想できることなのです。

いま一つの例は、インドの例です。2001年10月25日、「インド英語、輸出準備OK」[59]という人目を引く記事が、*The Guardian Weekly* に掲載されました。その記事の書き出しは、次の通りです。

　　ベトナムのハノイ市に初のインド人経営の言語センターを設立する予定であるが、そのための政府資金援助が確定し次第、インドは、アメ

---

[58] たとえば、J.L. Van Der Walt & B. Van Rooy (2002) は、南アフリカで 'Black South African English' という変種が広がりつつあり、現在のところ安定した規範にまでは至っていないが、次第に「正統な規範」に向けて進みつつあると報告しています。

[59] Usha Rai, 'Indian English ready for export,' *The Guardian Weekly* (on line), Thursday October 25, 2001.

リカ、イギリス、オーストラリアに対抗する英語教育輸出国（ELT-exporting nation）として名乗りを上げることになる。

　この一文は、これまでイギリスやアメリカの英語を最上のモデルと考えて英語教育に関わってきた者の目には、少なからぬ衝撃を与えるものではないでしょうか。しかし、この種の積極性がすでに世界のあちこちで現れていることは、既に指摘したとおりです。インドのこの計画は、ハイデラバードに拠点を持つ CIEFL (Central Institute for English and Foreign Languages) という機関を通じて2002年1月実現を目指して進められてきたものです。CIEFL は、1997年以来、南東アジア、中央アジア、アフリカ、南アメリカからのさまざまな分野の専門家、外交官、ジャーナリスト、官僚などを対象に英語訓練コースを提供している機関です。今回の「ハノイ計画」は、ベトナム政府の正式要請を受けてスタートしたものです。インドは、その実現を目前にして、「インド英語」の輸出を宣言したというわけです。この計画の立て役者である CIEFL の副所長の Dr. Pramod Talgeri は、これを機会に海外への進出を計画しており、すでに次の目標をスリランカに定めています。Dr. Talgeri の次の言葉[60]は、インド英語の（すなわち、インド人の）イギリス英語に対する決別宣言と受け取ることができるでしょう。

　われわれが行おうとしていることは、インド人の英語所有を正当化することとインド人自身の心にある過度のイギリス英語礼賛気分を払拭することである。英語は、もはやイギリス人のものではないし、文化的貴族だけのものでもない。コミュニケーションの道具として、全ての人のものである。英語で意思疎通ができるというのは、自転車に乗

---

[60] *Ibid*.

ることができるというのと同じようにごく普通のことなのである。

　以上、「新しい英語」の生まれようとする様子を、南アフリカとインドにおいて起こりつつある変化の中に観察しました。「正しいモデル」の落としどころを模索する南アフリカとイギリスというモデルから独立しようとするインドと、一見逆の方向を目指しているかに見える両者も、つまるところ、「自分たちの英語」の手応えを探り求めているのです。それを漸く手にしたという確信が、今、インドに言語的な独立自治の意識をもたらしつつあるのです[61]。現在は葛藤と混乱の中に置かれている南アフリカも、やがて「自分たちの英語」を手に入れる時がくるかも知れません。そしてそれは、21世紀のインドと同じように、南アフリカ自身が、「与えられた正しい英語」ではなく、「自ら生み出した正しい英語」を世界に宣言する時なのです。
　ここまで、英語を取り巻く世界の状況を、(1) 多言語主義・多文化主義への傾斜、および(2) 新しい英語 (New Englishes) の誕生、という二つの視点から整理してきました。次に、日本の英語教育との関連から問題を捉えなおしてみます。
　日本には明確な外国語教育政策がない、という指摘があり、それを証明するような事実は、数多く観察されています。二点ほど指摘しておきます。
　まず、外国語はこれまで選択科目であり続けたということ、しかも、学習指導要領の総則では、英語以外に、ドイツ語、フランス語、その他となっているにもかかわらず、これまでそれを実現するような制度的援助はほ

---

[61] ただしインドのこの動きは、インド全体の英語に対する考え方を代表しているわけではありません。たとえば、2002年2月2日にNHK (BS1) の番組『アジア情報交差点』では、「正しい英語を身につけよう」という宣伝のもとでインド都市部のビジネスマンを中心にイギリス英語からアメリカ英語へのシフトが起こっていることが紹介されました。その場合の「正しい英語」とは、アメリカ英語を指しているのです。ある英語学校の校長がインタビューに答えて、「これからのビジネスではアメリカ英語が使えることが必須である」と強いインド訛りのアメリカ英語 (?) で話していました。

とんどなされていないという点が挙げられます。たとえば、1990年4月、保利文部大臣（当時）は、佐賀市における講演で近隣諸国の言語を念頭に置きながら「英語以外の外国語学習の必要性」を取り上げましたが、その後それを実現するための政治的努力を重ねた様子は全くありません。最近の事例としては、小学校への英語教育の導入があります。この場合も、文部科学省は、「総合的な学習の時間」で英語を教えてもよいとは述べていますが、これまでのところ目的、教員養成、教材など受け入れ態勢の整備に対する積極的な責任をとろうとはしていません。これは、たとえば、韓国の小学校英語教育が政府責任のもとで目的、教材、教授法、設備など具体的な問題が検討され、実践されている点と比較したとき、日本の教育行政の曖昧さを際立たせています。

　このような日本の外国語（英語）教育の政策的な弱さは、すでに海外でもよく知られており、その問題点も的確に認識されているようです。アメリカ合衆国教育省による次の報告[62]は、そうした日本の英語教育事情をよくまとめたものになっています。また、この報告が1987年のものであることを考えるとき、日本の外国語教育政策が、深刻な問題意識のないままに根本的な問題を放置してきたことを思わないわけにはいきません。

　　英語は選択科目で、中学校の教科として認められた外国語の一つである。日本でいう「選択」は、生徒が選べるという意味ではなく、たいてい県の指導に沿って校長が行うことになっている。結局、ほとんど全ての中学校が、週3時間、年間105時間の英語教育を行うことになる。この選択は驚くにはあたらない。なぜなら、英語は大学入学試験の必修科目の一つであるからだ。(US Department of Education 1987: 36)

---

[62] United States Department of Education (1987), *Japanese Education Today*, Washington, DC: US Government Printing Office (quoted in Sandra L. Mckay, 1992: 102)

英語は選択科目でありながら、その選択権は学習者にあるのではなく行政側に与えられているという指摘は、学習指導要領に見られる欺瞞を正しく映し出していると言えます。日本の場合、このような制度的硬直性は、英語教育の分野に限ったことではありません。しかし、世界が多言語社会を視野に入れながらこれまで以上に柔軟な言語政策を打ち出している今日、日本が政策上の甘さと曖昧さと硬直性を抱えたままこれまで通りの英語教育を続けていくことは大きな危険を背負い込むことになります。日本の対応の遅れはさまざまな面で明らかになりつつありますが、アメリカ英語偏重も日本の硬直性の一例として挙げることができます。Andy Kirkpatrick[63]は、次のように主張しています。

> 現在、日本の英語教育は、アメリカ英語の習得を目標にしている。これは、英語教育の大義から言って、非現実的で有害である。生徒は、アメリカ人のように話せない限り駄目なのだと思いこみ、話すことを恐れるようになる。しかし、もし地域変種の学習が許されるなら、そうした変種を話す教育のある人たちを教師として利用することができる。(アメリカ英語のような)外部モデルは、あくまでモデルであって、実際に生徒がそれを学びとる必要はないのである。

日本には、Kirkpatrick がいう「地域変種」は存在しないとされています。たとえば Catherine von Schon (1987: 25) は、かつて、「日本英語、ドイツ英語、ロシア英語などは、日常的に使われているわけではなく、アメリカ英語あるいはイギリス英語などを学び損ねた結果に対する呼び名に過ぎない」と述べて、その存在を否定しました。事実、今日でもなお「日本英語」と呼びうる独立した特徴を備えた英語は存在していません。「地域変種」を

---

[63] Andy Kirkpatrick, 'The global English debate: English as an Asian language,' *The Guardian* (on line), Thursday November 23, 2000.

学べという Kirkpatrick の意見は、アメリカ英語やイギリス英語をただ「まねる」のではなく、それをモデルとして「用いる」ことを通して英語を身につけることを勧めている、と受け止めるべきでしょう。これに類似した考え方は、これまで日本においてもいくつか発表されています。たとえば、鈴木孝夫 (1971) の 'Englic'、渡辺武達 (1983) の 'Japlish'、小田実 (1989) の 'Engranto' などがそうです。このうちもっとも説得力のあるかたちで、また現在まで首尾一貫したかたちで持論を展開しているのは、鈴木です。その考え方は、鈴木孝夫 (1975: 224-225) によくまとめられていますので、参考までに次に引用します。

> インド人やアラブの人々の英語は捲舌で分かりにくいとか、スペイン語系の人の英語はSとZの区別がないなどと言うことは、これらの人々の使う英語を、狭い意味での英語の規範性からのみ批判しているからなのだ。私たちの英語はジャップリッシュ Japlish だと自嘲的にいう日本人もいる。私はむしろ、私たちが英語をもっと使いこなして、日本人の英語は、これこれしかじかの癖がある、訛りがあるという定評が、国際的に確立されなければ嘘だと思う。日本人が本当に思いきり英語を使い始めれば、日本語の干渉のあらわなジャップリッシュにならないはずはないからだ。インド人の多くが使う英語はすでにインディッシュとでも呼ぶべき別の言語となっている。本来の英語にない freeship (授業料免除のこと) などということばが堂々と使われているのだ。
> 　言語の点で多元的な現在の世界において、各国の人々が自分の国のことばを勝手に使い出したのでは、お互いに意志が疎通しない。歴史的な偶然によって英語が国際補助語の最強力なものとなっている現在、その英語を私たちはイングリックとして使うという姿勢が必要だと私が主張するのは以上の理由からである。だからこそ、一般の学生を対象とする英語教育を、英文学者、英語学者の手から切り離す必要

があるのだ。そして英語はもはや英語国民の特権的独占的な言語ではないと言うことを認識する必要がある。

　鈴木の見解を要約すると、日本人は、積極的に英語を用いることを通して自分たちの英語を作り上げていくべきである、どんな「よい英語」をモデルにしても結果として日本人が身につける英語は日本語の干渉を受けた「日本式英語」のはずだから、それに対する負い目を感ずる必要はない、ということになるでしょう。これを、Von Schon の「語彙や文法の国際基準があるように、発音の国際基準もある方がよい。それは、おそらく、近い将来自然に生まれて来るであろう」(25)という考えと比較してみましょう。
　Von Schon の意見は、国際的に通用する英語の発音上の基準についてのものであり、その判断基準は「わかりやすさ」(intelligibility) に置かれています。そしてその基準に照らしてみるかぎり、ドイツ人やロシア人や日本人の使う英語は、たとえば「インド英語」とか「シンガポール英語」と同じように認知することはできないと述べています。そのうえで Von Schon は、イギリス英語、アメリカ英語、あるいはインド英語のいずれをモデルに選ぶにしろ、世界が英語を共通語として使い続けていけば「自然に発音の基準は定まってくる」と主張しています。この考えは、「英語を使いこなした結果としての日本人の英語」という鈴木の発想と重なるものです。鈴木のいう「イングリック」が、国際社会を前提としているのは明らかですから、「イングリック」という名の「日本英語」が持つはずの日本人訛は、国際的に認められた「わかりやすさ」の基準を満たしていなければならないことになります。しかしこの問題は、ここで述べるほど簡単なものではありません。Von Schon が「ある方がよい」と一歩控えているように、「わかりやすさ」の基準は、単純な理想論を寄せつけない複雑な要因が絡み合っていると思われます。
　この問題の複雑さを示す格好の事件が、いま、シンガポールにおいて進行しています。それは、「よい英語を話そう」(Speak Good English) と呼ば

れるシンガポール英語の改革運動です。この運動は、政府主導のもとに、2000年4月29日をもって公式に開始されました。運動のねらいは、世界経済システムの中で生き残れるようなシンガポール人を育てることに置かれています。そのためには、「くずれた英語」であるシングリッシュを捨てて、より「正しい英語」を身につけなければならないというわけです。この運動が始まる前後の様子が、Rani Rubdy（2001）に紹介されているので次に引用します。

> 「もしわれわれがシングリッシュを使い続けるならば、それは、いずれ乱れてしまい、やがてわれわれ300万人のシンガポール人だけにしか通じないものになるだろう。世界の人々は、それを変な英語、解らない英語と言うだろう。われわれは、すでにその入り口にさしかかっているのだ。はたして、このまま進んでもよいのだろうか」[64]（345）

> 「シングリッシュは、英語ではない。それは、シンガポール人が崩してしまった英語、シンガポール方言なのだ。シングリッシュは、乱れた、非文法的な英語で、地域方言やマレー語からの借用がふんだんにある、他の国の人たちが理解しにくい英語なのだ」[65]（348）

　これらは、いずれも、この運動の中心にいるゴー・チョク・トン首相の言葉です。このなかで、シンガポール英語あるいはシングリッシュは、「独自のピジン英語」であるとされ、「くずれた非文法的な英語」と非難されることによってその「非正統性」が強調されています。シンガポール政府は、この運動に先立つ1979年に、当時の首相リー・クワン・ユウの指導のもと

---

[64]　*The Straits Times*, August 23 1999.
[65]　2000年4月29日、'Speak Good English' 運動の開始を宣言するゴー・チョク・トン首相の挨拶より。

に「標準中国語を話そう運動」(Speak Mandarin Campaign)を開始し、ある程度の成功[66]に導いた経験があります。今回の運動は、それにならったものであり、目標となっている言語は違っていますが、その背後にある思想は同じであると言えます。その思想とは、すなわち、モデル以外の言語を「ピジン」あるいは「くずれた」変種と位置づけ、その使用を経済発展の障害と見なす考え方です。

　言語を政治的、経済的な危機意識と結びつけてさまざまな政策に反映させるのは国民国家の常套手段ですが、シンガポールの場合、小国としての危機意識が過度の反応につながりやすい面を持っています。たとえば、「ピジン」とか「非文法的」という表現は、シングリッシュの現実を正しく描写しているとは言えません[67]。しかし、このようにして進められつつあるシングリッシュ改革運動は、先に紹介した「インド英語の輸出」と好対照をなす現象として興味深いものです。植民地英語という同じ出自から出発してそれぞれ独自の英語として世界的な認知を受けた両者が、一方はそれを世界に向けて発信しようとし、また一方はそれを捨て去ろうとしているのです。その結末がどのようになるにせよ、この二つの代表的な英語変種が見せようとしている新しい動きが経済と政治のグローバル化の一断片であることに変わりはありません。Rubdy (*ibid.*: 349) は、「よい英語を話そう」運動の意味を次のようにまとめています。

　　シングリッシュが標準英語に取って代わられるという懸念は、冷酷でとどまるところのないグローバリゼーションの勝利を示すものと見る

---

[66] ここでいう「成功」とは、シンガポール政府にとっての成功を意味するものであり、この運動の背後には、その勢力を減じた潮州語、客家語その他の弱小言語の存在があることも忘れてはなりません。

[67] たとえば、L. Alsagoff & Ho Chee Lick (1998: 127-8) は、シンガポール英語に対する「非文法的」という非難は、文法そのものの乱れではなく、むしろシンガポール英語が置かれている社会的地位の低さに起因していると述べています。

こともできる。(中略)ゴー・チョク・トン首相自ら音頭をとって、メディア、教育その他の分野で急速に広がっているシングリッシュを規制しようとしているが、「よい英語を話そう」運動の推進は、創造的破壊という資本主義経済の概念が言語の世界に持ち込まれたものであり、英語による高度なサービス部門の発展を通して生き残りを図る国家の経済政策と完全に一致している。

　これまで見てきたような世界の言語環境の変化は、およそ1990年代以降その勢いを盛んにしてきたと観察されます。その過程を説明することは省略しますが、結果的に英語が、少なくともその有用性において、他の言語を圧倒するようになったことは間違いありません。現在、非英語国の言語政策は、英語に対してどのように向き合うかという点を柱として組み立てられているといっても過言ではないのです[68]。それは同時に、イギリスやアメリカ合衆国など、英語国の今後の言語政策が、非英語国の対英語政策の影響をこれまで以上に受けることを意味しています。英語は、もはや英語国の所有を離れたものとなりつつあるのです。たとえば、Christopher Brumfit[69]は、「地球語は、すでにネイティブ・スピーカーの手を離れている。英語は、イギリス、アメリカ、カナダ、オーストラリアという国にとって効率のよい輸出産業であったが、現在、それは、抵抗と対立の道具としても機能している」と明言しています。イギリスの動揺も、EUの英語熱も、インド英語の動きも、シンガポール英語の方向転換も、ナイジェリア英語の乱れ[70]も、いずれもがそのことを如実に物語っているのです。
　こうした中で、日本は、一体どのような言語政策を打ち出そうとしてい

---

[68] 「英語と言語政策」という視点に立っている文献の代表例として、Thiru Kandiah & John Kwan-Terry (1994) を挙げることができます。
[69] Christopher Brumfit, 'No time to fall behind in class,' *The Guardian*, Thursday November 22, 2001.
[70] 'News in Brief: Nigeria study,' *The Guardian*, Thursday November 22, 2001.

るのでしょうか。残念ながら、少なくとも現時点では、明確な政策は見えてきません。現代社会における言語政策とは、自言語と他言語との間合いの取り方の問題です。日本の英語教育が目立った効果を上げられないでいる原因の一つは、学習者が「身につけた英語を将来どのように生かすか」という点について明確な意識を持てないところにあります。学習者の意識の曖昧さは、とりもなおさず、教師の意識の曖昧さであり、また、その背後にある日本の言語政策の曖昧さでもあると言えます。こうして日本は、未だに英語をはじめとする世界の言語との距離を定めることができないでいるようです。また、言語政策とは、単に言語教育だけを意味するわけではありません。それは、結果として社会全体のさまざまな面に影響を与えることになるのです。その具体的な例として、『日本経済新聞』[71]に現れた次のような批判を紹介します。

　「なぜ日本はわが国に投資しないのか」。アジアの国々で、同じ不満をぶつけられる。韓国などでは「日本からの投資が少なすぎ、巨大になりすぎた米国の影響力とバランスがとれないのは外交問題」といった声さえ聞く。
　日本には膨大な金融資産があるはずだが、対外証券投資は低調。韓国では1997-98年の経済危機以後、上場企業で外国人持ち株比率が大幅に上昇した。ところが国別に見ると、米国からの投資が外国人持ち株全体の56％を占める（昨年末、時価総額ベース）のに、日本からの投資はわずか1％、シンガポールやマレーシアからの投資を下回っているのが実状だ。
　<u>日本では証券会社が個人投資家向けにアジア株などの営業活動をする場合、対象となる企業について日本語による説明書を作成、配布し</u>

---

[71] 『日本経済新聞』「春秋」、2002年1月11日付け朝刊。

なければならないそうだ。世界共通の英語の資料ではダメで日本語しか認めないのが、日本のお役所の「投資家保護」の決まり。言語の壁によるコスト高も投資低調の一因らしい。
　機関投資家の投資も振るわない。アジア株の比率が小さい米投資銀行の国際株価指数を年金基金などの外国株投資を評価する尺度にしてきたから、運用担当者も指数に合わせてアジア株に後ろ向きという。韓国株の時価総額は四年前の3.8倍になったが、日本の投資家は"かやの外"。投資のリスクはリスクとして、日本の制度や横並び文化を見直さないと、アジアでの日本の存在感も低下する。（下線は、筆者）

　日本の英語教育は、何を目指そうとしているのでしょうか。それは、一握りの言語エリートを育てようとしているのでしょうか。それとも日本人全体に一定の英語力を期待するものなのでしょうか。後者だとすると、その基準はどこに置かれているのでしょうか。このように考え始めると、さまざまな問題点が浮き上がってきます。モデルとすべき英語は？　「わかりやすさ」(intelligibility)の基準は？　効果的な教員養成システムは？　英語教師の英語力改善とそれを保証する研修制度は？　学習対象言語は？　多言語政策への対応は？……　これらの問題は、どれをとっても教師個人の力で解決できるものではありません。しかし、現在の日本は、こうした問題のいずれに対しても明確な手だてを講じているとは言い難い状況にあります。多くの国がその言語政策を鮮明にしている中で、どちらに向かっても歩を踏み出せないでいる日本は、極めて危うい立場に身を置いていると自覚しなければなりません。これからの日本は、これまでよりも柔軟でかつ学習者が目的意識を鮮明にすることができるような言語政策と、その成果を受け入れることができる社会を用意する必要があると思います。

第4節　世界の期待と不安：多言語主義とグローバリゼーション

これまで見てきたように、世界は、いま、多言語主義と単一言語主義との間で揺れています。それは、一面、理想と現実の間の綱引きであると考えることができます。理想が勝利を収め現実を過去へと追いやるのか、現実が勝利して理想を壊された夢に変えてしまうのかはわかりません。いま、EUを中心にヨーロッパで起こっていることについてすら、そのどちらであるのかを結論づけることはできないのです。ただ、現在のヨーロッパは、確実に英語に傾斜しています[72]。これは当然ながら、多言語主義を標榜するEUの最大の不安であり、とくにドイツ語やフランス語、スペイン語以外の弱小言語においてその不安は大きいと言えます。この問題を複雑にしているのは、弱い立場にある言語ほどその保身のために英語を学ぼうとする傾向があるという事実です。この傾向が明確に現れた問題に、EU内の作業言語に関する議論があります。現在、EU内の作業言語は、英語、フランス語、ドイツ語の三言語ですが、それを英語だけにしようという新しい計画が持ち上がっています。フランスとドイツは当然のようにこの提案に反対の立場をとり、共同の反対声明を委員会宛に提出しています。反対の理由は、この提案が単一言語主義(unilingualism)を促進するものであり、EUという*communautaire*(共同体)の精神に反するということのようです[73]。EUの11公用語のうち作業言語に指定されていない8言語を話す人たちが、作業言語が三つもあるのは煩雑と無駄と不平等以外の何ものでもない、と考えて

---

[72] たとえば、Charlotte Hoffmann (2000: 13) および Pierre Frath (2001: 38) によると、ヨーロッパの子どもたちの約90％が英語を学習しているそうです。

[73] Andrew Osborn, 'Linguistic battle at the European commission,' *The Guardian* (on line), Friday August 10, 2001.

も不思議はありません。EU内における英語への傾斜は、フランスやドイツの思惑を越えた、重要な意味を持っているのです。そしてこのことこそが、グローバリゼーションの抱える大きな問題なのであり、それは、また、単に言語だけでなく地球上のあらゆる事象と密接に絡みあっている問題でもあるのです。

　言語が、生物学のアナロジーで語られることがあります[74]。Daniel Nettle & Suzanne Romaine (2001: 67-68) は、「緯度が高いほど、動植物の種の平均的な生息範囲と緯度上での範囲が大きい」という「ラパポートの法則」の比喩を用いて言語の分布を説明しています。それによると、言語も、動植物の種と同じようにさまざまな生態域を占めていますが、世界の言語の大部分は、パプア・ニューギニアのタイアプ語のように、その生態域は狭く、英語、アラビア語、中国語のように広い生態域をもつ言語は比較的少ないということです。この比喩の意味は、明らかでしょう。現在危機に瀕している言語の大部分は、事実、熱帯地方に集中しています。言語の生態域は、それを話す人間の生態域ですから、生活単位としての部族の数が言語の数に相当します。部族単位の生活が、文明化の流れの中で失われていることについては説明を省略してもよいでしょう。D. Nettle & S. Romaine(2001: 269)は、「人間が生存し、社会的活動をし、言語と文化を再生産する権利は、奪われてはならない」とその歯止めが必要なことを訴えています。Tove Skutnabb-Kangas[75]も、生物種の減少と言語の消滅の関連性が認識されにくいこと、メディアと教育制度が言語を死滅に追いやる代理人であることを指摘し、次のような主張を展開しています。

---

[74]　ここに取り上げた D. Nettle & S. Romaine (2001) 以外にも、たとえば、Salikoko S. Mufwene (2001) では、「種としての言語」(langauge as a species) という考えが示されています。

[75]　Tove Skutnabb-Kangas, 'Murder that is a threat to survival,' *The Guardian* (on line), Thursday March 22, 2001.

言語殺し (linguistic genocide) を止めるためには、言語権の教育が重視されなくてはならない。言語の多様性 (linguistic diversity) を守るために最も重要な人権は、自分の言語で教育を受ける権利である。しかし、現在、この点についての手当は、まったく不十分である。弱小言語の話者が自分たちの言語に加えて他の言語を身につけるとき、彼らはマルチリンガルとなり、言語の多様性も守られる。英語のような支配的な言語が自分の言語を犠牲にして学ばれるとすれば、そうした支配言語は、殺し屋言語 (killer language) ということになる。英語使用者の仕事は、これを防ぐことであり、英語をプラス α 的存在に変えることである。

　強大な言語が弱小言語を飲み込んでいくことは、しばしば、*glottophagie* (ことば喰い)[76]と呼ばれます。また、現在の英語が、その役目を担った「殺し屋言語」の様相を呈していることは誰の目にも明らかになっています。いま、グローバリゼーションという名の下に世界各地で起こっていることは、まぎれもない言語消失でなのです。Skutnabb-Kangasによれば、今日6,000とも7,000とも数えられる言語のうちの半数は、2100年までに死滅することになります。弱小言語を保護することは、現実には困難です。その困難が何に起因するかはもう既に明らかですが、今一度 R.M.W. Dixon(2001: 205) の言葉によって確認しておきましょう。

　　小さい言語が生き残る唯一の現実的な方法は、話者が他の世界から隔絶された状態でいること——ニューギニアや南アメリカの密林のなかにとどまることだ。そういう集団はほんの少しだが残っている。だが「文明」が着実にこれらのすべての地域を侵害してきている。彼ら

---

[76] この造語は、Louis-Jean Calvet が *Linguistique et colonialisme: petit traité de glottophgie*, Paris: Payot (1974) で用いたものです。

の住む国の主流である文明社会と日常的な接触を持たないような集団は、すぐに一つもなくなってしまうだろう。

　Dixonは、また、世界中で地域方言や社会方言がその言語の「標準」語に向かって収束しているという事実についても指摘しています(*ibid.*, 205)。先に挙げたシンガポール英語に起こっている事件は、その一例と言ってよいでしょう。シンガポールでは、今まさに、シングリッシュという英語の「一方言」が「標準」と見なされているイギリス英語に向かって収束しようとしている[77]のです。ところがその一方で、多言語主義を後押しするような動きも現れています。アメリカのグローバル・リーチ社はネット上の言語人口を調査していますが、それによると2001年の中国語の利用者人口は4,800万人だということです。同社の予測によると、この数は2005年には2億2,000万人に膨らみ、首位の英語(3億2,000万人)に迫ると予想されています。中国は、デジタル化の弱点とされていた漢字の処理に成功し、6万5,000字という膨大な数の漢字を収録したデータベースを海外で発売する準備を進めています。北京市を拠点とする北大方正集団日本法人の管祥紅社長は、「文字は文化のインフラ。漢字を世界標準の文字にしたい」と述べています[78]。言語と経済が密接に絡みあう現在、13億の人口に支えられた中国の今後の動きが世界の言語に与える影響は大きいと言わなければなりません。

　このように、現在、世界では、言語に関わるさまざまな事件が微妙な色合いの違いを見せながら進行しています。それぞれの国がそれぞれの理由を持って英語との共存を模索しているのですが、その最終局面がどうなる

---

[77] もっとも、この表現は、正確ではありません。シングリッシュは、イギリス標準英語に向かって収束しようとしているのではなく収束させられようとしているのです。そして、それが実現する可能性は、きわめて低いと考えられます。

[78] このあたりの記述は、『日本経済新聞』(2002年1月13日)の記事、「中国：複雑系の明天①」を参考にしています。

のかはまだ見えてきません。ただそうした国々が目指しているものが、自分の言語を犠牲にした単一言語（＝英語）主義でないことだけは確かなようです。英語についてしばしば用いられるリンガ・フランカという言葉は、英語を「国際通貨」として利用しようという考えであり、自分たちの言語を捨ててしまおうという発想からは生まれません。英語が、真のリンガ・フランカになることができるのか、それとも殺し屋言語として「ことば喰い」を続けていくのかは、ひとえに言語使用者であるわれわれ自身の姿勢にかかっていると言えます。次に引いた Pierre Frath（2001: 38）の現実認識に立った危惧と楽観は、現在のヨーロッパの、ひいては世界全体の不安心理を代弁していると言えるのではないでしょうか。

> 英語は、経済と政治の世界のリンガ・フランカとなりつつある。ヨーロッパ人もその事実を認識しており、すでに彼らの子どもたちの90％以上が英語を第一外国語として学ぼうとしている。これは、果たして危険なことなのだろうか。必ずしもそうではあるまい。科学の世界と同様、リンガ・フランカが経済や政治の領域でも用いられるというのはあり得ることである。ただ、その悪影響と支配を防ぐためには、そのイデオロギーを認識しておく必要がある。そのためには、教える言語の数を増やすことが必要である。それによってヨーロッパ人が、互いに英語以外の言語で交流でき、世界のさまざまな考え方を理解することができるようになる。また、イギリスやアメリカの文明について体験を深め、ヨーロッパの若者に英語が単に悪質な政治的宣伝や大衆文化を伝えるだけのものではないことを教えることも必要である。要するに、政と民の双方を教育することが必要なのである。

第2章　JETプログラムと英語教育

第1節　ネイティブ・スピーカー[79]幻想

> ブリティッシュ・カウンスルとある新しい政治団体が、正式な認定も持たず、また、英語教師としての訓練も受けないまま海外で英語を教えようと思っているイギリス人に待ったをかけようとしている[80]。

　この一文は、2001年7月2日付けのガーディアン紙に現れた記事の冒頭部分から取ったものです。文中に登場するブリティッシュ・カウンスルは、英国政府の国際的文化交流機関であり、その名前は、日本でもよく知られています。この機関がインターネット上に開設している日本版ホームページによると、その活動内容は、「教育、英語学習、科学技術、芸術の分野において、(日英)両国のさまざまな団体と協力のもと文化交流活動を行っており」かつ「諸外国の人々の英国に関する理解を深め、また英国が多くの方にとっていろいろな方面で価値のある国であることを認識していただけるよう努力している」と紹介されています。また、ブリティッシュ・カウンスルの歴史や活動内容などについては、R. Phillipson (1992: 137-152) に要領よくまとめられています。その中でPhillipsonは、ブリティッシュ・

---

[79] とくにこの章では、表現上の煩雑を避けるため、「ネイティブ・スピーカー」をもって「語学教師としてのネイティブ・スピーカー」を意味することとします。
[80] Joe Plomin, 'New guidelines in place for teaching English abroad,' *The Guardian* (on line), Monday July 2, 2001.

カウンスルの活動の中心である ELT (English Language Teaching) 事業を、「新植民地主義」(neo-colonialist) あるいは「帝国主義」の枠組みの中で批判的に捉えています。Phillipson の意見に賛成するかどうかは別として、この機関が世界の ELT 産業の中心に位置してきたことは誰もが認めるところです。コミュニカティブ・アプローチの今日の隆盛も、この機関の協力と援助に負うところが大きいのです[81]。

ところで、冒頭の引用文の主旨は、明快です。今日まで、ブリティッシュ・カウンスルを中心としたイギリスの ELT 事業は、確かに、世界に誇りうる成果をあげてきました。世界の英語教育に対する貢献は、多くの人が認めるところです。しかし、それと同時に、互いに異なる ELT 環境にあるさまざまな地域が、それぞれの矛盾や問題を抱えているのもまた事実でなのです。この引用にある「(英語教師としての) 基礎訓練を欠いた、無資格」の者を、ネイティブ・スピーカーであるという一事で世界の ELT 市場に送り出してきたイギリスの責任は、大きいと思います。しかし、それと同時に、そのような人たちを英語教師としてもてはやしてきた受け入れ国の責任も問われなければなりません。この引用で示されているのは、Phillipson (ibid., 193ff.) が批判した 'native speaker fallacy'、すなわち「最良の英語教師はネイティブ・スピーカーである」という謬見への過度の寄り掛かりに対する、ネイティブ・スピーカー供給国イギリスの反省なのです。

一般にネイティブ・スピーカー信仰は、どの国においても根が深いと言えます。旧植民地の人々の間ではもちろん、植民支配を被った経験のない日本人の間にも、白人憧憬と重なった英語のネイティブ・スピーカーに対する信頼は、一種病的と言ってよいほどのものがあります。Douglas Lum-

---

[81] ブリティッシュ・カウンスルがイギリス中心の言語政策を推進してきたことは、その役目上当然のことですが、結果として価値観の偏りを招いたことも否定できません。コミュニカティブ・アプローチへの行き過ぎた傾斜については、A.S. Canagarajah (1999: 82-85) に適切な指摘を見ることができます。

mis (1975: 115-116) は、R. Phillipson (1992) の17年も前に、日本における英会話学校の実態を取り上げ、その差別性を指摘しながら次のように述べました。

> たとえていえば、「native speaker」（生まれつき話す人）という考え方がそもそも欺瞞である。特に営利を目的としている外国語学校は彼らの「native speaker」がご自慢であり、彼らを広告に使う。けれども、「native speaker」という表現は、結果として「白人」を意味する暗号なのである。前に述べたように、ある「native speaker」は英語が本来の言語ではないヨーロッパからやって来ているのである。反面では、英語は、フィリピンやシンガポールやインドでは国のことばであるけれども、これらの国々から来た人びとは、生まれつきに英語を話す人としては雇われていない。彼らはことばの才能を証明して、ときどき、教師の口にありつくが、たいていの場合は試験もしないで拒否される。

　Lummis 自身は、1961年に来日して以来、英会話学校、大学などで長年にわたって英語を教えた経験をもつアメリカ人です。彼は、差別的な優遇に屈辱を感じる種類の人間であったために、日本の英会話学校を舞台に繰り返される差別と欺瞞を、自らを含めて批判することができました。しかし、このような自己批判は例外的なものであり、多くの場合、「あらゆる道義上の複雑な問題は、文化的優越の態度をとることで解決される」(D. Lummis 1975: 114) ことになるのです。このようなネイティブ・スピーカーの開き直りを援けているのが、日本人の「ガイジンコンプレックス」、「英会話中毒」、「白人崇拝」、「国際人願望」など正負交差した感情なのです。そして、この互いにもたれ合った感情が、「ネイティブ・スピーカー崇拝」の果てしない再生産となって現れているのです。日本におけるネイティブ・スピーカー崇拝は、Lummis の指摘から四半世紀以上が経過した今日でもな

お後を絶ちません。ネイティブ・スピーカー崇拝を典型的に映し出している意見を紹介しましょう。

> 日本の不思議な慣行の一つは、外国語教育をネイティブ(当該言語を母国語としている人)から学んでいないことである。例えば、アメリカでフランス語を習おうとすると、必ずフランス人に就くけれども、日本では英語を日本人から習っている。このような日本は、グローバル・スタンダードからはずれていると批判されている。(中略)日本人が本当にバイリンガルで自由自在に会話ができる民族になろうとするならば、日本人の教師が英語を教える今の教育の在り方を早急に変革しなければならない[82]。

日本人の教師が英語を教えることがなぜグローバル・スタンダードからはずれるのか、誰がそのような批判しているのか、日本人がなぜバイリンガルにならなければならないのか、などについては、明らかにされていません。ただ、理論的かつ実証的根拠を欠いたこの種の煽動的な意見は、「日本人は英語ができない」、「どうにかして英語ができるようになりたい」と思いこんでいる人々にとって「やはりそうだったのか」という得心とともに最後の拠り所として受け入れられやすいところがあります。そうした精神的土壌は、Lummis の批判の以前から今日に至るまで、さしたる改良を加えられることなく受け継がれていると考えていいでしょう。人の判断がものの外見に左右されやすいのは、日本人に限ったことではありません。問題なのは、それが社会全体の特徴として世代を越えて受け継がれている点なのです。Lummis (1975: 116) に次のような一節があります。

---

[82] 東北産業活性化センター (編) (1999)、『国益を損なう英会話力不足』、13頁。

日本の外国人社会ではよく知られていることだが、白色人種で仕事の資格を持っていないものでも手に入れることのできる仕事が二種類ある。一つは英語教師であり、もう一つは広告のモデルである。第三の可能性は、女性で、それをする勇気があれば、ストリッパーになることである。この三つの仕事に共通していえることは、日本では、白い皮膚がそれだけで金を儲けることができるという事実である。

　この指摘の前半、「資格がなくても英語の教師になれる」という部分については、まさかそんなことが、と疑いをはさむ人もいるでしょう。もちろん、日本で英語教師として働いている外国人が、すべて無資格というわけではありません。ただ、こうした事実は、決して過去のものというわけではありません。それが今日でも公然と繰り返されていることは、冒頭の引用文からも推察できるでしょう。そして、日本のJETプログラムは、それを支えている組織の一つなのです。当事者であるわれわれ日本人は、この事実を再確認し、それに対する適切な対応を計る義務があると思います。ネイティブ・スピーカー供給国ですら、無資格・無経験のネイティブ・スピーカーが、健全なELT産業の育成にとっての病弊であることを認め始めているのです。

第2節　JETプログラムの実態とその思想

　JETプログラム、正式名「語学指導等を行う外国青年招致事業」(The Japan Exchange and Teaching Programme) の過去の経緯については、詳述しません。ここでは、この事業の公式ウェブサイトをもとに、論述に必要と思われる点に限って紹介します。なお、JETプログラムの概要については、同様に公式ウェブサイトを利用して整理したものを、巻末に資料として付してあります。

JETプログラムは、1987(昭和62)年に始められたもので、本書執筆中の2002年現在で16年目を迎えることになります。その実施は、総務省、外務省、文部科学省、および財団法人自治体国際化協会(CLAIR)の協力を得ながら、地方公共団体がこれにあたっています。4ヵ国、848人から始まったこの事業も、2001年度統計では招致国39、参加人数6,190という発展を見せるほどに成長しました。この事業の目的は、「外国語教育の充実と地域レベルの国際交流の進展を図ることを通し、わが国と諸外国との相互理解の増進とわが国の地域の国際化を推進する」ことにあるとされています。参加者の職種は、地域において国際交流活動に従事する国際交流員、中学校や高等学校で語学指導に従事する外国語指導助手及び地域においてスポーツを通じた国際交流活動に従事するスポーツ国際交流員にわかれていますが、その中心をなすのはALT (Assistant Language Teacher) と呼ばれる外国語指導助手であり、2001年度の参加者総数6,190に占めるALTの割合は、90％を超えています。

　サイトのトップページに置かれた挨拶文は、「JETプログラムは、国内はもとより、世界各国からも大規模な国際的人的交流事業として高く評価されており、このプログラムにかかわるわが国の各地域の人々と参加者が国際的なネットワークをつくり、国際社会において豊かな成果を実らせることが期待されています」という言葉で締めくくられていますが、その実態はどのようになっているのでしょうか。論述の便利のために、巻末の資料より、ALTに関する部分の一覧表を抜粋します。

　次頁の表に見るとおり、指導の対象となる言語は、英語のほかに、フランス語、ドイツ語、中国語、韓国語の合わせて5言語となっています。そのため、2001年度を例にとれば、39の招致国のうちALT募集の対象国は網掛けを施した18ヶ国であり、それ以外の国からの参加者は国際交流員という資格で雇われています。関係国に対するこの事業の宣伝活動は、各国の日本大使館・領事館などを中心に行われており、応募に関わる全ての手続きはこうした海外の公的機関を通して行われることになっています。ただ、

ALTの職務内容と2001年度招致人数内訳

和文職名	外国語指導助手（英語・仏語・独語・中国語・韓国語）
英文職名	ALT: Assistant Language Teacher
配属	中学校・高等学校、教育委員会等
職務内容	1. 中・高等学校における日本人教師の外国語授業の補助 2. 小学校における外国語会話の補助 3. 外国語補助教材作成の補助 4. 日本人外国語担当教員等に対する現職研修の補助 5. 外国語関連のクラブ等活動への協力 6. 外国語担当指導主事や外国語担当教員等に対する語学に関する情報の提供（言葉の使い方、発音の仕方等） 7. 外国語スピーチコンテストへの協力 8. 地域における国際交流活動への協力 9. その他

2001年度招致対象国：（　）内の数字は、網掛けの国の場合は、ALT／総数（ALT＋国際交流員）を表しています。網掛けのない国の場合は、国際交流員の数を示しています。

アメリカ(2,347／2,477)、イギリス (1,325／1,405)、オーストラリア (344／417)、ニュージーランド (345／371)、カナダ (1,018／1,057)、アイルランド (88／95)、フランス (9／34)、ドイツ (3／28)、中国 (10／81)、韓国 (3／59)、ロシア(13)、ブラジル(18)、ペルー(1)、ポルトガル(2)、スペイン(6)、イスラエル (2／3)、イタリア (2／4)、メキシコ (2)、南アフリカ (33／33)、アルゼンチン (1)、ベルギー (3)、チェコ (1)、フィンランド (1／4)、モンゴル (2)、ウクライナ(1)、オーストリア (1／2)、インドネシア(1)、スイス(1)、インド (2／3)、オランダ (1)、ブルガリア (1)、ハンガリー (2)、カザフスタン (1)、シンガポール (13／15)、ジャマイカ (22／22)、ユーゴスラヴィア(1)、タイ(1)、マレーシア (1)、ルーマニア (1) (計39ヶ国)

　これらの窓口機関が開設しているホームページの案内文等は、それぞれの国の活動状況を端的に反映していて、質的にも量的にもかなりの隔たりを見せているのが実状です。もちろん、その違いが公式の募集要領の中味の違いに及ぶことはありませんが、上記39カ国の間に見られる招致人数の違

いがそれぞれの国における招致活動の熱心さの差となっているのはやむを得ないと思われます。そのなかで、2002年度に向けて比較的丁寧な募集要領となっているオーストラリア版を利用して、応募者の資格要件 (Eligibility)がどのようなものであるかを確認してみましょう。応募条件の部分を、原文のまま引用します。

Applicants must:
  a) Be interested in Japan, and be willing to deepen their knowledge and appreciation of that interest after arrival.
  b) Be both mentally and physically healthy.
  c) Have the ability to adapt to living and office conditions in Japan.
  d) Be a citizen (not just a permanent resident) of Australia. IT IS COMPULSORY TO HAVE AUSTRALIAN CISIZENSHIP BY 7 DECEMBER, 2001. (Those who possess dual citizenship with Japan and Australia must renounce their Japanese citizenship before the date of departure for Japan.)
  e) In principle, be under forty (40) years of age as of 1 April 2002. (One of the main purposes of the programme is to foster exchange between Japanese youth and young professionals from the countries participating the programme.)
  f) <u>Have excellent English pronunciation, rhythm, intonation and voice projection skills</u> in addition to other standard language skills. Have good writing skills and grammar usage.
  g) Not be a current or former participant on the JET Programme.
  h) Not have declined a position on the JET Programme after receiving notification of placement. However, exceptions to this

rule may be made in cases where it is determined that the participant has a valid, unavoidable reason for withdrawing.
　ⅰ) Not have lived in Japan for three or more years in total since (and including) 1992, as at 7 December, 2001.
In addition to the above a) through i), CIR[83] applicants must:
　ｊ) Be motivated to participate in and initiate international exchange activities in the local community.
　ｋ) Hold at least a bachelor's degree or obtain one by 28 July, 2002.
　ｌ) <u>Have a functional command of the Japanese language.</u>
　　(Japanese language proficiency is necessary to function in a Japanese office environment.)
In addition to the above a) through i), ALT applicants must:
　ｍ) Be interested in the Japanese education system and particularly in the Japanese way of <u>teaching English</u>.
　ｎ) Be interested in working actively with students.
　ｏ) Hold at least a Bachelor's degree or obtain one by 28 July, 2002, or be qualified to teach at primary or secondary schools or obtain such qualifications by 28 July, 2002.
　ｐ) Be qualified as an <u>English</u> language teacher or be strongly motivated to take part in the teaching of <u>the English language</u>.

　以上は、オーストラリア版よりの抜粋です。各国のそれも基本的には同一のものと言えますが、先述したようにそれぞれの事情を反映した記述上の異同が若干認められる場合があります。上記引用中の下線部は、シンガポール版との違いが現れている箇所で、相手国の言語事情を意識した募集

---

[83] CIR = Coordinator for International Relations (国際交流員)

要項となっている点で興味を引きます。シンガポール版では、下線部に相当する箇所は、矢印の右側に示した通りに記載されています。

 f) <u>Have excellent English pronunciation, rhythm, intonation and voice projection skills</u> → Have excellent pronunciation, rhythm, intonation and voice projection skills in the designated language

 l) <u>Have a functional command of the Japanese language.</u> → この記述自体は同じですが、シンガポール版には、これに加えて Have a functional command of English or Japanese language. の項が見られます。

 m) teaching <u>English</u> → teaching foreign languages

 p) <u>English</u> → language; the <u>English</u> language → foreign languages

　これらの違いがシンガポールの言語事情を反映していることは明らかでしょう。すなわち、シンガポールからのALTは英語か中国語を担当することが想定されているため、オーストラリア版における'English'が'foreign languages'となっています。このような部分的な変更は、それ自体当然のことであり、一見公平な配慮が為されている印象を与えます。ただ、国別の受入数を見ればわかるように、現在のALTはほとんどが英語担当だという点には注意が必要です。英語以外に、フランス語、ドイツ語、中国語、韓国語とその門戸は広がってはいますが、実際には英語以外の言語の教育に意が注がれている様子はありません。中国からの参加者を例にとれば、ALTとして受け入れられているのは81人中10人だけで、残りの71人は国際交流員の資格で来日しています。この傾向は、フランス、ドイツ、韓国においても同様であり、指定された5言語のうちALTが中心になっているのは英語だけだということがよくわかります。この間の事情は、たとえ

ばフランス版のホームページにある次のような記述によって確認すること
ができます。

 ALT（Assistant-Professeur de langue française ou <u>éventuellement
anglaise</u> dans un college ou un lycée）
 = ALT（中学校または高等学校における<u>フランス語、場合によっては英語</u>、の指
導助手）（下線は、筆者）

 この募集要項の記述で分かるように、フランスからのALTは、必ずしも
フランス語の指導助手だというわけではなく、英語に堪能であれば英語の
指導助手として採用されているのです。この事情は、フィンランドやイス
ラエルなどからの参加者の場合も同じです。この一事をもって日本の言語
政策を批判することはできませんが、少なくとも、現在の日本が英語以外
の言語にさしたる注意を払っていないという点は認めなくてはならないで
しょう。たとえば、第1章でも触れたように、日本の文部大臣が「アジア
諸国の言語に目を向けよう」といったのは今から10年以上も前の1990年の
ことでしたが、その後それを推進する具体的な政策は何も打ち出されませ
んでした。こうした点だけを捉えても、日本の言語政策が、そのもっとも
力を入れているはずの英語教育も含めて、確固たる方針を示し得ないでい
ると非難されてもやむを得ません。冒頭の引用に見たように、すでにALT
供給側がその無資格に疑問を投げかけているにもかかわらず、受け入れ側
の日本がその点を意識している様子は全く見られないのです。それを証明
するかのように、JETプログラム推進母体である財団法人自治体国際化協
会（CLAIR）のホームページには、次のようなFAQが載っています。原文
は英語ですが、翻訳で示します。

 問 ALTになるのに、教師経験は必要ですか？
 答 必要ありません。教育に対する関心があれば結構です。教師経験

は、JET プログラムへの応募にあたって考慮の対象となる要件の一つに過ぎません。

問　応募者は、TESL/TEFL の教師資格を持っていなくてはなりませんか？
答　いいえ、要件ではありませんが、望ましいと言えます。しかし、JET プログラムの参加者の大部分は、そうした資格を持っていません。

　ALT の資格要件は、オーストラリア版に見たとおりです。応募者から見た場合、ハードルとして最も高いのは、項目 o) にある「学士号」であり、その上で気になる点は「英語教師の資格」をうたった項目 p) の「ALT 応募者は、英語教師の資格を有していること」でしょう。ただし、この項目の後半部分は、「もしくは、英語教育に参加する強い意志があること」となっており、不思議なことに、実質上「無資格」容認への抜け道になっているのです。
　上の FAQ に見られるような質問が寄せられるのは、おそらく、資格要件の記載に見られるこの曖昧さのせいでしょう。さらにこの問答で示されている「教育への関心」の有無などは、審査の基準としては、事実上ほとんど意味をなしていません。結果的に、ALT への応募に際して、実質的ハードルとなるのは、「学士号」だけということになります。もちろん、募集側の意図は、当初からそこに置かれていたはずですから、その点だけを捉えれば問題はないと言えます。問題は、この事業の目的の一つである「英語教育の充実」と、「無資格の英語教師」という事実との間でどう折り合いをつけるかという点にあります。単に英語を第一言語として話すことができるというだけで、英語教師としての資格も経験もない若者を中学校や高等学校に配置することの意味は、改めて考えなくてはならない重要な問題です。Joe Plomin (2001) は、ALT を送り出す側にあるイギリスの認識に変

化が生まれつつある点をとらえて、次のように伝えています。

> 事実、カレン・アダムズ女史（ある教育センターの指導主事）は、つい最近まで修了証明書の内容とかけ離れた教育運営をしているコースが沢山あったことを認めている。(中略)訓練を受けた教師とそうでない教師とでは、車の修理に際しての修理工と素人ほどの差が出てくる。ただ、ELT が世界を相手にした商売である以上、(ネイティブ・スピーカーが) ただ出かけていけば受け入れられるという環境があるということが問題なのである[84]。(下線は、筆者)

　この引用の中で、アダムズ女史は、訓練を受けた教師とそうでない者との違いを、車の修理における自動車整備工と単なるドライバーとの間の差にたとえています。引用中の最後の一文は、世界には依然としてネイティブ・スピーカーというだけで言語教師の職を提供する国が多くあることを伝えていますが、日本もこの例外でないことは認識しておかなくてはなりません。
　この問題の背後にあるものが、ネイティブ・スピーカー崇拝であることはすでに触れました。ネイティブ・スピーカーを最良の語学教師と考える風潮は、世界に共通しています。事の善し悪しは別として、結果的に、世界のあちこちで深刻なネイティブ・スピーカー不足が起こりつつあります。そしてそれは、とくに英語のネイティブ・スピーカーにおいて顕著です。すなわち、ネイティブ・スピーカーの英語教師の需要と供給の不均衡が、地球規模で起こっているのです。どの国の場合も、採用時に正式な資格を問題にしていたら、確保そのものが難しくなってくるのです。日本でも、ここ数年は、計画通りに ALT を採用するのが困難になっており、募集を繰

---

[84] Joe Plomin, 'New guidelines in place for teaching English abroad,' *The Guardian* (on line), Monday July 2, 2001.

り返しているのが実状のようです[85]。どのような仕事でも希望者が減少し、競争力が失われれば、質の低下は免れません。このことは昨今の ALT についても当てはまるようで、大阪府の教育センターに勤務している菅正隆 (2002) に次のような文章が見られます。

> 最近、多くの中高の先生方から ALT についての苦情をいただく。「正しい英文が書けない。正しく単語を綴れない」[86]等と。しかも、英語力の問題に限らない。社会性に問題がある ALT も増えてきた。生徒に対するセクシャル・ハラスメント、暴言、怠業、日本人教員に対する誹謗中傷等々。もちろん一部の ALT に限ったことではあるが、少なくとも10年前には考えられなかったことである。

このように現実の世界は、無資格の者を採用してもなお供給不足が解消されない、売り手市場とも言える状況を呈しています。この不健康な状態は、ALT の職場上での位置付けとも関連して、各国の ALT 問題をさらに難しくしています。こうした混乱の一例として、フランスの事情を紹介します。

> 外国語指導助手（language assistant = LA）の需要が増大するにつれて、その役割が不当に拡大している。子どもたちに英語を教えようとする国が増えているため、至る所で教師の不足が起こっている。そのため、

---

[85] この間の事情は、菅正隆(2002)に的確にまとめられています。この資料では、JET プログラム発足時の募集状況も紹介されており、それによると1987年(昭和62)の第一回目の募集に対する競争率は、オーストラリア13.6倍、ニュージーランド5.7倍、米国5.3倍、英国4.9倍となっています。

[86] イギリス人 ALT たちの自言語に関する知識、とくに文法的説明力に関してかなり問題があるらしく、その実体が、Rodney Blakeston (2002) に具体的に紹介されています。

LAが資格も経験もないことを承知の上で教師の仕事をやらせる学校が増えている。イギリスは、毎年2,000人の学部学生と大学卒業生を一年契約のLAとして21ヶ国に送っている。(中略)LAの役割は、どの国においても経験ある教師とのティーム・ティーチングが主体である。しかし、この役割に変化が現れ始めている。LAは、ほとんどがヨーロッパに派遣されているが、追加要求が最も強いのは、2001年度から外国語開始年齢を九歳にしたフランスである。ラーヴェイ氏の調査によると、あるLAは、正規の教員の手助けなしに小学校の英語クラスを全部教えさせられたそうである。フランス当局の責任者は、LAと学校の双方が十分な援助と指導を受けていなかったことを認めている。ティアリー女史（地方教育査察官）は、2001年だけで150人の英語LAを確保する責任を負っているが、これまでのところ、その半分しか確保できていない。政府は、ネイティブ・スピーカーでなくても英語が達者であれば代替措置として認めると言っているが、女史はこの提案を拒否している[87]。

ネイティブ・スピーカーの代用としてノン・ネイティブを採用することに難色を示すのは、この引用中のティアリー女史に限らず、一般的な傾向であると言えます。女史は、拒否の理由を、「子どもたちはネイティブ・スピーカーの方が元気が出るし、なにより子どもたちには良い発音を与えることが必要である」と述べています。女史の考えは、日本人の心理を代弁しているところがあります。日本の英語教師の多くが、この意見に賛成するのではないでしょうか。また、付随する問題として引用の前半部に取り上げられている点、すなわち、（資格のない）LAを正規の教師の補助という役割を越えて使用する点（極端な場合にはLAに授業を任せきりにする

---

[87] Max de Lotbinière, 'Sink or swim,' *The Guardian* (on line), Thursday October 25, 2001.

こともある）も重要な問題でなのですが、ここでは主題からはずれるので指摘するだけにとどめておきます。

第3節　ネイティブ・スピーカーにとっての JET プログラム

　ネイティブ・スピーカーの深刻な供給不足が続く中、世界は、あいかわらずネイティブ・スピーカーを最も優れた言語教師と位置づけ、その採用に躍起になっています。こうしたネイティブ・スピーカー売り手市場の中で、当の本人たちはこの事態をどう認識しているのでしょうか。あるいは、JET プログラムは、ALT 供給国の若者たちにどのようなイメージで捉えられているのでしょうか。ガーディアン紙に登場した JET プログラムの紹介記事の中から、この疑問に対する答えとも言えるような部分を抜粋し、紹介します。なお、下線は、すべて筆者によるものです。

　　日本政府は、JET プログラムに基づき中・高等学校用に ALT（外国語指導助手）を募集している。ALT は、現在6,000人ほどである。2001年度[88]からは英語が小学校に導入されるようで、その需要が増すことが予想されている。外国人は日本人の相棒教師とティーム・ティーチングを行うことになり、年俸は23,000ポンドである。驚いた話だが、この仕事に教師の資格は求められていない。応募にあたっては、学士号があれば十分である[89]。

---

[88] 小学校に英語が導入されるのは2002年度からですが、ここでは原文をそのまま翻訳しています。
[89] Michael Chan, 'Country of the month,' *The Guardian* (on line), Wednesday March 1, 2000.

大学を出て一、二年間外国政府のために働くのはどうでしょう。仕事は、比較的簡単なもので、経歴にもなります。十分な給料と観光のための時間が与えられます。しかも、ビザとか住居などの面倒は、すべて相手持ちです。そのお返しに期待されていることは、公立中・高等学校で教師の助手を務めることです。あなたが本当のキャリアを始めるのは、帰国後のことでよいのです[90]。

外国人に英語を教えるのは、世界旅行と同時に金儲けができる絶好の手段です。(中略)アマンダ・シンプソン（TEFL.com の相談係）は、次のように言っています。「コースを選ぶときには、自分が本当に必要としているものを見つけることです。かりにあなたが英語を教えたいと思っているなら、その目的に適った、たとえば修士号とか資格免状(diploma)を取れるコースを選ぶことです。しかし、もし世界を旅行するのが目的なら、教育技術のイロハを授けてくれる短期コースを選ぶことです。日本のような国では、英語のネイティブ・スピーカーでありさえすれば教師資格が無くても雇ってくれるのです。しかし、ほとんどの国では、教師資格が要求されます[91]。

JET プログラム――何もしないで金儲け？
日本における英語教師の役割は、例えて言えばサーカス役者。ガキを喜ばすために自転車に乗って登場するピエロ、遠い国からやって来たエイリアン。(中略)給料と諸条件を入念にチェックすること。学士号さえあればよい。もっとも最近では、上の資格がないと良い仕事にはあ

---

[90] David Williams, 'Agents of influence? Oh behave yourself! But exchange programmes could be just a cove,' *The Guardian* (on line), Saturday May 6, 2000.
[91] Kate Harvey, 'Earn after you learn,' *The Guardian* (on line), Saturday December 15, 2001.

りつけない。金の話をするなら、たいていの奴はなにがしかため込んでいる。飲んだり食ったりで遊び回らなければの話だが。日本に来るときは笑顔で、日本語はちょっとだけ勉強すること、間違っても伝統と誇りを持った国を変えようと思わないように。これを守るなら、帰るときも笑顔。

David Leeming は、JET プログラムで二年辛抱した現在、名古屋外国語大学の客員教授となってるよ[92]。

これらは、決していかがわしい金儲けを持ちかける広告ではありません。かりにも日本の政府が後押しをするれっきとした教育事業を紹介する文章です。英語が自分の第一言語であるというだけで与えられるこの幸運が、大学を出たばかりの若者たちの眼に「本当のキャリア」を積む前に用意された理想的な冒険と映っても不思議ではありません。──驚いたことに無資格で年収£23,000[93]の教師の仕事が与えられる、その仕事も日本人英語教師の手助けでそれほど大きな負担ではないらしい、しかも旅費、保険料などの必要経費は全て日本政府が保証するとくれば、時折の「サーカス役者」や「ゲームの達人」(game master[94]) の役回りなど何ほどのことでもない、運が良ければ、そのまま日本の大学で教師の職にありつけるかも知れない──これらの記事を読んだ若者がこのような考えを持つのはむしろ当然と言えるのではないでしょうか。Jerry O'Sullivan (1992: 3) に、次のよ

---

[92] Michael Chan, 'In the field: Japan,' *The Guardian* (on line), Wednesday March 1, 2000.

[93] 2002年度の報酬については、章末資料にもあるとおり、「1人当たり税引後年間360万円程度を支給」となっています。ただ、この金額は、この15年全く変わっておらず、優秀な ALT を採用するにはそろそろ見直すべきだという意見もあります。実際、個別に受け入れている地方自治体の一部では、月額30万円を大幅に上回る給与を支払っているところもあります（菅正隆、2002参照）。

[94] Max de Lotbinière, 'Sink or swim,' *The Guardian Weekly* (On line), Thursday 25 October, 2001.

うな記述が見られます。

> 日本で英語を教えている人たちは、大きく三つに分類できます。第一は、英語教育に正面から向き合っている人たち、第二は、西洋人の間で関心が高い日本文化、たとえば日本の武術など、を学ぼうと思って日本に来ている人たちです。<u>最後は、そしてこれがもっとも多いのですが、単に旅行を楽しんでいる人たちです</u>。彼らは、日本が気に入って、滞在をちょっとだけ延ばしているに過ぎません。<u>第二と第三のタイプは、やがて日本で英語を教えればよいお金になることを悟ります</u>。
> 　日本に滞在する魅力の一つは、<u>驚くほど多くの人が英語を学びたがっていて、そのためにはネイティブ・スピーカーに喜んで大金を投じる</u>ということです。ここ数年円の国際価値が高まっている（80年代と比べるとほぼ2倍）ため、円で支払われる給料はドルやポンドに換算すると高額なものになるのです。（下線は、筆者）

　O'Sullivan の文章は、D. Lummis から17年後の状況を伝えるものです。O'Sullivan は、ALT を三つのタイプに分類して説明していますが、その中で最も多いタイプ（＝遊びや金儲けを目的とする人たち）は、JET プログラムの表向きの目標にとっては、最も好ましくないもののような印象を与えます。この種のネイティブ・スピーカーが多くなる理由として、日本人の英語好きが挙げられている点も、否定することは難しいようです。
　たしかに、資格要件に教職経験や教職免許を加えていない点は、ALT の確保という面では利点になっています。しかし、その一方で、さまざまな混乱を生む原因になっているのも事実です。教師資格は問われないけれども、求められている仕事内容は日本人英語教師の「補助」の域を超えているる、かと思うと無資格のはずの自分が思いもかけぬ厚遇を受ける、とこうした現実にとまどいを覚える ALT は少なくありません。ALT が受けるこ

のような混乱した印象はこれまでも数多く報告されていますので、ここでは繰り返しません。それでは、こうした混乱を生みだしている真の原因は、どこにあるのでしょうか。先に指摘したように、JET プログラム自体のもつ曖昧さが一因であることは間違いありませんが、さらに詳しく検討してみましょう。

　沖原勝昭(1999)は、二つの理由を挙げて、ALT 制度の不要であることを訴えています。第一の理由は、この制度はもともと中学・高校の教師や生徒の切実な要望に応えて実現したものではなかったこと、すなわち、いかにすれば英語学力の向上が図れるかといった事前の専門的な検討がなされていなかったことです。第二の理由は、現在のような中途半端な形で ALT に触れさせることの逆効果、すなわち安易な学習に流れる結果、学習意欲が減退することです。この意見は、元 ALT からの指摘に答える形でまとめられています。沖原によれば、その指摘とは、「ALT 制度は破綻している」という意味の内部告発で、およそ次のようなものだったようです。箇条書きで示します。

　　(1) 投資に見合った成果を上げていない ALT 制度
　　(2) 日本の中・高校生のあまりの幼稚さとコミュニケーション意欲の絶望的な欠如
　　(3) 外国文化の担い手として招かれたはずの ALT にかけられる日本適応へのプレッシャー
　　(4) 双方に誤解と不信を醸成している現行制度

　もちろん、この指摘が、一人の元 ALT の個人的経験と判断に基づいた思い込みである可能性は否定できません。しかし、それを割り引いたとしても、なお憂慮すべき事態であることは明らかです。しかし、こうした問題が、受入機関である CLAIR を中心とした政策レベルで真剣に検討されたという話は聞こえてきません。個々の不満や問題は、ALT の配属先である

各地方の教育委員会、受け入れ側の中・高等学校、さらには授業においてALTとじかに接する日本人教師に預けられる形で今日まで先送りされてきたところがあります。それを間接的に裏づけるものとして、和田稔(1991)の意見を挙げることができます。

和田が取り上げたのは、「ALTの品質管理」の問題です。募集要項にあるように、ALTは一年契約ですが、さらに二回まで契約を更新することが可能になっています。しかし、この再契約が、ALTの仕事ぶりをきちんと査定した上でなされていないのではないか、というのが和田の指摘です。そしてその指摘のきっかけになったのが、「ALTの仕事のquality controlはだれの責任でどのようにおこなうのか」というあるALTからの質問だったそうです。和田にある引用から再掲します。

> ますます多くのAET[95]が、受け入れ側が示す親切にのぼせてしまい、教室での自分の行為に無頓着になるだろう。理由はともかく、たいていのAETは、自己満足に陥ってしまい、結果的に教師としての成長が阻害されている。また、日本人の生徒にしても、AETの本当によい資質に触れることができなくなる。西洋諸国では、仕事の向上のために一定の評価基準を設けている。評価は、自己の能力を改善するための手段として受け入れられている。若いAETたちは、教室内でどのように働けばいいのか説明してほしいのである。建設的な評価が直接伝えられないため、新しく来たAETたちは、JETプログラムは十分な訓練を用意せず、展望と目的を欠いていると不平を言うことになる。結局、AETたちは、自分たちが注意されないので、これでよいのだと考えてしまう。(下線は、筆者)

---

[95] この文献の出版された1991年当時の呼称で、'Assistant English Teacher'の略称です。

ALTの再契約に関する問題点は、大きく二通りに分けられます。一つは、この批判にもあるように、再契約の判断基準となるべき「品質管理」が一定していないこと、他の一つは、再契約する場合はもちろん、そうでない場合についても、判断の理由説明が曖昧であることです。この二つが相互に関連していることは明らかで、要は、このプログラムが全体として明確な基準を欠いているところに問題の根があるのです。

　和田も述べていますが、このような、本来雇い主である日本人がやるべきことを被雇用者であるALTから指摘されるというのは、残念というほかはありません。再契約の基準が明示されていないということは、ALTの側からすれば自分のなすべき仕事が見えにくいということになります。教師の経験のない若者が、いきなり未知の国の中学校や高等学校の教室に置かれたときのことを考えてみましょう。その際、自分の果たすべき役割について的確な指示が受けられないということがどんなに大きな不安であるかは、容易に想像できるでしょう。それは、不安というよりもとまどいかもしれず、そのとまどいがときに苛立ちへと高じたとしても決して不思議ではありません。ALTのそのような心理状態を伝える次のような報告があります。

> 最初は、自分が生徒や教師に対してどのように振る舞えばよいのかわかりませんでした。他のALTを見ると、生徒たちと仲良くやっているし、教室ではまるでチアリーダーのようです。また別なALTは、英語の教師にまかせっきりで、言われたとおりにテープレコーダーの役割を演じています。一年ほどたって、ようやく自分の役割が見えてきました。なによりもまず、わたしは生徒たちの教師なのだ、英語の時間はわたしを表現する時間なのだと思うようになったのです[96]。

---

[96] Joselyn Schultz, 'Role models,' *The Guardian* (on line), Thursday October 25, 2001.

このALTは、自分の役目を見出すのに一年ほどかかっていますが、この長い「宙ぶらりん状態」は、決してこのALTに限ったことではありません。自分のアイデンティティを見失ったことから生まれるとまどいや苛立ちは、誠実なALTであれば改善を要求する批判となって現れて当然と言えます。しかし、目的の大部分が遊びと金にあるALTでは、厚遇にあぐらをかく結果となったり、この引用にあるように消極的な行動となって現れたりします。いずれにしても、この不健全な状態がよい教育効果を及ぼすとは考えにくいのですが、この大切な問題も未解決のまま今日に及んでいます。先の「品質管理」批判にしても、すでに10年以上前の出来事ですが、その指摘の内容は今日でも新しいと言わなくてはなりません。それから約8年後、『現代英語教育』(1999年2月号) に、「私たちは、助手なのですか、それとも教師なのですか？」(Are We Assistants or Are We Teachers?) というタイトルでALT経験者四人による座談会の内容が掲載されました。出席者の発言のなかから、JETプログラムの制度的問題に触れると思われる箇所を抜き出すと次のようになります。

　　いろいろな状況の違いがあるので、JETプログラムについて一般化することは難しい。(中略)このプログラムの欠点は、多分、基準がないということだと思う。基準さえはっきりすれば、問題への対処も簡単になる。

　　たいていのALTは、暇だったな、二、三クラス受け持ったんだけど、こっちのクラスはいつもキャンセルだったな、なんて思うんじゃないかな。多くのALTは、方向感を失うんじゃないかな。

　　ボスに言ったことがあるよ、西洋人には何をやらなくてはいけないか、何をやらなくてもいいかをはっきり言うべきだとね、何も言わなきゃ何もしなくていいってことになるって。

僕は、このプログラムの目的をもっとはっきりすべきだと思うね。

　子どもたちにネイティブ・スピーカーから英語を学ばせたいのなら、本当の教師を連れてくるべきさ。このプログラムが交換プログラムなら、交換プログラムのようにすべきだよ。ちゃんとした教師を連れてきてね。

　僕の感じでは、ほとんどの奴が熱心じゃないね、だってみんな教師じゃないんだもの。みんなお金を稼ぎたいだけさ。

　僕が気になったことは、熱心な奴とそうでない奴がはっきりしているってことさ。いい加減な奴は、ただやってきて、最低限のことをして帰るだけさ。

　僕が英語を話せるからといって、それを中学一年生に教えられるとは限らないよ。

　融通性が大切だと思うよ。だって指導はないし、全てが曖昧なんだから。曖昧なときには融通を利かすことが大切さ。（下線は、筆者）

　この座談会では、ここに紹介した以外にも数多くの問題が率直に語られています。しかし、その内容から判断する限り、10年前に指摘された問題点が改善された様子は窺えません。JETプログラムの制度的矛盾をついたこれらの意見を見る限り、大切な問題が依然として数多く残されていることがわかります。それでは、このような問題の生じる根本原因はどこにあるのでしょうか。相互に関連しているこれらの問題は、およそ次のような連鎖をたどっていると考えることができます。すなわち、(1) プログラムの目的の曖昧さ → (2) 明確な判断基準の欠如 → (3) 明確な指示の不足 →

(4) ALT の役割の不透明さ → (5) ALT のとまどい、不満、苛立ちと日本人教師との摩擦 → (6) ALT 間の勤務格差、という連鎖です。

　もちろん、ここでは、このプログラムの欠点と思われるものに焦点を当てているため、好意的な意見を敢えて紹介していません。しかし、その好意的な意見にしても、生徒の学力面における ALT 効果を指摘したものはほとんどありません。ALT の効果は、英語に接する機会が増えた、生徒が積極的に英語を使うようになった、英語に興味を持ち始めた、という印象的な言葉によって説明されることが多いようです。30人以上の大きなクラスで学校あたり週１～２回の訪問授業の実質的効果については ALT 自身が否定しているのですから、このプログラムの利点を見つけようとすれば、「文化」や「国際」といった言葉が持つ情緒的効果を強調するよりほかに方法はないのかも知れません。しかし、「相互理解」とか「国際化の推進」といった交流を中心とした目的は、JET プログラムにとってもともと二次的なものだったはずです。それでは、もともと二次的な目標であった「国際理解」的な面が、どのようにして現在の中心的位置を占めるようになったのでしょうか。ここで、ごく簡単に、JET プログラムの歴史を振り返ってみましょう。

　JET プログラムの前身は、BETS (British English Teachers) と呼ばれていました。これは、イギリス人のビジネスマン、Nicolas Wolfers の提案をうけて、1978年に当時の文部省が主体となって始めたプログラムです。最初の年の参加者は22人のイギリス人で、英語教育を目的に選抜されています。BETS と並行して運営されていたもう一つのプログラムに、やはり文部省が主体となっていた MEF (Mombusho English Fellow, 1977～1986年) があります。その後、この二つを合併する形で現在の JET プログラムが誕生したのです。この時点で、当時の自治省、外務省が加わり、文部省との間で役割分担をする形で現在の JET プログラムの骨格ができあがりました。こうして、当初は英語教育の充実を目標にしていたプログラムも、時代の進展のなかで国際交流的な要素をもう一つの目標として取り入れるようにな

り、やがて後者の方が前面に現れてきたというわけです。
　以上のような背景を持つ JET プログラムは、これまで見てきたように目的の中心である英語教育においては、その具体的な成果を生みだすことができないままで今日に至っています。ところが、英語教育の面では批判をあびながらも、国際化時代の意識が徐々に高まってくる中で、その二次的な効果については好意的な見方も少なくありません。そのためかどうか、最近の JET プログラムは、ALT を中心にしながらも、この二次的な目的に意識の比重を移そうとしているところがあります。典型的な例が、あるインタビュー紹介記事に現れました。文部科学省の初等中等教育局国際教育課の今泉柔剛氏は、雑誌『英語教育』編集部とのインタビューにおいて、「ALT の資格」について質され、次のように答えています。

　　JET プログラムは、そもそも日本の学校にネイティブを入れるためのプログラムというよりは、青年の交流プログラムで始まったもので、それを活用して、せっかく日本に来ているのだから学校に入ってもらおうという形でやっています。つまり本来の目的が違うものですから、それをたとえば教員資格が必要ということになってくると、逆に交流の枠を狭めて、ある特定の人たちだけが日本に行けるという話になってしまう。そうすると JET プログラム本体の存在意義にかかわってくる話なので、なかなか難しいと思います。(『英語教育』編集部、2002)

　たしかに、このプログラムは、英語教育プログラムとして成功しているとは言い難いところがあります。そのため、国際交流、文化交流といった摑み所のないものを目的に据える傾向があり、その曖昧性が多くのまじめな ALT を戸惑わせていることは、すでに検討したとおりです。それもあってか、JET プログラムの人気は下降気味で、最近では必要な人数を確保することが難しくなっているのです。この担当官の発言がそのあたりの事情を念頭に置いているのはわかりますが、それにしてもこの発言内容は、驚

くべき不見識と言うよりありません。「せっかく日本に来ているのだから学校に入ってもらおう」などという言葉は、教育行政に携わっている人の言葉とは思えません。この理屈が通るのなら、町をうろついている学士号所有の英語ネイティブ・スピーカーを、せっかく日本に来ているのだから皆雇ってよいということになります。ALTたちは、たまたま日本に来ているのではありません。外務省を窓口にした募集広告にしたがって応募し、然るべき選考を経て日本にやって来ているのです。その目的は、最初から「外国語指導助手」と謳ってあるのです。

　また、教員資格を問うと「ある特定の人たちだけが日本に行けるという話になってしまう」とも述べていますが、学校教育に携わるものが「ある特定の人たち」であるのは、当然のことです。この発言からは、ALTを中学校や高等学校でどのように活用しようと考えているのかは全く伝わってきません。むしろ、もともと英語教育が目的ではないのだから、中学や高校で適当に生徒たちと交流させてください、と言っているように聞こえます。もっとも、担当部局としては、現在でも十分な応募者がいないのですから、正式な教員資格を問うていたら人集めはますます困難になるという心配があるのでしょう。「そうする(資格を問う)とJETプログラム本体の存在意義にかかわってくる」という言葉は、思わず本音がでたといったところでしょうか。しかし、私は、このプログラムの人気が下降している理由の一つは、目的と実体の遊離に代表される全体的曖昧さにあると思っています。英語教育を国際交流という稀釈液で薄めてしまっているプログラムを、整理し直す必要があります。その上で、改めて優秀なALTを募り、その義務と責任を明示し、その仕事に見合う報酬を用意すれば、教育プログラムとして正しく立て直すことができるはずです。

　このように、JETプログラムの性格的曖昧さはさまざまな面で指摘できるのですが、それが実際にALTたちにどのような心理的、実際的影響を与えているかをもう少し検討してみましょう。次に紹介するDavid Williams (2000)からの引用は、最近のJETプログラムの特徴をよく伝えています。

最初の三節は、ALT 経験者の談話の紹介であり、第四節は、英語教育を表向きの口実と考える三つの理由に触れています。そして最後の部分は、二次的な効果を認めながらもこのプログラムの目的はあくまでも英語教育の充実にあるとする在英日本大使館の二等書記官の応答を紹介しています。

カナダ人のパット・クイン（1992年度の ALT）は、次のように述べている。
「わたしは、このプログラムの目的は教育にはないと思っています。教育、それに漠然と述べられている国際化という部分は、派生的な短期目標で、私たちを日本に呼び寄せる口実だと思います。長期目標は、将来それぞれの国で文化、政治、経済のリーダーとなる若者達を日本の友人に仕立て上げるところにあります」

サイモン・エバーソン（1993年度の ALT）の意見は、こうである。「これは、最初は教育プログラムだったと思います。でも、JET の参加者たちのその後の活躍を見てその目的が広げられたのでしょう。僕の日本での経験からして、日本人にそうした見通しが最初からあったとは思えないのです」

サラ・コリンズは、ついこの間まで ALT として働いていた。彼女が求められたのは、地域の文化大使の役目だった。彼女は、次のように言っている。「だんだん、教育はどうでもよいように思われてきました。今では、海外で学んだ日本人の教師が沢山いますし、英語力も素晴らしいものがあります。文化交流のほうがますます大事に思えてきました。長い目で見たとき、それが、このプログラムの最も重要な部分ではないでしょうか」

教育はこのプログラムの副次的な目標に過ぎないと主張する人たち

は、次の三つの矛盾を指摘する。第一は、訓練を積んだ教師を雇おうとしない点である。第二は、なぜ文法訳読式の大学入試をもっとコミュニケーション主体の試験に変えないのかという点である。そして第三は、なぜ熱心なALTたちに対しても二回までしか再契約を認めないのかという点である。

ところが日本大使館のほうでは、もとALTたちが将来の日本に対してもたらす効果のほうこそが副次的なもので、このプログラムの目的は、あくまで教育にあると主張する。エノモトツヨシ二等書記官は、「英語教育が目的です。日本の学校ではスピーキングとリスニングにますます力を入れており、ネイティブ・スピーカーはどうしても必要なのです。もちろん、このプログラムのせいで多くの西洋人が実際の日本を体験してくれることは嬉しいことです。双方にとって、相互理解の絶好の機会だと思います」
と述べている[97]。

この引用で見る限り、少なくとも外務省は、このプログラムの第一の目的は英語教育にあると主張しています。しかし、仮にそうだとしても、実際の活動は、既にその目的から遊離した形で展開されています。真に英語教育の充実を目指すのであれば、これまで内外から寄せられたさまざまな改革意見にすなおに耳を傾けなくてはならないはずです。英語を話すことと外国語としてそれを教えることとは別物であることは、少し言葉に注意深い人であれば気づくはずです。ALT自身も、自分たちの代わりに訓練をつんだ英語教師を招聘すべきだと認めているのです。このプログラム全体を包んでいる曖昧さが、真剣に取り組んでいるALTにとって不満のもと

---

[97] David Williams, 'Agents of influence? Oh behave yourself! But exchange programmes could be just a cove,' *The Guardian* (on line), Saturday May 6, 2000.

となっているのはすでに見たとおりです。

ここまで、JET プログラムの欠点について論述してきましたが、このプログラムには、よい面もあることを認めなくてはなりません。たとえば、中学生や高校生が直接にネイティブ・スピーカーと触れ合うことには、われわれが想像する以上の効果があるかも知れません。具体的な効果がどんなものであるかを説明することは難しいのですが、英語教師の間にも、このプログラムのプラス効果を認める意見は多いのです。ALT が日本の若者たちに与えた影響には、無視できないものがあるのです。そしてその影響の大きさは、ALT 自身が日本と日本の若者にどのような姿勢で向き合ったかによって左右されると言ってよいでしょう。こうして、ALT 自身も、多大の影響を日本と日本の若者から受けることになるのです。

マークス寿子（1992: 41）は、かつて、「今後の親日派・知日派の大部分はこのプログラムを経験した人たちで占められるだろう」と述べました。そして次に見る D. Williams（2000）の言葉は、10年前のマークス寿子の予想が正しかったことを裏づける内容となっています。

　　現在では、さまざまな領域で、日本を直接体験したことのある多くの優秀な人材が育っています。JET の第一世代は、いま三十代後半にさしかかっていて、仕事の上で最も影響力のある立場におかれています（ちなみに、わたしもその一人です）。ばく大な投資が日本の国外で効果をもたらし始めるのも、そう遠くはないでしょう。

このように、JET プログラムは、ある面でたしかに成果があったし、今後も一定の効果を期待することはできるでしょう。しかし、この事業の第一の目的が外国語教育の充実にあるとすれば、いつまでもこうした一部の人たちの誠意を隠れ蓑にしていてはなりません。外国語教育の充実という第一目的の効果的な実現が、それまでの国際交流の成果に悪影響を与える理由は、何も見当たりません。このプログラムを続けていく以上、これま

でに寄せられたさまざまな改善策を真剣に検討し、可能なものから実施に移すことは、関係者にとって緊急の課題であると思います。

　問題の所在については、既に明らかにしました。この事業が日本の言語政策として正しく位置づけられるために先ずなすべきことは、明確な目標設定とそれを実現する具体的な方法を示すことでしょう。たとえば、先に指摘した再契約の問題にしても、その基準を明確にしさえすれば、ALT は自分が基本的に何を為すべきかを指示を受けなくても理解できるはずです。外国語教育は、システムの基本的な部分を整理するだけでも、その効果を高めることができます。国際交流とは、ただ和やかに交流すれば達成できるというものではありません。互いに言うべきことを相手が理解できるように述べることこそ、国際的な親切というものではないでしょうか。

　また、効果があると認められている国際交流についても、問題がないわけではありません。既に示したように、この事業の目的に「国際交流の進展」、「相互理解の増進」、「地域の国際化」が挙げられています。この事業は、現在のところ、第一の目的である「外国語教育の充実」が不十分なまま据え置かれていますが、第二の目的の方がそれなりの評価を得ているために、何とか面目を保っています。しかし、すこし考えてみればわかることですが、こうした成果は、JETプログラムがすぐれていることの保証にはならないのです。なぜなら、6,000人を超える外国人がやってきて人の集まる学校を中心に日本人と接するのですから、「国際交流の進展」、「相互理解の増進」、「地域の国際化」は自然にできあがってくると考えなくてはなりません。ALT と各地域の日本人が学校とその地域を中心にふれあうのですから、それは否応なく「国際交流」であり「相互理解」であり「地域の国際化」となります。これは、この事業が第一の目的を達成するとしないとにかかわらず、大量の ALT を招聘したという事実が自然に生みだす効果であって、真にこの事業の成果であるとは言えません。そしてその見せかけの成果が、第一の目的である「外国語教育の充実」の改善を先送りする理由であってはならないのです。

このように、国際交流とか国際理解といったものは、それ自体を目的に据えなくても、外国や外国の人々との自然な交流の結果として現れてくる性質のものなのです。ところが最近の英語教育の世界にも、これとよく似た誤解が見られます。学習指導要領に示されているとおり、現在の英語教育の柱は「国際理解」になっています。そのためか、このところの中学校用検定教科書では、教材として外国が扱われることが多くなっています。しかし国際化の時代、教科書編集の立場では、昔のようにアメリカやイギリスだけを相手にしていればすむというわけにはいかなくなっています。その結果、以前は英語の教科書ではほとんど見ることのなかったトルコやバングラデシュ、韓国などの国が取り上げられるようになっているのです。

　オーディオリンガリズム全盛時代の教科書と比較すると、教材の内容自体にも大きな変化が見られます。各国の文化紹介に加えて、平和、環境、人口などの問題までも英語の教科書で扱われるようになっています。いわゆる総花的な教科書編集が流行していると言ってよいでしょう。この結果、教師も生徒も、限られた時間(新学習指導要領[98])では中学校英語の週当たりの授業時間数は3時間)でさまざまな問題に焦点をあてなければならなくなり、それだけ英語そのものの学習に集中する時間は少なくなっています。教科書のもつ学習・指導効果は重要な問題ですが、日本でこれまでこの問題が深刻に議論されたことはありません。

　現在の教科書は、それを使用する教師と生徒の好みを優先させてつくられる傾向があるため、デザイン、レイアウトなど見た目の美しさに注意が払われ、その教科書によって真に英語力が養われるかどうかについて客観的な検討がなされることはありません。鈴木孝夫(1999: 97)は、英語教育における国際理解重視の傾向を批判して、「英語の授業では、他の教科や場所でもやれることを一切省いて、英語の授業のなかでしかできないことに、

---

[98] 1998年（平成10年）12月14日告示、2002年4月より施行。

全力を集中すべき」だと主張しています。鈴木の主張の要点は、その本の見出しにある通り、英語教育においては「国際理解はやめよう」ということなのです。

　現在の英語教育がコミュニケーションや国際理解の推進を目指していること自体が問題なのではありません。問題なのは、英語の力を養成することが本来の目的であるはずの英語教育が、その副次的効果の方に指導の力点を移してしまっていることです。より正確に言えば、教師も生徒も、根気を求められる英語学習そのものより、遊び心を誘うコミュニケーションや国際理解の方に安心を感じるところがあります。コミュニケーションや国際理解には、目先の新鮮さと日替わりメニュー的な魅力があることも否定できません。この意味で、現在の英語教育は、JETプログラムと同じ曖昧さのなかで進行していると言えるのではないでしょうか。

第4節　反省と改善に向けて

　2000年11月、東京で、第六回アジア太平洋ジャーナリスト会議（財団法人フォーリン・プレスセンター主催）が開かれました。そのときのテーマは、「アジアの発展にとって英語は不可避か？」（"Only English, Please"－A Recipe for Asia's Growth in the 21st Century?）でした。

　この会議には、アジア各国（香港、インドネシア、日本、韓国、シンガポール、タイ）および米国のジャーナリストが参加して、活発な意見を交わしました。石塚雅彦(2001)によると、外国からの参加者は、「なぜ東南アジアで日本人だけいまだに英語が必要だということを理解していないのか」と、一様に驚きを示したということです。また、日本からの参加者の一人は、「日本では誰が、何のために、どのような英語をどれほど必要にしているのかについてのコンセンサスが成立しておらず、なかなかしそうもない」ことを強調し、この点がはっきりしない限り、英語の学習は無意味であると述

べたそうです。これに対してアジアのジャーナリストたちは、「英語を身につける目的がはっきりしないということがなぜ大きな問題なのか、それは自明のことではないか」と感じているようです。「日本人がなぜ今もそのような議論に時間をかけているのかが不思議だ」というストレイツ・タイムズ紙（シンガポール）の東京支局長の意見も紹介されています。

　なぜそのような点でのコンセンサスが必要なのか、それがなければどうして英語学習が無意味になるのかという疑問は、問題の本質部分に目を向ければ当然に起こる疑問でしょう。この「コンセンサス」発言は、日本人に特徴的とされる「横並び主義」の発想を映し出している点で、興味深いところがあります。ストレイツ・タイムズ紙東京支局長の次の意見は、日本人が心に留めておかなければならない大切な問題を指摘しています。

　　　日本も他の国々のプロ集団並に英語が話せる一定のプロ集団がどうしても必要になると思う。この目標は全国民に一律に同一のカリキュラムを押しつけていては達成できない。ただ日本では子どもごとに異なる教育などというと物議をかもす。これも日本人が乗り越えるべきメンタリティーだ。(ibid., 228)

　石塚は、日本にはしっかりとした言語政策が欠如しており、そのことが今日の混乱を招いている点を指摘してこの報告を締めくくっています。日本の言語政策が、政策の名に値しないような曖昧さの中で進められてきたことについては、すでに JET プログラムを例にとって説明したとおりです。この問題は、これまで多くに人たちによって繰り返し指摘されてきたことなのですが、今日に至っても改善の様子は窺えません。政策の名に値しない政策の最近の事例として、公立小学校への英語教育導入の問題が挙げられます。小学校への英語教育導入の問題は、臨時行政改革審議会が1991年12月におこなった答申において、初めて提案されました。その後、文部省（当時）による研究開発学校制度などの準備措置を経て、今日に至ってい

ます。しかし、2002年度より正式に開始された小学校英語教育も、結局のところ教科化には踏みきれず、「総合的な学習の時間」の枠内での中途半端な導入にとどまっています。松川 (2000a: 15) に、この政策上の曖昧さを突いた、次のように批判があります。

> 小学校への英語導入の現段階が中途半端だとされるのは、明確な目的・目標なしに年間35時間ほどもあるカリキュラムを作ろうとしているところにある。「英語嫌いを作らない」「中学校英語の前倒しをしない」などという言い方では、たとえ「総合的な学習」であっても、つけるべき学力を示すことにはならないのではないか。

小学校英語教育については、議論すべき問題が山積しています。それらの問題については第3章で論じることとし、ここでは、言語政策上の不備の例として指摘するにとどめます。

これまでの議論から明らかになったことは、一見別なところで機能しているかに見える JET プログラムが、実際には日本の英語教育全体につながる多くの問題を抱えているということです。そして、この事業の宣伝文句である「相互理解」、「国際理解」、「国際交流」といった誘惑的な言葉は、一種オブラートの役目を果たし、結果的に問題解決の糸口を見えにくくしています。日本の英語教育、さらには外国語教育一般が真の効果を上げるためには、まだまだ多くのことが為されなければなりません。そのなかで、もっとも緊急な課題は、確固たる言語政策の確立です。これまで述べてきた問題は、明確な言語政策を打ち出すことによって、その大部分が解決に向かって動き出すはずです。

ただ、一般的に言って、理論と実践の間の溝は大きいものです。意志を持って取り組めば解決できる問題も、さまざまな理由をつけて先送りされるのが普通です。これまで多くの提言を行った日本英語教育改善懇談会(以下、「改善懇」)が発足したのは、1972年のことでした。その「改善懇」が、1991

年12月の第20回大会で採択した「外国語教育の改善に関するアピール」のなかに、JET プログラムに関して改善を訴えた次のような一節があります。

> ネイティブ・スピーカーは、その外国語の「外国語としての教育・教育方法」や「教育」そのものについての十分な識見を有する者が配置されなければならない。「魅力的な給料で、日本を見学、日本語を学び、友達を得る機会」を宣伝文句にして、専攻とは関係無しに募集されている現在の AET では、その採用の方法も大きな問題である。

これは、今から10年以上も前の提言です。そしてこの訴えに対する回答は、いま、皮肉にも JET プログラム誕生のきっかけを作ったイギリスから出されようとしているのです。イギリスは、いま、無資格・無経験の英語教師を送り出してきたことを反省し始めています。無資格・無経験の英語教師を受け入れてきた日本は、どのような反省をし、どのような改善策を打ち出すつもりでしょうか。

第3章　小学校における英語教育

第1節　問題の所在

　日本において小学校への英語導入の問題が提案されてから、すでに10年以上が経過しました。その間、さまざまな議論を呼びながら、2002年度実施に向けて環境整備が整えられてきました。ここで言う「環境整備が整えられた」とは、文部科学省がこれを実現するために必要と考える手順が踏まれたという意味で、実施のために必要な諸準備が完了したという意味ではありません。あえてこう表現したのは、日本の言語政策の方向性を左右するとも言えるこの問題が、十分な理論的検討と具体的準備のないまま、「国際化」という単なる時代の気分の中で今日まで運ばれてきた嫌いがあるからです。

　第1章でも述べたとおり、小学校に外国語を導入することは、どの国にとっても言語政策上の重要な課題です。しかし、日本の場合、そうした真剣味が感じられる動きにはなっていません。少なくとも今回の小学校への英語教育導入の道筋は、言語政策の名に値するものではありません。この章では、時代の気分の中で政策的な方向性も明らかにされないまま始まった小学校英語教育を、その根本から見直し、併せて言語政策の視点から具体的な提言を行いたいと思います。

　小学校に英語を導入しようという考えは、1991年12月に提出された臨時行政改革審議会の答申において、初めて公式に表明されました。この答申の中で「小学校でも英会話など外国語会話の特別活動」を推進することが提言され、それが、今回の小学校における英語教育導入の出発点となった

のです。その後1992年に研究開発学校制度が始まり、1996年度まで、順次研究開発学校が指定されました。この5年間で指定された小学校の数は、合計47 (47都道府県に各1校) です。これらの研究開発学校は、およそ3年間の研究期間のなかで、さまざまな問題に取り組み、正式の導入に向けて準備を重ねてきたのです。

　その間、1996年には第15期中央教育審議会の答申が出され、その中で、「小学校における外国語教育の扱い」に関してさらに踏み込んだ意見が示されました。こうした経緯からも想像できることですが、1991年の提案を受けて程なく導入の方向で準備が進められたために、本来、事前に十分に検討されなければならない基本的な問題を曖昧にしたまま、導入に向けての手続きだけが先行するという結果になってしまいました。そのためか、1996年の中央教育審議会の答申内容は、その不備をあとから繕う形のものになっており、先送りされた問題がここでもまた解決されないままになっています。それでは、この中央教育審議会の答申(以下、「答申」)にどのような問題があるのか、以下、小学校における外国語教育の問題に関連のある記述を中心に検討します。「答申」の中で、「小学校における外国語教育」の項は、次のような記述になっています。

〈小学校における外国語教育の扱い〉
　　小学校段階において、外国語教育にどのように取り組むかは非常に重要な検討課題である。
　　本審議会においても、(1)研究開発学校での研究成果などを参考にし、また(2)専門家からのヒアリングを行うなどして、種々検討を行った。その結果、小学校における外国語教育については、(3)教科として一律に実施する方法は採らないが、(4)国際理解教育の一環として、(5)「総合的な学習の時間」を活用したり、特別活動などの時間において、学校や地域の実態等に応じて、(6)子供たちに外国語、例えば英会話等に触れる機会や、外国の生活・文化などに慣れ親しむ機会を持たせることができ

るようにすることが適当であると考えた。
　(7)小学校段階から外国語教育を教科として一律に実施することについては、外国語の発音を身に付ける点において、また中学校以後の外国語教育の効果を高める点などにおいて、メリットがあるものの、小学校の児童の学習負担の増大の問題、小学校での教育内容の厳選・授業時数の縮減を実施していくこととの関連の問題、小学校段階では国語の能力の育成が重要であり、外国語教育については中学校以降の改善で対応することが大切と考えたことなどから、上記の結論に至ったところである。
　小学校において、子供たちに外国語や外国の生活・文化などに慣れ親しむ活動を行うに当たっては、(8)ネイティブ・スピーカーや地域における海外生活経験者などの活用を図ることが望まれる。また、こうした活動で大切なことは、(9)ネイティブ・スピーカー等との触れ合いを通じて、子供たちが異なった言語や文化などに興味や関心を持つということであり、例えば、(10)文法や単語の知識等を教え込むような方法は避けるよう留意する必要があると考える。
　さらに、各学校でのこうした教育活動を推進するため、研究開発学校における研究などにより、活動の在り方、指導方法などの研究開発を進めていくことも必要である。(下線および番号は、筆者)

　以上が、〈小学校における外国語の取り扱い〉の項の全文です。ここでは、下線を引いた部分を中心に検討を進めていきます。(1)〜(10)の番号は、便宜上付したものであり、原典にはありません。この文章は、全体として注意深く作成されていますが、導入の目的が曖昧であるため、その手段との間でのつじつま合わせに終始した印象は拭えません。なお、「答申」およびこの後取り上げる「小学校学習指導要領」においては「外国語」という表現が用いられていますが、事実上「英語」を意味していますので、以後とくに必要がある場合を除き「英語（教育）」を「外国語（教育）」と同義に用

いることにします。

問題点(1)　「研究開発学校の成果などを参考にし、……」

　文部科学省は、全国的な導入に先駆けて研究開発学校を指定し、3年間の実験的な導入という準備段階を用意しました。しかし、ここで注意しなくてはならないのは、研究開発学校として指定された学校は、すべて「導入」を前提として取り組んできたという点です。つまり、「指定された条件では効果は期待できない」などという否定的な報告は、最初から予定されていなかったのです。そのため、各研究開発学校は、もっぱら「導入にあたっての工夫」に意を注ぐことになり、「導入そのものの意味」を考えようとする基本的な視点は抜け落ちてしまいました。各研究開発学校での実践内容については、松川禮子(1996)、金森強(1996)、松川禮子(1997)、樋口忠彦(1997)、今井京(2000)、梅本多(2000)など多くの報告があります。しかし、その内容は、「何をどう行ったか」が中心であり、「なぜ小学校で英語を教えなければならないか」という点に改めて疑問を投げかけるような報告は見られません[99]。こうした理由から、「答申」において参考にしたという研究開発学校の報告内容は、導入における工夫やその効果が強調された結果、マイナスの要素が見えにくくなっていることが懸念されます。

問題点(2)　「専門家からのヒアリングを行うなどして……」

　この点に関しては、導入に賛成する側と反対の側の双方の意見が公平に聴取されている限りにおいて問題はありません。専門家の中にはこの問題に関して慎重な態度を取る人がいたはずですが、導入が前提にされているため、結果的に(3)以下に見るような中途半端な結論となっています。かりに導入には問題が多いという意見が出たのであれば、この段階で十分な議

---

[99]　研究報告書の基本的な方向が導入を前提にしていることは、伊藤嘉一(2000)の参考資料にある「研究開発学校研究報告書」の題目一覧においても観察できます。

論を尽くすべく踏みとどまるのが専門家としての責任です。しかし、これについても、「教科としては導入しない」といった中途半端なところで妥協してしまい、結論を見送った形になっています。こうしたところにも、行政側の問題先送り体質が露呈されていると言わなければなりません。

問題点(3) 「教科として一律に実施する方法は採らない……」

教科として導入しないということは、いくつかの重要な問題を先送りしたことを意味しています。こうしておけば、文部科学省は、教員養成、教科書作成、カリキュラム上の工夫などの困難な問題を、実施する側に任せる形でとりあえず放置できます。このため、実施する側の小学校では、これらのやっかいな部分について手当てをしなければなりません。曖昧な形での導入は、さまざまな混乱を生む原因になっています。

問題点(4) 「国際理解教育の一環として」

英語の学習が国際理解と結びつけられる必然性はないのですが、日本では、国際化が持ち出されるたびに英語が取り上げられるのは今に始まったことではありません[100]。そのため、実際に取り組むことになる小学校教師の中には、英語教育と国際理解をどう関係づけるかに頭を悩ましている人もいるのです[101]。「答申」は、「一環として」という守備範囲の広い表現を用いることによって、「国際理解などという曖昧な取組みでは、本当に英語力は身につかない」という「英語力養成派」からの非難[102]を回避したつも

---

[100] 最近の例として、『日本経済新聞』(2002年7月4日付け朝刊)に現れた豊田泰光(元プロ野球選手)の言葉があります。豊田は、「言葉の壁超える人材を」と題した小さなコラムの中で、次のような文章を書いています。
「単純にプレーする選手が増えただけで国際化とはいえない。マリナーズ・長谷川投手のように英語で直接コミュニケーションできる人材が増えて初めて、本当の国際交流が始まる」(下線は、筆者)
[101] 子どものしあわせ編集部(編)(2000)、『どうする?小学校の英語』参照。
[102] この種の意見は、たとえば、鈴木孝夫(1999)や茂木弘道(2002)に見られます。

りなのでしょうか。

問題点(5)　「「総合的な学習の時間」を活用したり、特別活動などの時間に
　　　おいて……」

　小学校3年以上に週3時間割り当てられている「総合的な学習の時間」のうち、英語に利用されるのは多くて2時間ほどであろうと予想されています[103]。その実施は、各小学校次第であり、必ずしもその通りである必要はありません。場合によっては、英語を全く扱わないことも可能なのです。実施の基本部分についてすらこのような曖昧さが許されているのは、小学校英語教育という「政策的」問題が確固とした国家的方針に依拠していないことの証拠であると言えます。

問題点(6)　「子供たちに外国語、例えば英会話等に触れる機会や、外国の生
　　　活・文化などに慣れ親しむ機会を持たせることができるようにする
　　　……」

　「外国語」という言葉が用いられているからといって、中央教育審議会が、韓国語やスペイン語などの教育を積極的に後押ししているわけではありません。実態は、英語教育のみであると言ってよいでしょう。また、この記述から、英語力を伸ばすという意味での英語指導が考えられていないことも明らかです。樋口忠彦 (1997: 9) は、「外国語に触れる機会」で十分なものをわざわざ「英語」を例示し、さらに「会話」と限定する姿勢は、「答申」全体の文脈に照らしても違和感を抱かせるのに十分であると批判しています。

問題点(7)　「小学校段階から外国語教育を教科として一律に実施すること

---

[103]　松川禮子 (1997: 14-16) に紹介されている1994年度指定の12校では、学年全体の過半が週1時間であり、週3時間行った学校はありません。

については、外国語の発音を身に付ける点において、また中学校以後の外国語教育の効果を高める点などにおいて、メリットがあるものの、小学校の児童の学習負担の増大の問題……外国語教育については中学校以降の改善で対応することが大切」

　この記述における問題点は、児童の学習負担増を理由にメリットがあると信じる外国語教育の教科化をあきらめたと述べている部分です。本当は早く始めた方がよいのだが、現実的な困難から、教科にはしない、しかし導入はするというわけで、その間の矛盾は誰の目にも明らかでしょう。しかも、その後始末を中学校以降の改善で対応するというのでは、小学校への英語教育導入という事実に対して実質的な責任を取ったことにはなりません。

問題点(8)　「ネイティブ・スピーカーや地域における海外生活経験者などの活用を図ることが望まれる……」

　文部科学省が考えている小学校英語教育が、真に英語力を身につけるのではなく、単に英語文化に慣れ親しむことを目的にしているとすれば、ネイティブ・スピーカーなどの協力をあおぐことは一つの方法であると言えます。外国の人たちと親しく交流するという「ふれあい」を目的とする限りにおいて、それなりの意味があるでしょう。しかし、目的が多少とも英語教育に傾いているとすれば、これは、また別な問題になります。また、簡単にネイティブ・スピーカーと言っていますが、2001年度にALTとして来日した外国人の総数は約6,000人です。これらのALTは、中学校と高等学校を対象に配置されているもので、JETプログラムが目指している目的を達成するためには、まだ十分な数とは言えません。この上、全国で24,000近くもある[104]小学校に配置するとなると、適当な資格をもったALTを調

---

[104]　文部科学省による2001年度学校調査によると、小学校の数は、国立73、公立23,719、私立172の合計23,964校となっています。

達する[105]ことはほとんど不可能であると考えてよいでしょう。

問題点(9)　「ネイティブ・スピーカー等との触れ合いを通じて、子供たちが異なった言語や文化などに興味や関心を持つということ……」

　この記述自体に、問題はありません。われわれが注意しなければならないのは、われわれ自身の無意識の中に潜む「ネイティブ・スピーカー崇拝」です。われわれは、そのような歪んだ認識が子どもたちの意識の中に再生産されないよう心しなければなりません。これは、中学校や高等学校についても言えることですが、日本人教師がネイティブ・スピーカーに「頼る」のではなく、ネイティブ・スピーカーを「用いる」という意識をもって指導に当たることが大切です。日本人教師は、こと英語に関しては、ネイティブ・スピーカーを前にして萎縮しがちですが、これは無用のことです。われわれは、ネイティブ・スピーカーと接するに当たって、子どもたちが言語や文化に対して偏った価値観や認識方法を持つことのないよう留意しなければなりません。

問題点(10)　「文法や単語の知識等を教え込むような方法は避けるよう留意する必要がある……」

　これは、大切な点です。このような言葉が出てくる背景には、現在の中・高等学校の英語教育が、文法や語彙を中心とした暗記主義に頼っているところがあるからです。ただ、この部分の表現は、誤解を生む恐れがあります。本来、言語学習の中心は文法と語彙の習得であることを考えれば、むやみに文法教育を批判してはいけません。今日、英会話能力とかコミュニケーション能力の獲得が至上目的のように言われる傾向がありますが、これらとて根本の文法能力なしでは、単に暗記を強制することになるだけで

---

[105]　すでに第2章で論じたように、現在日本で働いている ALT の適性や資格については、いろいろな問題が未解決のまま残されています。

す。英語教育の改善が、文法や語句から会話文へと、単に暗記の対象を変えるだけに終わってはなりません。

　以上、「答申」の文章から考察の対象となる部分を抜き出し、その意味と問題の所在を明らかにしました。これらの問題点は、小学校に英語を導入しようとする以上、明確な方針を持って説明されなくてはなりません。しかし、残念ながら、今日まで具体的な方針も個々の問題に対する対策も打ち出されないままに時間だけが経過しています。小学校における英語教育とは、要するに、第二言語の早期教育なのです。小学校が義務教育機関である以上、そこに英語教育を導入するにあたっては、日本の教育行政の上で大きな方針の転換があったことを意味するはずです。少なくともそれは、算数や社会といった他教科と同様、英語が日本人全体のこれからの生活になくてはならぬものであると考えられた結果でなければなりません。こうした点について、「答申」の作成者や文部科学省の側に十分な認識と覚悟があったかどうかはわかりません。ただ、これまでの経過と結果は、彼らの認識の甘さと不覚が指摘されても仕方がない弱さを露呈していると言えます。

　ここまで「答申」について批判的な指摘を繰り返しましたが、小学校に英語を導入することについて、私自身は賛成の立場を取ります。しかし、現行制度のままで、全ての小学生に対して一律に英語を義務づけるのには、反対です。また、現在進められているなし崩し的な導入にも反対です。理想的には、EUに見られるような多言語教育を実践すべきであり、また、それが困難であるとしても、少なくとも日本人と日本という国が目指すべき方向について一定の指針が明らかにされなくてはならないと考えているからです。そのあたりの考えについては、以下の論述を通して明らかにするつもりです。いずれにしても、これまでの批判的な態度からもわかるように、私の賛成は、英語教育の意味や目的、その方法など全てにおいて、「答申」に見られるような曖昧さを排除した上での賛成です。また、私の考え

ているものは、学校制度、入試制度、あるいは教員養成などの改善とも密接に関連していますので、単純な賛成論というわけではありません。

　小学校への英語導入の問題を考えるとき、現段階で比較の対象として便利だと思われるのは、イギリスです。その理由は、イギリスは、現在、日本と同様に、小学校での外国語教育をどうするのかという難問に答えを出さなくてはならない立場に置かれているからです。もう一つの理由は、日本が国際化・国際理解という抽象概念と日本人の英語力不足という漠然とした不安感[106]から導入を考えているのに対して、イギリスは、EU統合とそこで実践されている多言語教育、および従来の単言語政策の行き詰まりという二つの現実の狭間でこの問題に取り組んでいるという対象的な位置にいるからです。つまり、日本のアプローチは観念的という特徴があるのに対して、イギリスのアプローチは現実的側面が強調される傾向があるという対象的な特徴を持っているのです。

　日本では、英語の現実的な必要性が認識されにくいため、英語教育あるいは外国語教育一般が具体的になりにくいという不利な面があります。たとえば、日本においては「英語教育の目的」がしばしば議論の対象になりますが、大抵の国は、なぜ日本がいつまでもそんなことを問題にするのかが理解できないと言います[107]。このように、われわれの議論はややもすると観念的な方向に流れがちですが、それが原因で具体的な問題が先送りになってはなりません。イギリスの取組みを参考にすることによって、小学校への英語導入という観念的議論に陥りやすい問題を具体的な視点から捉

---

[106] 近頃は、一般に日本人の英語力不足を問題にするとき、よくTOEFL (= *Test of English as a Foreign Language*) の成績不振がその根拠としてあげられることがあります。確かに数字の上では世界で最下位に近いのですが、受験者層や中学・高校の英語教育の実態を十分に考慮すれば、この結果は当然という見方もできます。指導内容（何をどの程度）、指導方法（どのように）、指導時間、受験者層、TOEFLの点数の相関が示されなければ、TOEFLの結果だけをもって日本人の英語力不足をなげいても改善にはつながらないと思います。

[107] 石塚雅彦 (2001: 228)、「ここが変、日本人の英語観」。

えることが容易になるであろうと考えています。主な資料としては、この問題に関するイギリスのこれまでの経緯および現状について的確にまとめられているという意味で、Keith Sharpe（2001）を用います。

第2節　目的に関する議論

　小学校への英語導入に関する論争は、主として、導入の意義あるいは目的をめぐって行われます。小学校に英語を導入するということは、簡単に言ってしまえば、全ての日本人に英語学習を義務づけるということです。英語は、これまでも義務教育である中学校で教えられてきたのですが、建前上は、ずっと選択科目のままでした。ところが、2002年度施行の学習指導要領から、中学校の英語は必修科目になりました。小学校における英語指導の解禁と、ぴたりと歩調が合っています。この新しい方向づけによって、これからの日本人は、基礎教育の段階から英語学習に取組むことになったのです。

　基礎教育が行われつつある過程で英語という異質の言語を強制することは、日本人としてのアイデンティティの問題に結びつけられやすい面を持っています。そのことも手伝って、導入の可能性を冷静に検討する以前に、たとえば「植民地化現象」（中村敬、1997）とか「曲学阿世の徒」（八木敏雄、1997）などと指弾され拒絶される事態が起こってきます。こうした強い口調での反対意見を誘発する原因の一つは、すでに確認したように、「答申」の文言にも見られる曖昧さです。これまでの経緯と「答申」の内容を見る限り、小学校への英語導入がなし崩し的に実施されようとしている印象は拭えません。反対意見の多くは、事前の検討も実施に対する計画も不十分なまま、今日を迎えている教育行政の無責任さと問題先送り体質に対する不満をも代弁していると捉えることができます。

　目的に関する議論に入る前に、まず、1996年の「答申」を受けて1998年

12月に発表された学習指導要領を確認しておきましょう。2002年(平成14)4月1日施行の新しい学習指導要領は、2002年度よりの完全学校週5日制の下、ゆとりの中で「生きる力」を育成することを目指して、次の四つを改訂の基本的ねらいとしています[108]。

(1) 豊かな人間性や社会性、国際社会に生きる日本人としての自覚を育成します。
(2) 自ら学び、自ら考える力を育成します。
(3) ゆとりのある教育活動を展開する中で、基礎・基本の確実な定着を図り、個性を生かす教育を充実します。
(4) 各学校が創意工夫を生かして特色ある教育、特色ある学校作りを進めます。

さらに、この方針を基本として作成された小学校学習指導要領の中で、英語教育に関わりのある「総合的な学習の時間」については、総則の第3において次のように示されています。

〈総合的な学習の時間の取扱い〉
　1　総合的な学習の時間においては、<u>各学校は、地域や学校、児童の実態等に応じて、横断的・総合的な学習や児童の興味・関心等に基づく学習など創意工夫を生かした教育活動を行うものとする。</u>
　2　総合的な学習の時間においては、次のようなねらいをもって指導を行うものとする。
(1) 自ら課題を見付け、自ら学び、自ら考え、<u>主体的に判断し</u>、よりよく問題を解決する資質や能力を育てること。

---

[108] この部分の記述は、文部科学省のホームページを参考にしています。

(2) 学び方やものの考え方を身に付け、問題の解決や探究活動に主体的、創造的に取り組む態度を育て、自己の生き方を考えることができるようにすること。

3　各学校においては、2に示すねらいを踏まえ、例えば<u>国際理解</u>、情報、環境、福祉・健康などの横断的・総合的な課題、児童の興味・関心に基づく課題、地域や学校の特色に応じた課題などについて、学校の実態に応じた学習活動を行うものとする。

4　<u>各学校における総合的な学習の時間の名称については、各学校において適切に定めるものとする。</u>

5　総合的な学習の時間の学習活動を行うに当たっては、次の事項に配慮するものとする。

(1) 自然体験やボランティア活動などの社会体験、観察・実験、見学や調査、発表や討論、ものづくりや生産活動など体験的な学習、問題解決的な学習を積極的に取り入れること。

(2) グループ学習や異年齢集団による学習などの多様な学習形態、地域の人々の協力も得つつ全教師が一体となって指導に当たるなどの指導体制、地域の教材や学習環境の積極的な活用などについて工夫すること。

(3) <u>国際理解に関する学習の一環としての外国語会話等を行うときは、学校の実態等に応じ、児童が外国語に触れたり、外国の生活や文化などに慣れ親しんだりするなど小学校段階にふさわしい体験的な学習が行われるようにすること。</u>（下線は、筆者）

　全体的に抽象的な表現が多く見られるのは、この種の文書としてはやむを得ません。その中で、英語教育に直接関連しそうな部分については下線を施してあります。これから論じる目的との関係で、特に注意が必要な箇所は最後の部分です。また、記述の中に、「主体的に判断し」や「国際理解」という表現があることから、今回の英語導入は、いわゆる「グローバリゼ

ーション」がきっかけになっていると考えて間違いないでしょう。よく引き合いに出される日本人の英語力不足は、その口実にすぎない面があります。なぜなら、英語力改善が目的なら、まず中学校や高等学校の英語教育を抜本的に見直すのが先決のはずです。しかし、新しい中学校学習指導要領の文章には、その点を検討した形跡はありません。いずれにしても、今回の小学校への英語教育導入が、国際化、国際社会、国際理解などの漠然としたイメージに後押しされているのは事実です。「国際理解教育」という奇妙な言葉が、そのことを如実に語っています。小学校における英語教育は、この摑み所のない言葉のせいで、自分の定位置を見いだせないでいるのです。

　イギリスでは、この点がどうなっているのでしょうか。イギリスでは、すでに、11歳から始まる中等学校で外国語教育が実施されています。そのため、イギリスの小学校における外国語教育とは、10歳以前の導入を意味しています。現在提案されている開始年齢は、7歳あるいは8歳あたりのようです。この点、日本と事情が異なりますが、早期導入という問題の本質には変わりはありません。以上の点を踏まえて、K. Sharpe (2001: 32) の考える小学校外国語教育のねらいを比較的に検討してみましょう。なお、イギリスでは、まだ公立小学校での外国語教育が正式に開始されていないため、ここで検討の対象とする「ねらい」は、これまでの実験的な取り組みを通して得られた知見をもとにまとめられたものです。Sharpe は、現代外国語学習の価値観の変化を捉えながら、次の6つを小学校外国語教育の主たるねらいとして挙げています[109]。

(1) 児童の柔軟な言語能力および認知能力を開発する (「子供は大人に優れた学習者」論)

---

[109] Keith Sharpe (2001) では箇条書き番号はありませんが、ここでは扱いの便宜上、(1)〜(6)の番号を付してあります。

(2) 児童の柔軟な感じ方や意欲を開発する（「子供は大人に優れて鋭敏で適応力のある学習者」論）
(3) （より多くの）言語をより長く学習することにより達成度を高める（「より高い基準」論）
(4) 小学校教育という言語意識の涵養と第二言語教育に相応しい環境を正しく利用すること（「小学校環境有利」論）
(5) 子どもたちが新しいミレニアムに生きる現実を正しく認識するために必要な豊かな経験を準備すること（ヨーロッパ人としての、また地球市民としての「資格」論）
(6) 次世代が国際社会で活躍するために必要とされる知識、技能、分別を身につけさせること（「社会的・経済的公益」論）

　これらのいくつかは、偶然とは言え、「答申」や学習指導要領の主旨と部分的に重なっています。たとえば、(2)の「子供は鋭敏で適応力のある」という考えや(4)「小学校という環境は言語学習に適している」という考えは、「答申」に見られる「異なる言語や文化への興味・関心」や学習指導要領の「外国語、外国の生活や文化などに触れる」という視点と同質のものです。また、(5)の「国際人としての資格」という視点も、「国際社会に生きる日本人」という基本理念と同じ考え方ということができます。この６つのねらいは、全体としては「答申」や学習指導要領の主旨と一致していると見てよいと思いますが、外国語教育を全面に出している分、より具体的に捉えられていると言ってよいでしょう。学習指導要領では、「総合的な学習の時間」という枠組みの範囲で示されているため、英語教育に関して踏み込んだ記述にはなっていません。しかし、「答申」や「学習指導要領」の作成にあたって、(1)の「子供は言語学習において大人より優れている」という仮説や日本人の英語力不足の問題を念頭においた(4)のような考えも働いたのではないかと考えられます。
　このように比較的に捉えると、日本もイギリスも、グローバリゼーショ

ンという世界的な動きの中で、なんらかの新しい言語政策を示す必要を感じていることがわかります。また、おおざっぱに言えば、両者には、共に単言語主義といってよい方針の下でこれまでを過ごしてきたという共通点もあります。そうした中で、現在、両者が置かれている立場には、はっきりとした違いが現れ始めています。その原因は、EU という多言語共同体の誕生です。日本人のまわりには、多言語教育や多言語社会をイメージさせるような差し迫った環境がありません。より正確には、アジア諸国では英語を中心とした言語地図の塗り替えにも相当する動きが加速しているのですが、それを現実的に認識するだけの言語的な鋭敏さが日本人全体に不足しているのです。そのためかどうか、小学校における英語教育の目的に関する議論には、驚くほど楽天的な「国際理解教育」派[110]がいるかと思えば、まさかと思えるほどの危機意識を持って反対する論者[111]が現れたりします。

　つぎに、「国際理解教育」に対する反論を中心に検討します。すでに見たように、今回の「答申」および学習指導要領は、国際理解を育むことを中心テーマの一つにしており、小学校への英語導入はその有力な手段として位置づけられています。これを良しとする者は、当然ながら、英語指導を「国際理解教育」の中で位置づけようと工夫することになります。ここで問題となるのは、「国際理解」の意味です。さらに言えば、この言葉の解釈の如何が、「国際理解教育」に対する賛成と反対の分水嶺になっているのです。一般に、賛成派は、衣食住などの習慣や文化の表層的な違いに焦点を当て、相互の差異を強調する傾向があります。一方、反対派は、「国際理解」あるいは「文化」の意味を深いレベルで捉えるため、週２回程度の「英語遊び」に結びつけることの無意味さを強調する傾向があります。そのため両者の主張は、ややもすると平行線をたどることになるのです。「国際理解教育」

---

[110]　影浦攻（2000）、「小学校でできる国際理解と英語活動」。
[111]　中村敬（1997）、「この国を「米国ニホン州」にしないために」。

に対する主な反対意見には、次のようなものがあります。

> 国際理解というような美しくも重要なテーマを語り合う場合に、多義的で曖昧で幻想が忍び込みやすい言葉づかいほど恐いものはない。言葉は共通の認識を持って使うべきである。(姜信子、1997: 17-18)

> 小学校への英語教育導入に賛成する意見の中でもっとも多いのが、「国際理解教育として効果がある」という理由である。そこで、次のことをしっかり確認しておきたい。英語を通しての「国際理解」は、実際は「アメリカ理解」、あるいは「イギリス理解」なのである。少し拡大して考えれば、「英語国理解」である。つまり、英語で韓国を理解しましょうなどとは厳密にはいえないのだ。(中村敬、1997: 10)

> その上、近年の国際化時代の到来は、学校の英語教育に更に、もう一つの大きな目標を課すことになりました。それは英語を学ぶことによって「学習者の国際理解を深める」ということです。私はこのようなことすべてが間違いだとは言いませんが、何よりも強調したいことは、これらは必ずしも英語の時間内でなければできないことではない、という点です。私はただでさえ時間の限られている英語の授業では、他の教科や場所でもやれることを一切省いて、英語の授業の中でしかできないことに、全精力を集中すべきだと思うのです。(鈴木孝夫、1999a: 96-97)

> そもそも、国際理解のためにどうして英会話が必要なのでしょうか。いまや海外情報は世間にあふれています。CNNニュースをほとんど24時間見ることもできる時代です。国際理解＝英語というのは、……圧倒的な情報格差のある海外から知識・情報を受け入れることがなによりも大事であった時代の考えです。「縦型英語」「受け入れ型英語」

という古い時代に必要であった考え方です。(茂木弘道、2001: 43)

　これらの反対意見を見れば、国際理解をめぐっての論点がどのあたりにあるかおよそ明らかになります。私自身は、概ね、反対論者に組みする立場を取ります。言語が文化を背負っていることは誰も否定できません。その意味では、どの言語を学習しようとも、必然的に文化の学習につながっています。その上で、使用範囲の広い英語を国際理解の窓口にしようという考えは、それなりに理解できるものです。しかし、英語学習を通して世界のことを理解するとは、一体どういう意味なのでしょうか。日本人にとって、それも新しいことに次々と遭遇する過程にある小学生にとって、もっとも効率の良い学習言語は、日本語です。「国際理解教育」推進者たちも、遊び程度の英語を通して世界を見るなどおよそ不可能であることは承知していると思います。とすると、彼らが考えている「国際理解教育」は小学校に英語を導入するための口実に過ぎないということになるのですが、現実には、英語を利用した国際理解がまじめな検討の対象になっているのです。国際化とか国際理解のかけ声の中で、いつの間にか、英語を国際理解と切り離す心理的余裕が失われてしまったと言うほかはありません。

　いま、教育の世界で重要視されている問題の一つに、リテラシー(literacy)教育があります。リテラシーとは、すなわち、読み書き能力のことです。この言葉は、2000年1月に公表され話題を呼んだ「21世紀日本の構想懇談会報告書」においても「グローバル・リテラシー（国際的対話力）」の形で用いられ、その確立の必要が宣言されました。国際化の流れの中でこの能力が重要視される理由については、Josiane F. Hamers & Michel H.A. Blanc (2000: 318-319) に次のように説明されています。

　　教育的観点から言って、読み書き能力は、文字を媒体にしたコミュニ
　　ケーション(リーディングとライティング)であり、文字をもつ言語社会が
　　移りゆく社会的生態的環境のなかで効率よく機能するために利用して

いるものである。読み書き能力を身につけることが重要なのは、それが個々人の知覚と認識の体系を変容させるための道具であり、またそのことによって応用的発展と教育全体の機能的結びつきが生まれると考えられるからである。

　読み書きの能力（literacy）は、数字運用能力（numeracy）と共に、現代社会に生きるわれわれにとって欠くことのできないものであると考えられています。この二つは、現代社会を生きていくときの最も基本的な能力として、どの国においても学校教育の中心に据えられています。現在、アフリカなどの旧植民地国を悩ませていることの一つに、教授言語（language of instruction）を何にするかという問題があります。多言語環境にある旧植民地諸国においても、読み書き能力の確立は重要なテーマであることに変わりはありません。むしろ、先進国以上に深刻な問題であると言ってよいでしょう。彼らにとって、読み書きのできない国民を大量に抱えていることは、あらゆる点において不利益が生じることを意味しています。しかし、それを実践するための教授言語の選択は、われわれの安易な想像を超えた難しさを持っているのです。この点について、J.F. Hamers & M.H.A. Blanc（*ibid.*, 320）は、次のように述べています。

　　多言語環境では、読み書き能力の獲得に直接関与する教授言語の選択
　　が重要な問題になる。読み書き能力の獲得に関しては、教育計画関係
　　者の間で二通りに意見が分かれている。
　　(1) 読み書き能力は、第一言語によってもっともよく獲得される
　　(2) 読み書き能力は、文字文化と経済力を持った使用範囲の広い言語に
　　　 よって最もよく獲得される。

　一般に、世界認識の基礎ともいうべき読み書き能力の獲得は、学習者の第一言語で行うのがもっとも効果が高いと考えられています。先進諸国に

おける教授言語が、通常、その国でもっとも勢力のある言語であるのは、この理由からです。旧植民地国がそれを旧宗主国の言語に頼るのは、さまざまな理由から、自分たちの第一言語でそれを行うことができないからに過ぎません。結局のところ、自分たちにとっての第二言語あるいは第三言語で教育を受けるのは、通常、少数言語集団に属する人たちの場合です。そして、普通そうしたやむを得ない事態が生じるのは、少数言語集団が次の三つの環境のいずれかに置かれた場合です。

(1) 国家の公用語以外で教育を受ける権利を認められていない場合 (たとえば、フランス、ベルギー、マレーシア)
(2) 当該言語集団が小さすぎて、母語による教育を実施することができない場合 (アフリカやアジアの国々に見られる多くの小言語集団の場合で、そういったところでは、話者数の上で優勢な言語だけが教育で用いられている：たとえば、マリ、インド)
(3) 文字を持たない言語を文字化することや母語教材を作成したり、母語で教えることができる教員を養成する費用が膨大になるため、実行できない場合

(*ibid.*, 320)

現在の日本は、日本語以外を第一言語にする人たちから見れば、(1)に相当します。ただ、日本には、日本語以外でその勢力を示しうる言語集団は、存在しません。その意味で、日本は、フランスやベルギーのような多言語国家ではないと言えます。この分類に従う限り、自分の第一言語以外で教育を受ける状況は、その当事者にとって決して歓迎できるものではないことがわかります。このように捉えると、例えば「21世紀日本の構想懇談会報告書」にある「英語の第二公用語化あるいは実用語化を通してグローバル・リテラシーを確立しよう」という提案が、いかに軽薄な思想によりかかったものであるかがわかります。「偏狭な文化観と無教養を露呈したも

の」であり、その責任者は、「深く恥ずべきである」というこの提案に対する痛烈な批判（田中克彦、2000a: 46）も首肯できるというものです。

　読み書き能力の問題を持ち出したのは、いま指摘したことと同質の問題が「国際理解教育」の思想にも見られるからです。国際理解とは、言葉を換えていえば、世界認識のことです。そして世界認識は、学習者の第一言語を通して確立されることが望ましいし、もっとも効率がよいとされています。現在の日本語は、現代世界のさまざまな知識や技術を消化吸収し、伝播させる力を十分に備えています。日本人にとっての「国際理解教育」は、日本語によるのがもっとも便利であり、もっとも効果が高いことは言うまでもありません。英語を「国際理解教育」と関連づける「国際理解教育」派の考えと「英語公用語化」と「グローバル・リテラシー」を結びつける思想との共鳴関係は、以上の指摘で明らかになったと思います。イギリスには、読み書き能力と外国語教育の関係について、次のような考えがあります。

> 英語（＝自言語）は、カリキュラム全体の中核であり、またカリキュラムの内容の多くは小学校における外国語教育（primary MFL[112]）に直接関連を持っている。読み書きの時間が確保されたので、英語のカリキュラムの大部分は、語のレベル、文のレベル、テキストのレベルの三段階の枠組みをもとに体系化されている。この三段階のそれぞれで指示されている学習活動の多くは、小学校外国語教育における中心的な学習活動と連携している。小学校外国語教育の中心は口頭練習におかれているが、これ自体、全体としての読み書き能力を強化するねらいがある。この点は、読み書き能力国家戦略（the National Literacy Strategy）の序において、次のように明確に述べられている。「よい口頭練習は、

---

[112] ＝ primary *M*odern *F*oreign *L*anguages

話し言葉と書き言葉の両面において、言語とコミュニケーションのしくみに関する子どもたちの理解を促進する」(K. Sharpe, 2001: 62)

これを見ると、イギリスでも外国語教育と読み書き能力の関係が問題になっていることがわかります。しかし、ここで述べられているように、カリキュラムの中心は、英語（＝自言語）であり、外国語教育は自言語の訓練と関連づけて進められようとしています。小学校での外国語の授業は、口頭練習が主体になるようですが、その場合も、読み書き能力の体系的な確立を視野に入れてのことです。事実、この後の記述 (ibid., 63ff.) では、外国語教育と算数その他の教科の関連の重要さが指摘されています。そこには、「外国語」、すなわち「英語」による「国際理解教育」という日本的な発想は、まったく見られません。「英語」による「国際理解教育」という発想の危うさについては、すでに多くの批判がなされています[113]ので、ここでは繰り返しません。ただ、加藤周一[114]に、この問題の本質に触れた、また早期教育一般に対する警鐘ともなる、的確な指摘が見られます。原典は、加藤周一と國弘正雄の対談形式となっていますが、ここでは、加藤の発言だけを抜き出してあります。

言語の非常に大事な要素の一つは、読んで知識を得ることですね。将来、各分野で国民が必要とするであろうような知識を、あらかじめ学校が教えるということは不可能ですね。たとえば、医者が必要とする知識を、全ての日本人に小学校段階から教えるって、そうはいかないでしょ。

---

[113] たとえば、和田稔 (1996: 18) は、この課題の難しさを指摘し、「英語」による「国際理解教育」が難事業であることの意味をもっと意識する必要がある、と述べています。
[114] 加藤周一の発言は、國弘正雄編集の対談集、『英語が第二の国語になるってホント!?』(2000) に収められています。

いくらかでもそれをやろうとすると、詰め込み主義になって大変なんです。では、どうすればよいか。ある専門知識が必要だったら、その問題に関する本を読めばいいわけです。しばしば、一般的情報、および高度に専門化された情報を、どういう手段で獲得することができるか。もちろん、言語を通じてですよね。

だから、ドイツ語とかロシア語とか、フランス語とか英語とかというのは、大事なんです。それぞれの言葉を通じて、森羅万象について情報を獲得することができるでしょ。世界の大部分の言語については、そういうことは言えないわけです。それでは、日本人の場合、どういう言語を通じて情報を獲得しているか、獲得できるかというと、第一は日本語です。特別な専門家は別ですが、一般には英語を必要としません。一般的な情報、かなり専門的な情報を獲得するためにも、日本語で十分なんです。ほとんどすべての情報、膨大な情報が手にはいる。それから、第二の言語は数学です。

非常に簡単なことでも、数学なしだとわからないことがたくさんあるわけなんです。数学は難しいっていうのは、あれは逆なんです。数学というのは、要するに、歴史的にみると、物事を易しく簡単にわからせるための手段です。

　われわれは、加藤のこの発言をもう一度よくかみしめる必要があると思います。言語（literacy）と数学（numeracy）は、世界認識の基礎となる領域であり、教育の根幹を成すものと言えます。小学校教育は、その最も基本的な部分を受け持つもので、英語の必要性が高まったから英語を教えればよい、国際理解が重要だから世界の国や文化を紹介すればよいといった単純な考えで左右されてはなりません。
　この項をまとめるにあたって、目的に関する議論についての私の考えを

示しておきます。私は、この章の最初で、小学校における英語教育に賛成の立場にあることを表明しました。そしてその考えが、学校制度、入試制度あるいは教員養成などの改善と関係していることも述べました。しかし、これら制度上の問題は、いずれもただちに解決できるという性質のものではありません。問題は問題として指摘しながらも、現実的に議論を進めるためには、現行制度の中で解決策を模索することも必要です。以上の考えに従って、小学校における英語教育のねらい（目的）に関して、次のような提案をします。

提案1　英語教育と国際理解を区別すること：
(1) 英語の時間では、英語の学習を中心にする。（かりに国際理解教育が必要であるなら、別な方法を考えるべきである）
(2) 国際理解教育のために新しい科目を用意する必要はない。国際理解とは、主として認識の問題であり、教師と生徒の双方に新しい意識と視点が芽生えることが重要である。それは、いたずらに授業科目を増やさずとも、従来の授業の中で対応できるはずのものである。

提案2　小学校における英語教育の目標は、聞く・話すを中心にして、身近なものや日常の出来事について表現できるようになることを目指す。生活の中で必要な表現や語句を自由に学習することが大切である。そのためには、（中学校学習指導要領に記載されているような）文法事項や語彙の制限を行ってはならない。

第3節　手段に関する議論

　この項では、上の提案を実行するために必要となる手段について論じます。ここでいう手段とは、(1)「いつから？」（導入時期）と(2)「だれが？」（教員養成）の二つを指しています。これら以外にも、中学校との連携(continuity)

や授業時間数、教材など大切な問題はいろいろありますが、それらについては直接には取り上げません。これらの問題は、(1)と(2)の基礎的な問題を検討した上で、別に稿をたてるべき性質のものと考えます。

3.1　導入時期に関する問題

「答申」には、小学校英語教育について、「教科として一律に実施する方法は採らないが、国際理解教育の一環として、「総合的な学習の時間」を活用したり、特別活動などの時間において、学校や地域の実態等に応じて、子供たちに外国語、例えば英会話等に触れる機会や、外国の生活・文化などに慣れ親しむ機会を持たせることができるようにすることが適当である」と記載されています。つまり、ここでは、教科としての導入を考えていないため、具体的な導入時期についての考えは示されていません。国際理解教育の一環として英語に触れさせるのが適当である、と言っているに過ぎません。そのためか、小学校学習指導要領の「総合的な学習の時間の取り扱い」の項では、「<u>国際理解に関する学習の一環としての外国語会話等を行うとき</u>は、学校の実態等に応じ、児童が外国語に触れたり、外国の生活や文化などに慣れ親しんだりするなど小学校段階にふさわしい体験的な学習が行われるようにすること」（下線は、筆者）という具合に、さらに薄められた表現になっています。

　このように、公式の文書に見る限り、小学校において英語は義務づけられていません。単に、国際理解教育の一環として外国語会話、すなわち英会話を教えてもよろしい、と言っているのです。そのため、導入時期の特定はなされておらず、結果的に「総合的な学習の時間」が割り当てられている三年生から開始されることになっています。これまで研究開発学校を中心に行われてきた実験的取組みでも、中学年以上に重点が置かれる傾向が見られます。ただ、「実験」に主眼があるこれまでの取組みでは、伊木力小学校(長崎県)、天野小学校(大阪府)、その他に見られるように全学年に対

象に行った事例も少なくありません。

　問題は、このように学校任せで行われる「外国語会話等」の実態です。研究開発学校の授業参観を行った和田稔 (1996) によると、「国際理解教育」と銘打って行われた授業は、すべて、国際理解とは何の関係もない「英語」の授業であったということです。この点は、研究開発学校の報告によっても確認できます。どの研究報告も、いかに魅力的な工夫をして小学生たちに英語を提供したかが中心になっています。このような実態を見る限り、今後の「国際理解教育」の中味も、研究開発学校における実践と大差ないものになることはほぼ間違いないと判断されます。もしそうであるとすれば、ここには、大きな問題があることになります。小学校に英語を導入する場合、「いつから始めるか？」という点は、方法や教材などをどうするかという二次的な問題に比べてはるかに重大な問題だからです。

　既に第1章でも述べたように、早期外国語教育の効果については、専門家の間でおおよそ否定的な結論が出されています。より正確には、積極的にその効果を認めるような結論は出されていないのです[115]。それにもかかわらず、「答申」にしろ「学習指導要領」にしろ、その策定に責任のある立場の人たちがこの問題を意識的に議論した形跡はありません。少なくとも「答申」や「学習指導要領」の記述にそれを窺うことはできません。小学校における外国語教育の根幹に触れる問題においてすら、このような曖昧さを残したままなのです。私が、今回の英語導入が「なし崩し的に」なされようとしていると批判する第一の理由は、この点にあります。

　それでは、イギリスは、この問題にどのように対処しているのでしょうか。イギリスでは、2000年9月の施行を目指して1999年にカリキュラムの

---

[115] D. Singleton (1989), *Language Acquisition: the Age Factor* や T. Scovel (2000), '"The Younger, the Better" Myth and Bilingual Education' などこの点に関する多くの資料があります。ただし、発音および聞き取り能力については、早期外国語教育の効果を認める報告が多いと言えるでしょう。

改訂が行われました。このとき示された方針は、外国語教育政策における転換点と見られています。ただ、その背後には、長年にわたる外国語教育に対する無関心が横たわっています。イギリス政府は、EUを横目に見ながら徐々に高まってくる早期外国語教育への国民の期待とは裏腹に、少なくとも1990年代半ばまではこの問題に対して中立を装うことに終始してきました。それが、1999年になって突然のように方向転換をし、外国語教育について積極的に取組む姿勢を見せたのです。この間の事情について、K. Sharpe (2001: 49-50) に次のような記述があります。

しかし、1999年公布2000年9月施行の国家カリキュラム（改訂版）は、イギリスの小学校外国語教育における画期的な出来事として記録されることになるだろう。このカリキュラムの全体方針は切りつめ政策にあり、プログラムの要件を緩和したり、到達目標を下げたりしている。それにもかかわらず、突然のように、KS2[116]における外国語教育の導入を謳っているのである。この部分だけが、全体の調子と不調和なのである。各省庁担当大臣たちが積極的な意見を表明する[117]こととMFLカリキュラム全体の指針を示すこととは、たとえ、それが法制化されていないとしても、別な問題である。指針が示されれば、小学校への外国語教育導入が公式に認められたことになり、学校や地方教育委員会(LEA[118])は、これまで以上に外国語教育の実施に向けて圧力を感じることになる。世界中で早期外国語教育がブームになっていると

---

[116] ＝ Key Stage 2（7～10歳）。イギリスでは、すでに KS 3（11～14歳）以降で外国語教育が実施されているため、primary MFL は、KS 2以前の導入を意味します。

[117] たとえば、*The Guardian* (on line), 'Good day, bad day,' (Friday January 12, 2001) あるいは Helen Carter, 'Baby bilinguals,' *The Guardian* (on line) (Tuesday May 8, 2001) には、primary MFL の導入を主張する政治家たちの意見が紹介されています。

[118] ＝ Local Education Authority

きに、子どもたちの親に対して、小学校における外国語教育がなぜ必要でないかを説明することは困難である。(下線は、筆者)

　ここに示されたイギリスの様子は、日本における小学校英語教育導入と実によく似ていると言えます。ともあれ、このように、小学校における外国語教育は、イギリスにとっても大きな問題となっています。外国語教育への対応がEU加盟国の中で最も遅れているという事実も、イギリスには大きな外圧なのです。地方レベルでは、すでにいくつかの小学校で実験的な取組みが行われており、その成果も報告されています。その中には、あいかわらず「早ければ早いほどよい」という仮説の先入観に囚われているものもありますが、全体の流れは、導入を後押しするものとなっています。しかし、それがただちに導入へとつながらないのには、いくつかの理由があります。K. Sharpe (*ibid.*, 195) により、イギリスの外国語教育が直面している状況を列挙してみます。

　① 早期外国語教育の価値は、広く認められている。
　② 小学校のカリキュラムは、すでに満杯状態である。
　③ 小学校は、政府主導の高い目標を達成しなければならないという心理的負担を抱えている。
　④ 小学校の教師や校長の多く(大部分がそうであると思われる)は、MFLがKS2とKS1に対して法律的に義務づけられるべきだとは思っていない。
　⑤ 中等学校の教師や校長の多く(大部分がそうであると思われる)は、MFLがKS2とKS1に対して法律的に義務づけられるべきだとは思っていない。
　⑥ 小学校における外国語教育に対する地方教育委員会の対応は、さまざまである。
　⑦ 専門的訓練を積んだ外国語教師が不足している。

⑧ 小学校教員養成のカリキュラムには、現代外国語が含まれていない。
⑨ 現在外国語教育を実施している小学校があるが、それは、中心的役割を担う献身的で熱心な教員がいるためである。
⑩ 現在小学校外国語教育の名の下に行われている教育の実態は、バラバラである。

こうして見ると、イギリスと日本の状況がよく似ていることに気がつきます。ここで挙げられている状況記述は、そっくりそのまま日本にあてはめることができると言ってよいほどです。小学校における外国語教育が期待されながらも、過重となっているカリキュラム、効果に対する疑問、取組み姿勢のばらつき、教師の不足など、どれをとってもそのまま日本の状況を言い当てています。この酷似した状況の中、イギリスがその導入をなお躊躇している一方で、日本は英語導入に踏み切ったというわけです。もちろん、それが正式の導入でないことは、既に確認したとおりです。しかし、たとえそうであっても、現実には、それを回避しにくい状況になっています。今回の行政側の対応の危うさは、将来、多くの禍根を残すことはあっても、それを結果に対するいいわけにすることはできません。

同じような状況に置かれているイギリスと日本の間で、どうしてこのような違いが起こるのでしょうか。私は、これには、少なくとも二つの理由があると思います。一つは、イギリスでは、既に KS3 において外国語教育が行われていることです。KS3 は、日本の小学校 5 年と 6 年を含むものですから、日本の基準に従うなら、イギリスでは既に小学校導入が始まっていることになります。そのため、イギリスにとってこれ以上の早い導入は、日本における導入とは意味が違い、慎重にならざるを得ないのではないでしょうか。もう一つの理由は、イギリスがこれまで行ってきた KS3 での外国語教育の考え方にあると思います。イギリスの *MFL National Curriculum* によると、その教育内容は、「目標言語の学習と使用」(learning and using the target language）と「体験領域」（areas of experience）の二部構成で示されています。その第一部は、さらに次の四つの項目に細分されています(K. Sharpe, 2001: 51-57参照)。

- 目標言語で意思伝達を行うこと
- 言語（四）技能
- 言語習得技能と言語知識
- 文化的視点

その上で、その第一項目である「目標言語で意思伝達を行うこと」のねらいを達成するための活動目標が次のように示されています。

- ペアや集団の形式で、あるいは教師を相手に意思伝達を行うこと
- 四技能の訓練と共に、実際の目的を持って言語を使用すること
- ゲーム、役割練習、その他さまざまな調査活動など幅広い言語活動を通して、理解と技能をのばすこと
- 即興劇のような、想像的かつ創造的な活動を行うこと
- 自発的な発話の材料として毎日の教室での出来事を利用すること
- 各自の意見、興味、経験を話し、他人のものと比較すること
- 知識の吸収と同時に、生徒一人ひとりの関心と愉しみを満足させるような内容のものを聞き、読み、かつ見ること
- いろいろなタイプの話し言葉を聴いて反応すること
- いろいろなタイプと長さの手書きおよび印刷されたテキストを読むこと、場合によっては声に出して読むこと
- いろいろなタイプの文章が書けること
- 電話、Eメール、ファックス、手紙などの幅広い伝達手段を用いること
- 目標言語が使われている国や地域の新聞、雑誌、本、映画、ラジオ、

テレビなどを教材（authentic materials）として用いること
- 可能であれば、その言語のネイティブ・スピーカーとふれあうこと
- 自分の文化に関心を持ち、目標言語が話されている国や地域の文化と比較すること
- そうした国や地域の人々の体験やものの見方を経験すること
- たとえば呼称など、言語に現れる文化的な態度を知り、社会習慣を学ぶこと（K. Sharpe, 2001: 51-57）

上に引用したのは、*MFL National Curriculum* の一部ですが、これは、おおよそ日本の「中学校学習指導要領（外国語）」の内容に相当すると考えてよいと思います。その上で、両者の記述を比較すると、その基本的な方向に大きな違いがあることに気がつきます。それは、*MFL National Curriculum* が、明確に外国語学習そのものを中心に記述されており、日本の「中学校学習指導要領（外国語）」にあるような「言語や文化に対する理解を深める」とか「実践的コミュニケーション能力の基礎を養う」という漠然とした表現にはなっていない点です。記述の内容が具体的な作業を中心にしているのは、コミュニカティブ・アプローチに代表される機能主義の考えを反映しているからだと考えられます[119]。イギリスが小学校における外国語教育において「何を」教えるのかについてなかなか合意を得られないのは、一つには、KS3 の目標記述に MFL の基本的なねらいが全て含まれているからではないでしょうか。「これ以上何を加えるのか」という疑問があると

---

[119] 彼我の記述上の違いは、日本の側にコミュニカティブ・アプローチのような指導理念が具体的に想定されていないことも原因していますが、その点を割り引いても、なお、「中学校学習指導要領（外国語）」（2002年度施行）の記述内容の曖昧さは際だっています。たとえば、英語の目標記述は、「英語を聞くことに慣れ親しみ、初歩的な英語を聞いて話し手の意向などを理解できるようにする」となっており、他の技能についても、下線部を「話す」「読む」「書く」に応じて変えているだけで、基本的には同一の文言になっています。「高等学校学習指導要領（外国語）」（現行）についても同様の問題が指摘できますが、論述の趣旨と離れるので、ここではこれ以上触れません。

すれば、KS3 と KS2 との間に、その目的や方法の上での距離を見いだすのは困難な仕事となります。K. Sharpe (*ibid.*, 197) は、そのあたりの事情を次のように述べています。

> 現在のところ、小学校外国語教育の中味について明確な定義づけを欠いている。中立の立場の人たちは、これが単に K3 の外国語教育を K2 に移せばよいという問題ではないと承知している。小学校の外国語は、中等学校の外国語教育とは根本的に違うものである。今後の課題は、小学校教育関係者と外国語教育の専門家が一緒になって、小学校段階で何をすべきかを真剣に議論することである。

これを見る限り、KS2 MFL におけるねらいや方法は、KS3 の場合と明瞭に区別されなくてはならないと考えられていることがわかります。この点は、日本の小学校英語教育の場合も同じであり、「英語嫌いを作らない」とか「中学校英語の前倒しではいけない」などの意見にそれが現れています。それでは、小学校英語と中学校英語の間にどのような違いを設ければよいのでしょうか？ この問いに関して未だ結論が出せないでいるイギリスに対して、日本は、「国際理解のための外国語教育」という旗印の下に走り始めたと考えればわかりやすいでしょう。

イギリスの場合、KS3 MFL の目標や学習活動が具体的に示されているために、KS2 MFL に目標、指導法、指導内容、教材などの上でどのような新しい特徴を持たせるかは、簡単ではありません。KS3 MFL の全てを破棄して、ゼロから考えることが可能であれば話は別ですが、実際にはそのようなことは困難です。これに対して、日本の場合、イギリスの KS3 MFL に相当する経験がないこともあって、今回の導入によって英語教育がいきなり小学校 3 年生から始められることになりました。結局、「いつから？」「どのように？」といった肝心な部分についての議論は、棚上げされた状態です。

「総合的な学習の時間」の中で「国際理解教育の一環」として行われようとしている英語教育は、こうした肝心な問題を全て藪の中に投げ込んでしまったようなところがあります。土屋澄男他 (1994: 15) は、「答申」の2年前、ある討論会で、「確かに、私の感じでも、本当は英語教育を全面に出したいんだけれども、英語教育では通りそうもないから外国語教育、外国語教育でも通らないようだから国際理解教育というオブラートで包んでいるという感じがするんです」と、この点に関する当時[120]の雰囲気を伝えています。

こうして、今回の英語教育導入がなぜ小学3年生からなのか、という問題は、明確な理由説明のないままに実施されることになってしまいました。導入時期について十分な検討がないということは、当然ながら、段階的な指導についての計画もないわけで、それはまた、中学校との連携も考えられていないことを意味しています。曖昧な目標が示されているだけで、それを達成するためのシステムについてはなにも考えられていないと言ってよいでしょう。システムが確立されていないということは、個々の現場実践(指導者、指導方法、教材、授業時間など)において、場当たり主義的な対応が生まれることを意味します。英語教育関係者も含めて責任ある立場の者は、これがどれほど大きな意味を持っているかということを改めて反省しなければなりません。

3.2 指導者に関する議論

小学校へ英語を導入するにあたって、「教えるのは誰か」という問題は、

---

[120] 「当時」とは、1991年12月に提出された「臨時行政審議会」の答申内容を受けて、研究開発学校が順次指定され、1996年に発表されることになる「中央教育審議会答申」に向けて、「英語教育」と「国際理解教育」を結びつけるという考えが徐々に形を取り始めていたあたりを指しています。

これまでもしばしば議論の対象になってきました。結論から言えば、この問題についても明確な答えは出されていません。文部科学省がそのために教員養成制度を根本的に見直すという話も、いまのところ聞こえてきません。「答申」においては、「ネイティブ・スピーカーや地域における海外生活経験者などの活用を図ることが望まれる」となっていますが、学習指導要領は、その性質上、担当教員については触れていません。実施後すでに一年が経過した現在でも、指導者の問題は実質的な解決を見ないままになっています。研究開発学校における実験的取り組みでも、当然ながら、「誰が指導にあたるか」が最初の難問であったろうと想像されます。

　研究開発学校の取組みに関する報告の中に、指導者の問題に関連するものとして、1999年2月に『現代英語教育』誌が行った研究開発学校に対するアンケート調査があります。後藤典彦（1996）によると回答を寄せた学校は16校となっているため、一般化には慎重を要しますが、およその傾向は読みとることができると思います。そのなかの授業担当者の項は、回答を寄せた16校の全てで外国人講師が参加しており[121]、また、日本人教師のほとんどが英語教員免許の取得者であったとなっています。これは、指定を受けた研究開発学校での実践であるため、そのまま全国の小学校の実態と見ることはできません。このアンケート調査とは別に、日本私立小学校連合会（日私小連）外国語研究部会が1992年に行った私立小学校における外国語教育の実態に関するアンケート調査の結果が、樋口忠彦（1997: 147）に紹介されています。それによると、調査の対象となった全国128の私立小学校で外国語を担当している教員の内訳は、日本人62.6％、外国人37.4％となっています。全体的に、ALTなどを中心とした外国人講師に頼る傾向が鮮明ですが、40％に近いこの数値をそのまま、全国の公立小学校にあてはめることはできないでしょう。

---

[121]　この点に関しては、和田稔（土屋他、1994: 17）に、研究開発学校での実践がすべてALT中心に行われていることを批判する発言が見られます。

公立小学校の側は、担当者の問題をどのように考えているのでしょうか。日本児童英語教育学会中部地区研究プロジェクトチームは、1993年に、愛知、静岡、岐阜の三県の公立小学校教員に対してアンケート調査を行いました。その結果が、白畑知彦 (1994) に報告されています。回答は、三県あわせて1,404人から寄せられました。「誰が教えるのがよいか」という質問に対する回答の内訳は、次のようになっています。

誰が教えるのがよいか

英語を母語とする人	282人（43.5％）
日本人と英語の母語話者がペア	241人（37.2％）
日本人が教えてよい	129人（19.9％）
英語の母語話者が教えるべき	61人（9.4％）
日本人が教えるべき	10人（1.5％）

これは、現役の小学校教員に対するアンケート調査の結果ですから、一般の人たちの意見はさらにネイティブ・スピーカー志向を強めたものになることが予想されます。事実、私が大学生を対象に行った簡単な調査でも、90％以上の人が、漠然とながら[122]、ネイティブ・スピーカーの方が優れた教師であるという認識を持っています。これらの結果は、かつて D. Lummis (1975) によって指摘された「ネイティブ・スピーカー拝跪」という悪癖が、いまも広くはびこっていることを裏づけています。では、外国語教育の専門家たちの意見はどうなっているのでしょうか。

外国語教育の専門家の場合、ALT の実状を心得ていることが多いため、一方的にネイティブ・スピーカーに任せようという考えにはなりません。

---

[122] この調査（2001年実施）では、ネイティブ・スピーカーの方が優れているという思いこみによる回答が約8割を占め、その理由を明確に説明できる学生は10％に達しませんでした。

むしろ、批判的な意見が登場します。土屋澄男、樋口忠彦、和田稔による三者対談(土屋他、1994)の中に指導者についての議論があるので、その部分(一部割愛)を抜き出してみます。

　　(樋口)　私は、担当教員ということについて言えば、専科の先生にやっていただく必要があると思いますね。それと、ALTについては、異文化理解とか発音とか、コミュニケーションの喜びを実感させるという観点から、月に1回、あるいは2週間に1回は、必ずALTを配当するとう方策が必要だと考えています。
　　(和田)　要するに、ALTという日本人ではない人が教壇に立ったら、それは生徒にとっては異文化だ、だからそれを通じて異文化理解が成立するということですね。それはわかるんです。ただねえ……それだけじゃ、あまりに貧しいですねえ。
　　(土屋)　その問題ですが、小学校では外国語にしろ、国際理解にしろ、日本人が教えるべきだと思いますね。だってね、国際理解と言ったって、世界で日本がどんな役割を果たしているかを十分に知っている人が教えなければ、国際理解教育にはならないと思うんですね。そういう意味では、外国人をアシスタントとして使うのは当然あるでしょうが、そういう人に任せるということはありえない。

　この対談内容からもわかるように、ネイティブ・スピーカーを英語や国際理解の指導にあたらせることには、いくつかの問題点があります。現在日本に来ているALTは、その大部分が大学を出て間もない若い人たち[123]で占められています。また、応募資格は、英語のネイティブ・スピーカーで大学を卒業していればよいということになっています。そのため、大学

---

[123] これには、ALTの参加資格年齢が原則40歳未満ということに加えて、仕事内容および再契約を含め最長3年間という就業期間の制限などが関係していると思われます。

で言語学や言語教育を専攻した者は少なく、日本に来てから見よう見まねで英語教育に携わることになります。ALT の多くは、1 年位してやっと自分の役回りがわかり、対応にも余裕が出てくるといいます。これは、ある言語のネイティブ・スピーカーであることとその言語の教育ができることとはまったく別な問題であるということを考えれば、当然のことと言えるでしょう。この点は、とくに言語的な訓練を受けていない普通の日本人が外国人に日本語を教えろと言われたときのとまどいを想像すれば、納得できるはずです。

また、国際理解教育の面で ALT に期待しすぎることも、問題です。外国人を教室に連れて来さえすれば国際理解教育が成立すると考えているのであれば、話は簡単です。しかし、土屋が指摘しているように、英語や国際理解の指導は、日本語や日本についての能力や知識が十分になければよい効果は期待できません。自分の言葉や文化を客観的に記述できて初めて、それを指導することができるというものです。「小学校外国語指導者」に望まれる資質として樋口 (1997: 198ff.) に示されている基準[124]は、この点に関する一般的な期待を代表していると考えてよいでしょう。樋口に示された主な資格基準について、その主旨を整理して列挙します。

1. 外国語の 4 技能にある程度熟達しており、(オーラル) コミュニケーション能力がすぐれていること
2. 言語習得および外国語の指導法・指導技術についての基本的知識と技能をもっていること
3. 児童外国語教育についての知識と技能をもっていること

---

[124] 樋口忠彦(1997)所収の二論文のそれぞれの執筆者は、片桐多恵子および後藤典彦・行廣泰三 (共著) です。ここに取り上げた資格基準は、筆者が二論文の内容を総合的に判断して整理したものです。

これらは、原典の記述の一部です。原典では、この他に、小学校教師としての資質や創造性、異文化理解についての素地など、多くの資質が要求されています。これらは、将来小学校英語教育に関わることになる小学校教師の資質として示された基準ですが、そのことが ALT を例外として扱うことの理由にはなりません。これらの要件は、当然、ALT にも求められるべきものと思います。

　ただ、樋口に示された基準が、実際に有効であるかどうかについては、疑問が残ります。そこに挙げられた三つの能力に加えて、日本についての十分な知識となると、現在の基準で来日している ALT はほぼ全員が排除されてしまいます。もちろん、日本人教師の場合も、この基準を満たすことは困難であることが予想されます。このように高い目標値を設定する人たちは、現実の問題としての小学校英語教育をどう捉えているのでしょうか。「誰一人到達できないような高度で完璧な目標を設定するよりは、一定の努力を払うことにより多くの教師が到達できうる目標を掲げる方が適切である」という意見 (築道和明他、1998: 48) もあります。専門家の間でも、こうした矛盾や混乱が生じるのは、「国際理解教育の一環としての英語」なるものが正体不明のまま投げ出されているところに原因があります。しかし、その方向を示すべき立場にある文部科学省は、このような矛盾は無視したまま、ALT の増員を手当てするだけで、他のすべての問題を小学校側の努力に任せているというのが実状なのです。

　イギリスでは、この点の問題意識がどのようになっているのでしょうか。K. Sharpe (2001) によると、イギリスでも小学校外国語の教師については、意見が分かれています。いわゆる 'the specialists or generalists debate' と呼ばれるもので、学外から外国語教育の専門教師に指導をまかせるのか、それともこれまでの小学校教師が指導するのかという点で、日本と同じような悩みを抱えているようです。現段階では、専門知識を持った小学校教師の養成も外部講師の調達も十分ではないため、その両者の組み合わせなどさまざまな方法で急場をしのいでいます。言葉にすると日本とよく似た

状況と見ることができますが、内実には、大きな違いがあります。現在、イギリスの小学校における外国語の専門担当者（visiting specialists）は、おょそ、次のどれかに該当しているということです。

- 中等学校の外国語教師
- 近隣にたまたま居住している外国籍の人
- 外国語教育の知識のある地域社会の父兄たち
- 政策実施のために地方教育委員会で雇われた非常勤講師
- 内部的な了解のもとに指導に当たる外国語教育経験のある小学校の教師 (K. Sharpe, 2001: 109)

　この中で日本のALTに最も近いのは、二番目に挙げられている「たまたま近所に住んでいる外国人」でしょう。もちろん近所に住んでいる外国人であれば誰でもよいというわけではなく、一定の学歴などが要求されています。全体としては、外国語教育についての知識と技術をもっていることが基本要件のようです。ただ実際には、上に述べたように、こうした要件を満たす適任者は不足しているため、現在実施している学校では、他の教師とこれらの人たちとが協力しながら取組んでいます。この点は、日本における研究開発学校での実践や現在行われている実態と、基本的に同じであると言えます。それでは、いまの態勢を充実させる形で進めていけばこの問題は解決するのかというと、必ずしもそうではありません。

　K. Sharpe (*ibid.*, 110-112) は、小学校外国語教育を外部の専門家やボランティアなどに委託することには、三つの問題点があると言っています。第一の問題は、現在、イギリスにおける早期外国語教育は25％ほどの公立小学校で実施されているだけです[125]が、これが全国規模になると、満足な資

---

[125] Hilary Footitt, 'Elite corps,' *The Guardian* (on line), Tuesday October 24, 2000.

格を有する外部講師を確保することができなくなることです。第二は、仮に講師が確保できるとしてもその経費は膨大なものになり、実施不可能になることです。第三は、不特定の講師に頼るという場当たり的な運営では、外国語能力の水準向上という小学校外国語教育の目的を果たすことが困難になることです。Sharpe は、これらの点を考慮して合理的に導き出される結論は、「外国語の担当できる小学校の教員を養成すること」であると言っています。

　日本においても、指導者については同じことが言えます。中・長期的な展望に立てば、英語を担当できる小学校教員の養成が急務であることは、教員養成の制度的な改革と共にこれまでもたびたび指摘されてきました[126]。またその一方で、現実の対応を重視して、新しい制度下での教員養成を待つよりも現在の教員や民間のボランティア、ALT などの活用を図るべき（松川禮子、1997: 152-153）という意見もあります。しかし、仮に「国際理解」なり「英語」なりがこれからの小学校教育に必要なものなら、現場教師の熱意やボランティアの好意や短期契約の ALT といった浮動要因にその実践を頼っていてはならないと思います。教育は、基本的に「責任のある専門職」(a matter of professional responsibility) であり、単に「興味本位」(an expression of interest) であってはならない（K. Sharpe, 2001: 111）のです。グローバリゼーションの大波に巻き込まれてここまで流されてきたとはいえ、そのことを理由に、小学校の英語教育を単なる気まぐれの対象にしてはなりません。このような大切な問題で踏みとどまることこそ、教育行政の責任であり、かつ、英語教育に携わっている者の責任なのです。

---

[126]　たとえば、樋口忠彦（1997）、築道和明（2000）など。

第4節　反対論を超えて

　この章を終わるにあたって、義務教育課程における英語教育について私なりの提案をしたいと思います。始めに述べたように、私自身は、小学校に英語を導入することに対して賛成の立場です。ただ、私の想定している小学校と中学校の枠組みは、従来の区分概念とは異なっています。これまで中学校で英語が教えられてきたのは、さまざまな偶然が相互に作用した結果であり、英語の指導が中学1年生、すなわち13歳からでなければならない必然性はありません。現在は小学校と中学校の仕切年齢が12歳と13歳の間に置かれているため、小学校英語教育の議論がこの仕切を境に賛成と反対に分かれざるを得なくなっています。この点は、日本における英語教育の問題を考える際に、われわれの思考の柔軟性を奪う大きな要因になっていると思います。この理由から、私の提案は、現在の6-3-3制ではなく、4-5-3制のイメージにそって組み立てられています。つまり、初等学校4年、中等学校5年、高等学校3年という設定です。私の言う小学校への英語導入は、このイメージに沿ったもので、中等学校の5年間、すなわち現行の小学校5－6年と中学校1－3年を併せた期間で英語教育を行うという意味なのです。もちろん、それは、現在の学校制度を変えなければ実行できないというものではありません。4-5-3制は、あくまでも私の考える英語教育を実践するために想定された学校制度であり、説明上の便宜に過ぎません。もっとも、私自身は、6-3-3制よりも4-5-3制のほうが優れていると思っていますが、本章の主旨とは別な問題ですので、ここでは論じません。

　次の表は、私の提案を、小学校英語教育を中心に整理したものです。小学校から高等学校までの全体の関係を明確にするために、小学校の最初の4年間、および中学校以降についても欄を設けています。小学校5、6年

生と中学校の3年間をあわせて太枠で囲ってあるのは、この間の英語教育が必修であることを意味しています。また、留意事項の欄の記述は、主なことにとどめており、指導内容の詳細については割愛しました。

英語教育の枠組（私案）

	学年	留 意 事 項
小学校	1	小学校1〜4年では、英語を導入しない
	2	
	3	
	4	
	5	英語導入（リスニング、スピーキングを中心とした指導）；内容語を中心にした語彙の拡大をはかる（語彙制限は行わない）
	6	機能語の導入と内容語の充実（語彙制限は行わない）；文構成の基礎・文字導入（リーディング中心）
中学校	1	文字導入（ライティング導入）；明確な到達レベルを設定する
	2	
	3	
高等学校	1	英語その他の外国語をすべて選択とし、二言語を限度に自由選択とする；対象となる外国語は、継続的な指導が可能であることを条件に、各学校の自由裁量とする
	2	
	3	

　この表は、私案をごく簡単に示したものであるため、多少の説明が必要です。各段階でのねらいや具体的な取組みについては、おおよそ次のように考えています。

　　小学校1〜4年生：日本語（literacy）と算数（numeracy）を中心に基礎
　　　　的学習を心がけることが大切である。反復的な要素は、学習の習
　　　　慣づけにとっても重要で、いたずらに知識の範囲を広げるのでは

なく、的確な判断の基礎を養うよう心がけるべきである。

小学校5年生：この段階で英語の学習を開始する。この段階でのねらいは、日常的な語彙の拡大、リスニング、発音、口頭での簡単なやりとりなどに置く。語彙の拡大を目指す意味から、導入語彙の制限は行わない。

小学校6年生：機能語を導入し、文構成の基礎を学ぶ。語句単位を基礎にリーディングを導入する。語彙制限は行わない。

中学校1〜3年生：文レベルの練習に移行する。ライティング導入。3年間を通して、4技能を中心として明確な到達目標を設定する。従来の文法項目中心の3年間完成型の指導ではなく、各学年ごとに英語力の伸展が見えるような指導を行う。

高等学校1〜3年生：英語を含めたすべての外国語を選択とする。二言語まで選択することができる。対象となる外国語は、各高等学校の自由裁量とし、学校毎の特徴が出るようにする。英語については、中学校までの学習をさらに段階的に発展させ、最終的には実用に耐えうる能力を身につけることを目標とする。(e.g. TOEFL 550点レベル)

補記：大学入試は、英語(その他の外国語)能力の申告制とする。その基準は、日本独自の能力検定試験を開発するか、TOEFLやTOEIC[127]などの能力試験を利用して定める。また、センター試験

---

[127] = *T*est *o*f *E*nglish for *I*nternational *C*ommunication

を改良することも可能である。一定の能力を目標にすることによって、入学試験が目的になっている現在の外国語学習の弊害を緩和することができる。

　細かい点についてはなお説明が必要ですが、ここでは、私案の概略を示すのが目的であるため、以上をもって主旨を理解していただきたいと思います。なお、ここで断っておかねばならないことがあります。私は、小学校への英語導入について賛成の立場を表明しましたが、基本的には、義務教育課程では特定の外国語を強制すべきではないと考えています。できることならば、小学校課程においても複数の外国語を学ぶ機会を用意すべきだと思っています。上に示した私案は、現実的な対応から生まれたもので、できるだけ早く義務的な外国語教育から選択的で主体的な外国語学習に移行することを念頭に置いて作成されたものです。その上で英語教育に関して私の強調したい点は、(1) 国際理解教育とは関係づけない、(2) 英語の力を段階的に伸ばすことに主眼を置く、(3) 学習者にも自分の進歩が見えるようにすることで、学習意欲の喚起をはかる、(4) 5年間の教育で英語の基礎的な能力を身につけさせ、高等学校以降は英語の学習を強制しない、(5) 英語の学習を大学入試と切り離すよう工夫する、です。それによって、これまで「言語活動」とか「コミュニケーション活動」といった漠然とした目標の下に行われてきた英語教育を、「手紙を書く」とか「英字新聞が読める」といった具体的な到達目標の下で指導者にも学習者にもわかりやすくすることができると考えています。

　戦後の中学校英語は、その実態から見れば奇妙なことなのですが、2002年度4月施行の学習指導要領が示されるまでずっと選択科目であり続けてきました。小学校への英語導入と軌を一にして必修化されたのは、国として正式に英語を義務教育に加えたことを意味します。つまり、今後はすべての日本人が、国民の義務として英語を学習しなければならなくなったというわけです。現在の英語の世界的な広がりは、いまさら説明の要もない

ほどです。それを反映するかのように、諸外国の英語教育への取組みも、急速にその熱心さの度合いを増しています。こうした流れの中で、自ら英語力不足を嘆いてきた日本が、その新しい対応策として小学校英語教育に踏み出したことは、事情としては理解できます。しかし、それを支える思想や方法は、決して国民的賛同を得られる性質のものではありません。何よりも、これまでの論述で明らかなように、「導入のねらい」そのものが曖昧です。これからの日本人に一定の英語力が不可欠だとすると、それを明確な形で国民に訴えるべきだと思います。そのためにどのような準備が必要で、具体的にどのような方法がとられるのかを国民の前に明らかにしなくてはなりません。旗印として掲げられている「国際理解教育」は、英語教育なのでしょうか、それとも英語教育ではないのでしょうか。「国際理解教育」が、文字通り国際理解のためのものであり、英語教育の隠れ蓑でないのなら、その指導計画も英語とは切り離して立てられるべきでしょう。なぜなら、英語指導は、組織的な繰り返し練習を必要とするものですから、「国際理解教育」の片手間にできるものではありません。一般に、言語の学習は、効率の良い反復練習と実践練習が保障できない環境では、よい成果は期待できないものです。

　今回の小学校への英語導入が、今後の英語教育の新しい方向づけであるにもかかわらず、実際にはその説明責任はまったくといってよいほど果たされていません。週5日制の完全実施は、それでなくても窮屈になっている小学校カリキュラムをますます苦しくしています。新しく置かれた「総合的な学習の時間」の中で英語教育が実施されれば、全体としての負担はますます大きくなります。その負担が、小学校のカリキュラム全体を見通した、かつ義務教育全体を視野に入れた上での明確な方針に沿ったものであれば、それはそれで一定の見識として甘受できるかも知れません。しかし、このたびの「国際理解教育」は、その責任を全うするにはあまりに曖昧な部分が多すぎると思います。

　「答申」さらには「学習指導要領」が新しい教育方針として打ち出した「生

きる力」および「ゆとり教育」が、いま問題になっています。ここで、この問題に踏み込む余裕はありませんが、参考までに述べるなら、「総合的な学習の時間」はこの「ゆとり教育」との関連で設けられたものでなのです。榊原英資(2002)[128]は、現在の文部科学省の教育方針は、日本を除いたG8諸国が目指している教育の在り方とは逆のベクトルをもっていると指摘し、かつ、「生きる力」とか「ゆとり教育」といった曖昧語は教育の指針としては不適当であると批判しています。この点を裏づけるような記事が、『日本経済新聞』(2002年3月1日付け朝刊)に掲載されました。「再び教育を問う」と銘打ったシリーズの第一回目には、「ゆとり　敗色」、「基礎を軽んじ世界に後れ」などの見出しが並んでいました。その中に、「このまま基礎教育を軽視する日本で育てたら、子どものためにならない」という理由から、帰国を決意したある留学生の話が紹介されています。日本の「ゆとり教育」への批判です。筑波大学留学生センターの遠藤教授によると、最近、同じ理由から子どもを母国に帰している留学生が増加しているということです。また、週5日制の実施をめぐって「公私格差」が広がることを心配する文部科学省は、私立学校に週5日制の完全実施を求める通知を出しました。「指導要領は最低基準。できる子どもはさらに伸ばすように」という当初の方針とは、明らかに矛盾する横並びの発想です。「その場しのぎがどこまでも続く」とは、この記事の中の一文です。

　加藤周一が述べたように、われわれは、子どもたちに将来必要となる知識や技術をすべて伝えることはできません。義務教育という限られた枠組みの中で子どもたちに与えることができるものには、限りがあります。週5日制の完全実施によって、時間的な枠はますます狭められています。われわれは、その中で、子どもたちに何を与えるべきかを真剣に考えなくてはなりません。しかし、その責任者である文部科学省は、新たに投入する

---

[128]　榊原英資「「社会主義」的教育の崩壊」、小堀桂一郎（編）(2002)『「ゆとり教育」が国を滅ばす』、231-264所収。

ことになった英語についてすら、具体的な方向を示すことができないでいます。英語にしろ、他の教科にしろ、現在の日本の子どもたちが置かれている学習環境は、物質的には世界で最も恵まれた部類に属すると思います。いまの子どもたちに最も欠けているのは、学習意欲です。これからの日本の教育にとって大切なことは、いたずらにカリキュラムに新奇性を求めることではなく、子どもの学習意欲をいかにして高めていくかということ真剣に考えることです。横並び主義や曖昧さは、学習意欲を殺ぐことはあっても、それを育む助けには決してならないでしょう。肝心なところを曖昧さで包み込むというのは、閉鎖的な社会に育った日本人の避けがたい習性なのかも知れません。しかし、曖昧さは、国際化とは無縁のもののはずです。国際化とは、言語も文化も違う人たちが、互いに理解できる言葉で語り合うことによって支えられるものではないでしょうか。われわれは、横並び主義や曖昧さが、国際化に逆行するものであることにそろそろ気づかなければなりません。

第4章　英語公用語論の思想

第1節　英語公用語論の登場

　英語を日本における第二公用語とする案は、2000年1月18日付けで発表された「21世紀日本の構想」懇談会(以下、「懇談会」)の報告書によって、初めて世間一般の目に触れるようになりました。「懇談会」は、当時の内閣総理大臣小渕恵三の諮問機関で、これからの日本の変革の方向を多角的に検討していました。そのまとめとして提出されたのが、「日本のフロンティアは日本の中にある」という報告書です。やがて世間の耳目を集めることになった英語公用語化の提案は、この報告書(以下、「報告書」)に現れたものでした。「報告書」は、とくに英語第二公用語化の問題を中心にしたものではなかったのですが、その意外性のためか、公用語化の部分だけが一人歩きをしたところがあります。以下の論述において正確を期するために、「報告書」の中で英語公用語化に触れている部分を、船橋洋一(2000b: 10-11)を利用して再確認しておきます。

　　グローバル化と情報化が急速に進行する中では、先駆性は世界に通用するレベルでなければいけない。そのためには、情報技術を使いこなすことに加え、英語の実用能力を日本人が身につけることが不可欠である。
　　ここでいう英語は、単なる外国語ではない。それは、国際共通語としての英語である。グローバルに情報を入手し、表明し、取引をし、共同作業するために必須とされる最低限の道具である。もちろん、私

たちの母語である日本語は日本の文化と伝統を継承する基であるし、他の言語を学ぶことも大いに奨励されるべきである。しかし、国際共通語としての英語を身につけることは、世界を知り、世界にアクセスする最も基本的な能力を身につけることである。(中略)
　<u>長期的には、英語を第二公用語とすることも視野に入ってくるが、国民的議論を必要とする。まずは、英語を国民の実用語とするために全力を尽くさなければならない。</u>
　<u>これは単なる外国語教育問題ではない。日本の戦略問題としてとらえるべき問題である。</u>(下線は、筆者)

　船橋は、「懇談会」の委員の一人です。彼は、「報告書」の7ヶ月後に『あえて英語公用語論』(船橋、2000b)を出版し、この問題を「あえて」世間に問いかけたのです。上の引用は、この本よりのものです。彼は、「懇談会」において、英語公用語化に賛成の意見を表明しています。と言うよりむしろ、「懇談会」メンバーの顔ぶれから見て、彼がこの問題に関してオピニオン・リーダーの役割を果たしたと言った方が事実に近いでしょう。この本は、そうした彼自身の考えをより明確に世間に訴え、かつ議論の一助にするために書かれたものだということです (ibid., 13)。船橋は、この本の中でさまざまな問題を取り上げながら、日本において英語を公用語にすべき理由を説明しています。そして、その結論は、「日本は公用語法という法律を制定し、日本語を公用語に、英語を第二公用語にするべきである」(ibid., 13) という文に要約されています。

　ところで、『あえて英語公用語論』には、議論を誘発する記述が多く含まれています。その理由は、少なくとも二つあると思います。一つは、英語を公用語にするという提案そのものが議論を生みやすいということ、他の一つは、船橋自身にこの問題を論じるための十分な理論武装が不足していたことです。「報告書」の記述から判断して、また、本章の論述からも結論づけられることですが、船橋も含めて「懇談会」全体に公用語についての

基礎知識が不足していたと思われる節があります。しかし、その一方で、「長期的には……」とか「まずは、英語を国民の実用語に……」という表現から窺えるように、「懇談会」には、今回の案を「とにかく提案してみる」という姿勢があったことも認めなくてはなりません。もちろん、それによって「懇談会」や船橋の不勉強が相殺されるわけではありませんが、この提案によって言語に対する国民的関心が高まったことだけは間違いありません。

以下の項では、『あえて英語公用語論』を中心にして、英語公用語論をとりまく問題点を明確にし、併せて船橋の論述に見られる誤謬を指摘します。検討に際しては、「報告書」が公表されて以来さまざまな形で表明された多くの人たちの意見を参照します。こうした意見は、英語教育や言語学の専門家たちのものとは限りません。今日では、インターネットを通してさまざまな分野の人たちの意見を知ることができます。これら一般の人たちの意見には、問題の核心に触れたものも見られれば、一方で誤解や先入見による曲解めいたもの、根拠が薄弱で感情に走ったものなど、玉石混淆の形でさまざまな考えが含まれています。しかし、こうした素朴な意見には、この問題に対する日本人全体の心理的反応が代表されているところがあります。もっとも、これらの資料の中には、ときとして、著者や日付が明らかでないものがあります。そのため、資料として責任の所在を明らかにできないものについては、直接の引用は避けています。また、それらについては、「参考文献」からも除外してあります。

具体的な検討に入る前に、この問題に対する私自身の考えを明らかにしておきます。私は、英語を公用語にするという考えには反対です。正確には、英語が日本人の日用の道具としての公用語になるとは考えていません。また、その必要があるとも思っていません。その根拠については、以下の論述の中で明らかにしていきます。

英語公用語化の問題は、理論的には言語政策の問題です。船橋自身も、英語公用語論を言語政策的な視点から捉えようとしています。ただ、私の

見るところ、船橋(2000b)では、この面での理論的な詰めが甘くなっています。そのため、日本人は英語ができるようになる必要がある、だから英語を第二公用語にすることも視野に入れた政策的な対応が必要である、という妙な方向に論が展開されています。この考え方の妙な点は、英語公用語化が日本人の英語力を高めるための手段として考えられているところです。私は、この点が、船橋の立論の最大の弱点であると考えています。そして全ての問題がこの考えからの出発しているため、その他の意見も必然的に齟齬をきたしているというのが、『あえて英語公用語論』についての私の率直な感想です。以下、英語公用語論を根本から見直すべく順を追って議論を進めていきます。

第2節　言語政策と公用語の問題

すでに触れたように、公用語の問題は、言語政策あるいは言語計画の枠組みの中で捉えられるべき問題です。それは、公用語の概念そのものが、当該社会における複数の言語の存在を前提にしているからです。今回の「英語第二公用語」案が唐突な印象を与えるのは、われわれがこれまで日本語を脅かすような他言語の存在を意識した経験がないからでもあります。現在のアメリカにおける英語公用語化運動も、対抗勢力としてのスペイン語を意識し始めたために起こってきたものです。David Crystal (1999a: 164) は、アメリカの英語公用語化運動を論じる中で、「人々は自分の言語を公用語化する必要を覚えるまではそんな主張はしないものである」と述べています。また、田中克彦(2000a: 43-44)に、公用語について次のような定義的な説明があります。

　　公用語は、国語に比べて、はるかに実務的、機能的な概念であって、
　　国語が帯びる象徴的、理念的、心情的な概念とは鋭く対決している。

それはまず、多言語が併存していることを認め、そしてそれらの言語の話し手に、それを公的な場で用いることができる権利を保証するための制度である。(下線は、筆者)

　ここに述べられているような視点に立てば、英語が恒常的に使用されていない日本において「英語第二公用語論」が生まれた背景には、何らかの言語的強迫観念[129]が働いていたことになります。仮にそうだとすると、この強迫観念に相当するものは、船橋の場合、「英語が事実上世界の共通言語となっているにもかかわらず、日本人は英語で世界と渡り合うことができない」という認識にほかなりません。その上で「日本国内でもそれに慣れるほかはない。第二公用語ではないまでも第二の実用語として日常的に併用すべき[130]である」と考えたことになります。しかし、この筋書きには、無理があると思われます。その点を明らかにするために、まず、言語政策の基本を確認しておきます。

　言語政策あるいは言語計画という概念が誕生し、その適用範囲が定められたのは、それほど昔のことではありません。「言語計画」という用語は、Einar Haugen (1959)[131]において用いられたのが最初であるとされています。もちろん、政治権力が言語に介入すること自体は、たとえば、秦の始皇帝にその例を見るように[132]、古くからさまざまな形で実践されてきたことであり、これらの用語は、そうした実態を整理するのに有効であるとい

---

[129] 「強迫観念」という言葉は、澤井繁男 (2001: 175) においても使用されています。澤井は、英語公用語論を批判して、国際化とは自国文化を発信するの謂いであるとし、「徒らな強迫観念にかられてむやみに駆け出すには及ばない」と述べています。
[130] この「日常的に併用すべき」となっている点には注意が必要です。田中克彦 (2000a) からの引用にもあるとおり、公用語は、「日常的な併用状態にある」言語についての問題です。なお、この部分の下線は、筆者によるものです。
[131] Einar Haugen (1959). 'Planning in Modern Norway,' in *Anthropological Linguistics*, 1, 3.
[132] 秦の始皇帝による中国の文字統一。一般に知られる最古の言語政策。天下をあまね

うにすぎません。

　Joshua Fishman[133]以降、言語政策と言語計画の関係は、主従の関係といわれています。すなわち、言語計画は言語政策の実践であると定義づけられます。Louis-Jean Calvet (2000a: 11) に従えば、後年のさまざまな定義もほぼこの視点から離脱していないことになります。そのいきさつを述べることは、ここでの主題ではないので割愛します。以上の点をふまえた上で、松山明子 (1997) に示されている言語政策に伴う国家計画の三分類を参考にして論を進めます。

> (1) 資料に関する計画（corpus planning）：主に言語の標準化や書記法の整備などにかかわるもの。国家語として機能するために、綴り字や文法などの面で標準化された言語体系の確立が必要となる場合がある。少数派言語を保護・復興するための言語資料の収集などもこの範疇に含まれる。
> (2) 言語の地位に関する計画 (status planning)：公用語・国語などの制定を通して特定の言語に特権的な地位を付与したり、少数派言語の地位を保護するためにそれらの言語に何らかの権利を認めるなどの政策。
> (3) 言語習得に関する計画（language acquisition planning）：子供の言語習得を通じて言語の普及や衰退・絶滅を目ざすもので、例えば、教育制度の中で特定の言語の使用が義務付けられたり、禁止されたりすること。これは(2)の言語の地位に関する計画に含めて分類されることも

く自己の直轄領として支配しようとする始皇帝の意図より出たもので、始皇帝は、中央と末端との行政上のつながりを、翻訳なしの文書の交流によって円滑にしようと考えました。始皇帝のこの試みは、漢以後多少の緩和を見ましたが、中国の統一政権は、基本的には、後も同様の方針をとりつづけました(科挙の制度)。ただし、その制度は、行政内部だけのものであって、一般庶民のことばや文字の生活には及ばなかったということです。(塩田紀和、1973参照)

[133]　Joshua Fishman (1970). *Sociolinguistics*, Rowley, Mass.: Newbury House Publishers.

ある。

　以下、この分類を利用して、日本における英語公用語化の問題がどのように位置づけられるかを考えてみます。まず、公用語とは何でしょうか。先ほども簡単に触れたとおり、公用語は、対抗する言語の意識があって初めて議論の俎上に上る性質のものです。具体的に言うなら、ふだんの生活で日本語を意識的反省の対象とする必要のない日本人にとって、公用語という概念は理解しにくいということです。

　今回の英語公用語化論は、この点での理論的準備を欠いています。すなわち、日本国内での英語使用は、日本人が意識すらしていない問題であり、その必要を感じようもない問題なのです。船橋(2000b: 144-171)が世界の「国語プラス」政策の例として引いているシンガポール、欧州連合、あるいはフランスは、確かにそれぞれの「自言語＋α」政策を打ち出しています。しかし、それは、自国内や連合内に複数の言語が存在することから生まれる必然的結果であり、そのこと自体が「日本語＋英語」政策を推進する論拠にはなりません。そのため、船橋は、この立論を前進させるために「国際共通語としての英語」と「平均的日本人の英語能力の低さ」という、公用語とは関係のない、しかし日本人の多くが持っている劣等感を引き合いに出さなくてはならなくなりました。船橋の「英語公用語化」のねらいが日本人の英語能力を高めることにあるという印象を与えるのは、ここに原因があると思われます。

　船橋の論理の奇妙さは、ウチとソトの転倒と考えればわかりやすいでしょう。たとえば、シンガポール人が日本における英語公用語化の話を聞いたらどう思うでしょうか。おそらく、日本には英語しか通じない人がかなりいるに違いないと誤解するはずです。あるいはまた、未だに旧宗主国の言語の影響から逃れることができないでいるアフリカの人たちは、この公用語論をどのように聞くでしょうか。旧フランス領アフリカのその後の言語事情を取り上げた Pauline G. Djité (1990: 99) に、次のような一節があり

ます。

　　フランス語は、たとえそれが唯一の公用語ではなくなったとしても、ここでは間違いなく必要悪 (mal nécessaire) として生き続けることだろう。土着の言語は、公用語として決して認められることがないかも知れない。しかし、そうした言語は、過去300年の放置と侮蔑を生き抜いたように、これからもフランス語運動 (the Francophonie movement) の再燃を生き抜いていくだろう。

　このように、公用語とは、誰にとってもある意味での「必要悪」のような存在なのです。あえて言語的不幸を背負い込もうとする「英語公用語論」が、世界の常識に対して奇異の感を与えるのは、当然と言えるでしょう。加えて、世界、すなわちソトに通用することを目指すはずの「英語公用語論」を、日本、すなわちウチにしか通用しない論理で説明するのは、「国際的」から遠い態度と言わなければなりません[134]。英語が国際語であり、日本人はそれに乗り遅れているから英語を公用語にして英語力を高める必要がある、という論法の奇妙さは、これで明らかになったと思います。仮にこの考えが妥当だとするなら、将来、スペイン語や中国語が英語の地位を奪った場合、われわれは公用語をその都度変えなくてはならないことになります。そして英語が現在の地位を失う可能性は、ないとは言えないのです。たとえば、David Graddol (1999) は、英語の地位が必ずしも不動のも

---

[134] この点に関しては、次のような類似の批判が見られます。「このような、英語という外国語をわざわざ国内むけの公用語として課する考えかたには、日本の指導者層の、貧しい教養と、せまい世界認識が反映されている。国内に英語の話される地域を一つとして持たない日本のような国が、近隣諸国の言語への興味や関心を封じるかのように、すすんで国民のすべてに、日常はかかわりのない英語を課するという発想は、最も国際的でなく、偏狭な文化観と無教養を露呈したものとして、国際的な軽蔑の対象となるであろう以前に、深く恥ずべきである」(田中克彦、2000a: 46)。また、越智道雄 (2000) にも同様の批判があります。

のではないと考えています[135]。また、Peter Trudgill（2002: 150ff.）は、国際的なリンガ・フランカとしての英語の絶対的優位を認めつつも、世界に拡散した英語の変種の一部が、いま、絶滅の危機に瀕していることを併せて紹介しています[136]。

　コーパス計画（corpus planning）とステータス計画（status planning）の区別は、既に紹介しました。その範疇に当てはめれば、公用語を定めるのは、ステータス計画の一種ということになります。複数言語が存在する国家にとって、言語間の調整は不可欠のものです。今回の「英語公用語論」は、あえて単一言語社会と呼びうるほどに言語的均質性の高い日本で、英語に第二公用語、もしくは実用語の地位を与えようという考えです。そのことの是非は、ひとまず置くとして、その現実的可能性についてステータス計画の視点から考えてみましょう。この場合のステータス計画とは、日本語と英語にどのような役割を分担させるかという問題です。この点に関する船橋（2000b: 203-204）の考えは、次の箇所に間接的に示されています。

　　公用語を定める法律では、英語を第二公用語とする。政府が、英語を日本社会において「外国語」ではなく「第二言語」の地位に高め、<u>社会生活一般で広く使われる言語として認知する</u>。そのために英語の普及サービスに対するさまざまな補助、助成を行うこととする。制度づくりを進めていく。（下線は、筆者）

船橋自身、ステータス計画の概念を持ってこの文章を書いた様子はありません。そのため、この記述だけでは、日本語と英語の役割分担がはっきりしませんが、とりあえず下線部を手がかりに論を始めましょう。まず、

---

[135] この点に関しては、船橋（2000b: 84-89）自身、「英語衰退のシナリオ」という項を設けて、その可能性に注意を払っています。
[136] 小笠原諸島の英語。第1章脚注10参照のこと。

社会生活一般で広く使われる言語とは、日本人にとっての現在の日本語のようなものと考えてよいと思います。船橋は、日本語が持っている社会的機能のある部分を、英語にも与えようと主張しているようです。船橋では、ステータス計画、すなわち両言語の役割分担についての言及は少ないのですが、それに近いものが「英語公用語論　提案」にいくつか見られます。その部分を抜き出してみます。

- 中央政府においては、次の文書は日本語と英語の両方で記す。(以下は例示である)
    (1) 官広報・中央官庁文書
    (2) 予算書
    (3) 法廷 (英語人が当事者となった場合)
    (4) 特許申請
    (5) 著作権登録
- 中央、地方を問わず、緊急時使用用語 (警察、消防、地震・災害、交通、その他) は、日本語と英語の双方で通知するシステムを完備する。
- 国会で成立した法律と国会の議事録は日英両語で作成する。
- 医薬品と消費商品の品質ラベルをすべて日英両語とする法律を制定する。
- 公立学校において、小学校から高等学校までのイマージョン一貫英語教育を導入する。(*ibid.*, 222-225)

とりあえず、以上二つの引用を手がかりにして、船橋の考えるステータス計画の検討を進めます。この場合、日本語と英語にそれぞれどのような役割を与えるかという内容的なことは、問題にしなくてもよいと思います。重要なことは、船橋が、現在日本語が一手に引き受けている役目の一部を「英語と共有」させようとしている点です。しかもそれは、「社会生活一般で広く使われる」ことを想定している以上、われわれの日常生活に密着し

た部分、たとえば市町村役場や郵便局などの窓口業務なども視野に入れていると考えてよいでしょう。当然そのような場所で用意される文書、パンフレットなども日英両語によることになります。

　以上が正しい推測だとすれば、ここにおける船橋の誤謬もまた明らかです。一般に、ある社会で複数の言語が共存しているということは、それぞれの言語がその社会の内部で一定の役割を分担しているということです。たとえば、言語Aが専ら公的な場面で用いられるのに対し、言語Bは家庭内での使用に限られるといった具合にです。その典型例を、米田信子(1997: 326) に紹介されているタンザニアの言語政策に借ります。

　　［1967年に定められた公用語としての英語とスワヒリ語の使用領域］
　　　　　英語：<u>国際的</u>コミュニケーション、高等教育、最高司法機関
　　　スワヒリ語：<u>民族間</u>コミュニケーション、高等教育と最高司法機関<u>以外の</u>あらゆる公的機関および公的場面（下線は、筆者）

　ステータス計画とは、およそ、このようなものを指します。タンザニアの例にならって、船橋の考える第二公用語としての英語に対して同様の使用領域区分を与えるとすれば、次のようなものになるだろうと思います。

　　　日本語：日本人同士のコミュニケーション、<u>高等教育、最高司法機関その他の全ての公的機関および公的場面</u>
　　　英　語：国際的コミュニケーション、移民や在日外国人とのコミュニケーション、<u>高等教育、最高司法機関その他の全ての公的機関および公的場面</u>（下線部が共有する役割）

　この図式は、極端でしょうか。船橋は、日本人が英語を日本語と同じように使うことができるようになると考えているわけではないと思います。ただ、「報告書」には、「英語を国民の実用語とするために全力を尽くさな

ければならない」とあり、また船橋自身も次のような考えを明らかにしています。

　これから30年、40年、グローバリゼーションはさらに進み、日本の社会も多様化し、<u>日本にも移民（とその子孫）が多数住むようになるでしょう</u>。世界に羽ばたく日本人（とその子孫）ももっと増えることでしょう。そういう日本への定住者や海外に住む日本人と力を合わせて、日本の国造りをしていくことになるでしょう。そういう国家ビジョンを念頭に、日本は多言語国家像を目指すのが自然だと思います。
　その際、日本と日本文化の母液であり、泉であり、貯水池である――そして、ほとんどの日本人にとっての母語である――日本語を法的にも、制度的にも公用語と定め、グローバリゼーションの大波の中で進む世界的画一化に対する防波堤として日本語を守る必要があります。それと合わせて、グローバリゼーションの世界的標準化に対する備えとして英語を第二公用語と位置づけ、この大波に波乗りし、新たな機会を手にするように<u>日本人の多くを日本語と英語のバイリンガルにしていく必要があります</u>。（船橋、2002b: 12-13）（下線は、筆者）

　ここでは、将来の日本が多民族国家として想定されています。その上で多言語国家を目指すこと、日本人の多くが日本語と英語のバイリンガルになることの必要性が指摘されています。これらを併せ考えるなら、上の図式は決して極端なものではなく、船橋のいう第二公用語としての英語は、やはり、「国際的コミュニケーション、移民や在日外国人とのコミュニケーション、高等教育、最高司法機関その他の全ての公的機関および公的場面」において使用されるものと考えてよいことになります。その場合、タンザニアの使用域区分との違いはどこにあるでしょうか。タンザニアの場合は、明らかに両言語の役割が区別されています。つまり、英語とスワヒリ語のステータスが弁別的に定められているのです。ところが、船橋(2000b)にお

いては、日本語と英語のステータスが一部を除いて重複しています。「日本人同士のコミュニケーション」と「国際的コミュニケーション、移民や在日外国人とのコミュニケーション」の部分を除いて、両言語が全く同様の役割を持つことになってしまうのです。もともと船橋は、日本語の役目の一部を「英語と共有」させようと考えているのですから、この結果は当然といえば当然です。問題は、同じ役目を二つの言語が共有することが可能かどうかという点なのです。

　一人の人間が同じ目的のために二つの言語を利用するということは、あり得ないとは言わないまでも、不必要であるし非現実的でもあります。日本語を第一言語とする人間が、日本の役所で日本人の役人を相手に英語を使う必要は全くありません。そうなると、日本語と英語に日常的機能を共有させる理由は、日本語のできない移民や在日外国人たちのためということになります。公用語というのは、良くも悪くも国家の言語政策としてのみ存在しうるということを忘れてはなりません。現在の国民国家の枠組みにおいては、日本の公用語は日本国籍をもった人間を対象として考えられるべきもののはずです。「10年間の準備期間を経た西暦2010年から公用語法を施行する」(ibid., 221) という試案および先の引用 (ibid., 12-13) から判断して、船橋が比較的近い将来に移民が急増すると予想していることは間違いありません。というよりもむしろ、移民政策を積極的に推進すべきだと考えているところがあります。船橋(2000d)に、次のような記述が見られます。

　　一方、このままでは日本の少子高齢化の流れは止まらない。日本の活力を保つには日本の社会を多様化し、日本を多民族社会に育てていくことを考えなければならない。それには積極的、組織的な移民政策の推進が不可欠となるだろう。(24)[137]

---

[137]　船橋 (2000d: 24) には、日本の少子高齢化を移民政策推進の理由にしていることに

日本が英語を第二言語として使うことができる水準に達すれば、移民の日本社会へのとけ込みも円滑になるだろうし、すでに日本に定住している外国人たちも日本でのより大きな機会に恵まれ、将来設計を立てやすくなるだろう。(23)

　多言語主義に基づく言語政策は、日本語を守るためにも養成されるかもしれない。日本が将来、移民国家となり、数百万単位で外国人が住み着くようになると、日本語を公用語として正式に位置づける必要が出てくるかもしれない。日本は言語についていまのように無防備ではいられないだろう。(26)

　多言語国家とは、複数の言語集団が一国家のなかに共存している国のことです。Daniel Nettle & Suzanne Romaine (2001: 13) は、Michael Krauss[138]などの研究を参考にしながら、言語が安全に生き延びるための目安としては10万人という話者人口が必要であると述べています。これに従えば、仮想される「多言語国家・日本」は、少なくとも10万人規模の話者集団をもった複数の言語が共存する社会ということになります。しかも、この10万人にしても、日本中に拡散的に存在していては駄目です。この程度の人数では、一定の範囲に居住し絶えず交流していなければ、その言語は衰退してしまいます。「多言語国家を目指す」と述べたとき、本当にこのような大量の移民集団の存在が想定されていたのでしょうか[139]。仮に移民

　　いささかのためらいがあるのか、次のような意味の不鮮明な記述（下線部）も見られます。「もとより、日本を多民族国家にすることの目的は、日本の少子高齢化対策としてのみとらえるべきではない。それは20世紀の日本の経験に照らし、21世紀の世界の<u>潮流を見据えた上での、新たな国家像づくりの一環として位置づけなければならない</u>」

[138] Michael Krauss (1992), 'The world's languages in crisis,' *Language*, 68: 4-10.
[139] 将来の日本において一定のバイリンガル集団が現れる可能性については、必ずしも

の問題が十分な計算のもとで考えられていたとしても、なお問題が残ります。現状から判断する限り、20年後、30年後の日本における移民の多くは、英語を第一言語としない人たちであることが予想されます[140]。そうすると、たとえばブラジルからの移民たちは、日本語と英語という二つの公用語を学習しなければならなくなるはずです。しかし、船橋案では、日本語と英語の役目は、一部を除いてまったく同じですから、彼らは二つの言語のうちどちらか一つで用を足そうとするに違いありません。そのとき彼らが選ぶ言語が仮に英語であるとすると、船橋の英語公用語論は、日本語のできない（あるいは学ぼうとしない）移民たちへの単なる行政サービスということになり、結果として日本に居住しながら日本語のできない人たち[141]を増やすことにつながってしまいます。また、その人たちの第一言語の保障というもう一つの重要な問題も生まれてきます。

　もともと、移民対策としての英語という発想には、無理があります。いま指摘したように、移民や在日外国人の言語が英語であるとは限りませんし、そうした人たちが日本に来て英語を日常生活で支障なく使えるようになるという保証もまったくありません。移民と言語の問題は、船橋が考えているほど簡単な問題ではないのです。そのことを示す、格好の例が、最近発表されたイギリス政府移民・難民政策案[142]に見られます。

　否定できません。山本雅代（1991: 105-108）に、日本の潜在バイリンガル集団についての記述が見られます。

[140]　文部科学省の最近の調査によると、2001年9月時点で、日本語教育の必要な在日外国人の子どもの数はこれまでで最多の1万9000人を超えたということです。言語別ではポルトガル語が全体の39.1％、ついで中国語28.7％、スペイン語12.5％の順となっています。（『日本経済新聞』、2002年2月16日付け朝刊）

[141]　これは、その時点で、現在の国民国家と国籍の概念が通用すると想定しての表現です。

[142]　加藤秀央「帰化の条件「英語力」、英が新制度提案、批判も」（『日本経済新聞』、2002年2月9日付け朝刊）

英政府は英国への帰化を認める条件として、英語力や英国の社会制度を問う試験を義務付ける新しい提案を発表した。ブランケット内相は「就業機会が多い英語の上手な移民を増やすため」と説明したが、人権団体などから批判が出ている。
　政府が発表した新しい包括的な移民・難民政策案は「頭脳確保」を促すとともに、不法移民の流入を防ぐねらい。海外からの大学留学生がいったん本国に帰国しなくても労働許可証を取得できるよう制度を変えるなどの措置を盛り込んだ。
　一方で「ヒトの密輸」に対する罰則の強化や、偽装結婚を防ぐため、入国後短期間で滞在理由を結婚に切り替えることを禁じるなど移民の受け入れ規定を改正する。また難民受け入れの手続きを厳格に適用するための方策も提案した。

　私自身は、移民問題についての知識はありません。したがって、この問題についてその背景を云々する資格はありません。ただ、この引用から、イギリスは日本よりも真剣に移民の問題を考えている（あるいは考えざるを得ない）ということ、および英語国への移民ですら英語が十分できるわけではないということ、少なくともこの二つの点がわかります。未来の移民たちがどのような言語装備で日本にやってくるのかはわかりませんが、そのときの日本人が英語さえできれば事足りると考えるのは、認識が甘いと思います。また、「日本語しか話さない日本人」の場合にも、同様の混乱が想定できます。英語のできない移民たちと共に英語を学ぶことが、なぜ「国際社会」なのか、私には理解できません。日本語で用が足りる社会で、わざわざ英語をその代用にする必要は全くないからです。要するに、ステータス区分が不明瞭でどちらの言語でもよいという環境では、かならず弱い方の言語が衰退します。そして、日本における弱者は、英語であり、日本語との力関係が逆転することは想像しにくいことです。この段階で、日本における英語は、たとえば L-J. Calvet (1996) などに見られる「超民族語」[143]

の概念にも当てはまらないことになります。このように考えると、日本人の英語力を高めることを目的とする英語第二公用語論は、この段階ですでに理論的に破綻していると言えます。

　船橋は、グローバリゼーションと日本人のコミュニケーション能力の低さという一見説得力のある両輪を頼りに、十分な理論装備のないまま敢えてこの問題車を発進させたのではないでしょうか。多言語国家を、いろいろな言語が話されている柔軟な国家として、漠然と思い描いたのではないでしょうか。いずれにしても、問題点を総合的に判断する限り、船橋のいう公用語や多言語国家の概念は、厳密な検討を経たものでないというふうに結論づけられます。鈴木孝夫 (2001: 34-35) が、「報告書」にある「言力政治」の部分には大いに賛成しながらも、「第二公用語」に関する部分を不勉強だと決めつけたのは、船橋の立論上の甘さを感じ取ったからだろうと思います。

第3節　バイリンガル育成とイマージョン教育の問題

　船橋(2000b)には、バイリンガルに関する記述が何カ所か見られます。その中で、「日本人の多くを日本語と英語のバイリンガルにしていく必要があります」(ibid., 13) という言葉は、英語公用語化における彼自身の計画目標と考えてよいでしょう。そのうえで彼は、三十年後の日本語と英語のバイリンガル人口を全体の30％、中央政府職員で50％とする具体的数値目標を示しています(ibid., 220)。この数値に対する根拠となる考えも同時に表明されていますが、ここでは議論に直接関係しないので省略します。

　バイリンガル問題についての船橋の基本的な姿勢がいま示したとおりだ

[143)]　超民族語＝地理的に隣接していても同じ言語を話していない、そういう言語共同体間の相互伝達のために利用される言語（L-J. Calvet, 1996: 32）

とすると、彼の考えている公用語論の目的が、本来、公用語に求められる社会的な役割とは無関係なところに置かれていることがよくわかります。バイリンガルを育てることが仮に将来の日本を救うことにつながるとしても、そのことと英語を公用語にすることとは別な問題です[144]。そもそも、日本人を日本語と英語のバイリンガルに育てなければならないという発想は、どこから生まれてくるのでしょうか。船橋(2000b)が参考とした文献の一つに『国益を損なう英会話力不足』[145]という本があり、そのなかに次のような記述が見られます。この部分は、第1章でも引用しましたが、論述の関係で再掲します。

> 日本人が本当にバイリンガル(二言語併用)で自由自在に会話ができる民族になろうとするならば、日本人の教師が英語を教える今の教育の在り方を早急に変革しなければならない。(13、223)

この本には、日本人の英語力不足を解決するための大胆な提案が、各所に見られます。しかし、全体的に主張の根拠となる部分の説明が不十分で、この引用部分にしても、なぜ日本人がバイリンガルになる必要があるのかについては説明されていません。これからの世界では英語力が不可欠 → 日本人は英語力が不足 → バイリンガルになる必要、という筋書きは、船橋(2000b)の論法と全く同じです。また、この本には、アカウンタビリティーの重要性(9)、グローバル・スタンダードとしての英会話力の欠如(20ff.)、イマージョン教育の必要(230)など、「報告書」、船橋洋一・鈴木孝夫(1999)、船橋(2000b)の内容と重なる考えが散見されます。さらに、「法律によって

---

[144] この考え方に沿った批判例としては、加藤重広(2000)、佐藤宏子(2000)、渡辺昇一(2001: 305)など数多く見られます。

[145] 財団法人東北産業活性化センター(編)(1999)、『国益を損なう英会話力不足』、東京：八朔社。

日本語と英語を公用語に」という次のような提案も見られます。

　10年後を目標に、日本語と英語の二つの言語を公用語とすることとし、21世紀のグローバル化に対応する。そのために、国民的コンセンサスを形成するため、超党派の国会議員の有志が大同団結して議員立法で法制化を図ることが望ましい。(『国益を損なう…』、238)

　船橋が最初に公用語論を表明したのは、雑誌『選択』(1999年6月号)の「巻頭インタビュー」においてであり、その要旨は、同年9月に出版された『国益を損なう…』に紹介されています。こうしたいきさつと書かれている内容から判断して、この本と船橋の英語公用語論は、互いの考えを増幅する形で影響しあう関係にあったのではないかと想像されます。いずれにしても、「日本人をバイリンガルにする／しなければならない」という考えは、どうもこのあたりに根があるように思われます。

　以上の点を確認した上で、次にバイリンガリズムの基本概念を整理し、今回の公用語論が目的としているバイリンガル育成がどのように説明できるかを考えてみます。バイリンガリズム研究の領域では、バイリンガリズムは個人バイリンガリズムと社会バイリンガリズムに下位区分することが一般的です。個人バイリンガリズムは、文字通り、個人の習得過程や能力に焦点を当てた枠組みです。それに対して社会バイリンガリズムは、特定社会の言語集団の分布形態と各集団間の関係という視点からの枠組みであり、船橋の視点は、この社会バイリンガリズムに相当すると考えてよいでしょう。山本雅代 (1991: 23-24) は、R. Appel & P. Muysken (1987: 2)[146]による社会バイリンガリズムの三形態を次のように翻訳紹介しています[147]。

---

[146]　R. Appel & P. Muysken (1987), *Language Contact and Bilingualism*, London: Edward Arnold.
[147]　原典にある図や記号は、論述に直接関係ないので省略してあります。

① 2つのモノリンガル集団が共存する社会：少数のバイリンガルたちが、2つの集団間のコミュニケーションを取り次ぐ働きをする
　　（例）植民地のおける植民者集団と被植民者集団
② 構成員全員がバイリンガルである社会
　　（例）アフリカ諸国やインド
③ モノリンガル集団とバイリンガル集団が共存する社会：一般に後者は政治的にも経済的にも前者集団に支配される立場にある少数民族集団であることが多い
　　（例）グリーンランドにおけるオランダ語のモノリンガル集団とグリーンランド・イヌイット語とオランダ語のバイリンガル集団

　一つの社会に二つの言語集団が存在するとき、その言語間の関係は、およそこの三形態のいずれかに当てはまると考えられます。そこで、この区分にしたがって、船橋の想定している未来の日本における社会バイリンガリズム（日本語と英語）がそのどれに該当するかを考えてみましょう。
　まず、①の場合は、日本語しか話さない集団（優勢モノリンガル集団）と英語（または他の言語）しか話さない集団（劣勢モノリンガル集団）が共存し、そのうちの少数の日本語・英語バイリンガルが両者を取り次ぐ役目を担う社会です。この場合、優勢モノリンガル集団と劣勢モノリンガル集団は上下の関係に置かれ、その間を調整する少数のバイリンガルたちは、劣勢モノリンガル集団から生まれるのが普通[148]です。船橋の考えている図は、これではありません。それは、船橋・鈴木（1999）において、鈴木が指導者層の徹底訓練を主張するのに対して、船橋は日本人の英語装備率を高めなくては

---

[148] 優勢モノリンガル集団からバイリンガルが生まれることは、想定しにくいと思います。あり得るとすれば、過渡的段階の行政サービスあるいはボランティアのようなものでしょう。移民を前提とした船橋のバイリンガル構想には、田中慎也（2000）の「英語第一サービス語論」に見られるような、行政サービスとしてのバイリンガリズムという発想を疑わせるところがあります。

ならないと述べ、あくまで全国民の底上げを主張していることからもわかります[149]。つまり、船橋のいう30％あるいは50％という数字は、全国民に等しくバイリンガル教育を行った結果の予定値なのであって、①でいう少数のバイリンガルにはあたりません。

　それでは、③はどうでしょうか。これは、日本語モノリンガル集団（日本人）と「日本語＋α[150]」のバイリンガル集団（在日外国籍の人、移民など）の共存する状況を想定すればよいでしょう。山本（1991: 24-25）は、現在の日本社会は、強いて言えば③型と考えることもできるが、バイリンガル人口がきわめて少ない上に潜在バイリンガル集団の日本語への同化が著しく、社会バイリンガリズムといえる段階にはない、と判断しています。その上で山本は、将来の日本に「単純労働者」を含む外国人労働者が増加すれば、潜在バイリンガル集団が活性化する可能性があることを示唆していますが、船橋の考えでは、このケースも含めて③はあてはまりません。なぜなら、船橋は、<u>将来の移民の増加に備えて、日本人をバイリンガルに育てようとしているのですから</u>、あくまでバイリンガル集団の中身が逆なのです。

　このように考えると、船橋の想定するバイリンガル社会は、残された②ということになります。船橋（2000b）には、日本人にバイリンガルになることを求める記述はありますが、移民集団に日本語とのバイリンガルであることを求める記述は見られません。②型は、山本が例に示しているとおり、もと植民地であった多言語国家に典型的なバイリンガル社会です。すなわち、国内に複数のモノリンガル集団が共存し、その橋渡し的な言語として英語やフランス語といった旧宗主国の言語が選ばれた結果、「英語＋部族言語」のようなバイリンガル状態が生まれるのです。船橋がこのような思考

---

[149] 「国民の大多数が世界に対する説明責任の役割を果たせるグローバル・リテラシーの能力を身につけなくてはならない」とする考えは船橋の強い主張のようで、このほかにも、たとえば、船橋（2000a）において繰り返されています。

[150] α は、どの言語でも可。

の手順を踏んだとは思えませんが、彼が主張しているのは、結果的に②型のバイリンガル社会なのです。

　日本への移民に対して日本語を強制せず、彼らとの共同生活を円滑にするために日本人の方で英語を学ぼうという主張は、図式的に言えば、明らかに②のバイリンガル社会を指しています。船橋の考える将来の日本の社会では、日本語グループと非日本語グループが共存することになります。そして両言語グループの橋渡し的な言語として英語が選ばれるのであり、その結果生まれるのは、英語を上位に据えた「英語＋部族言語」の構造です。もちろん、そのときの日本語も部族言語の一つということになります。そして、日本語グループは、グローバリゼーションの大波を乗り切るために英語を駆使して世界の諸部族と渡り合わなくてはならない、ということになるのです。つまり、船橋にとっての「移民たち」は、グローバリゼーション、さらには外部世界の象徴そのものであり、決してバイリンガル社会の構成集団として現実的に把握されたものではありません。越智道雄(2000)による、「アメリカでの英語公用語化運動が移民反対の暗号であることを思うと、彼我の差のひどさに鼻白む思いだ」という批判は、この点を的確についていると思います。以上のように、船橋の誤謬は、バイリンガル構想についても指摘されることになります。

　次に、バイリンガル育成の視点から後押しされている早期教育について整理します。この場合の対象言語は、便宜上、英語に限定します。近い将来の日本で大量の英語バイリンガルを養成するためには、当然ながら、小学校(あるいはそれ以前)における英語教育が前提になってきます。バイリンガル人口30％あるいは50％という目標は、2002年度から「総合的な学習の時間」を利用して行われようとしている程度の英語教育では到底実現できませんから、さらに効果の高い方法が採られることになります。船橋がこの点で注目したのは、すでに一部で実施されている英語によるイマージョン教育です。このプログラムは、いわゆるバイリンガル教育の一方法としてカナダで開発されたもの[151]であり、学校教育においては教科の相当部分

を目標言語で行うところに特徴があります。船橋 (2000b: 225-226) は、英語公用語化実現の手段の一つとして提案しているイマージョン教育の構想を、次のように箇条書き風に示しています。

　　公立学校において、小学校から高等学校までのイマージョン一貫英語教育を導入する。イマージョン英語教育はあくまで任意に基づくものとする。
　　学童、生徒は、小学校、中学校、高等学校に進学する段階において、イマージョンクラスと通常クラスのどちらかを選択することができる。
　　イマージョン実施校は、開始後10年で全体の20％、15年で40％、20年で70％を目標とする。
　　イマージョン教育のための英語の教科書を作成する。
　　イマージョンについては、内外の民間の英語学校に外注することを含む積極的な民活を実施する。
　　イマージョン教育のための教師の免許証は従来の英語教師とは別に各県の教育委員会が発給する。
　　JET[152]の卒業生のうち日本でイマージョン教育の教師を希望する者は、一定の資格試験をした上で、さらに日本滞在を三年まで認め、教師として採用する。

船橋 (2000b) には、「バイリンガル」を扱った第3章にイマージョン教育

---

[151]　イマージョン教育は、1965年、ケベック州モントリオールのセント・ランバート校で26人の子供を対象に実験的に始まりました。現在では、約2,000校で取り入れられており、30万人の子供が受けています。なお、ケベック州は、州民の80％がフランス語話者です（東照二、2000 参照）。
[152]　＝JETプログラム、正式名「語学指導等を行う外国青年招致事業」(The Japan Exchange and Teaching Programme)。第2章参照。

についての比較的詳しい説明があります。この教育法には、まだまだ究明すべき点が残されており、そのため一部には強い反対意見[153]もあるのですが、船橋もこの点については慎重で、次のような賛否両用の記述が見られます。

> 人々の間に母語以外の「第二言語」を身につけようとする動機がないところに、上から法律でそれを強制しようとしても無駄である。英仏公用語問題は、往々にしてカナダの国論を二分してきた。国民はなお、英仏公用語に対して複雑な気持ちを抱いている。(*ibid*., 139)

> イマージョン教育研究の成果は、言語を習熟する際の基本認識を改めて確認させてくれた。それは、言語は、一方がうまくなると片方が下手になる、英語はできるようになるが、日本語がダメになる、というゼロ・サム(二律背反的)関係ではないということである。(*ibid*., 140)

イマージョン教育と一口に言いますが、その実践形態にはさまざまなバリエーションがあります。船橋のいうイマージョン教育がどの形態のものかは不明ですが、小学校からの導入を前提にしているところから「中期イマージョン」を想定していると考えてよいでしょう。しかし、上記の引用から判断する限り、船橋にイマージョン教育についての十分な理解があったとは思えません。小・中・高の一貫教育の主張や、(両親や学習者自身の)任意に基づくとした点は、カナダの実践にならった考えで、それ自体に問題はありません。ただ、そのことと、日本人全体に英語を強制することになる英語公用語論や30%〜50%のバイリンガルを養成するという目標がど

---

[153] 今回の英語公用語論との関連では、英語母語集団を社会に持たないまま行われている日本の英語イマージョン教育の「人間不在」をついた田中慎也(2000)による批判があります。

う結びつくのかは、理解しにくい点です。また、学校以外で英語を使う機会が乏しい日本でのイマージョン教育を、カナダのそれと同等に考えることもできません。

　これらの点は置くとしても、船橋の考えるイマージョン教育には、もっと重大な見落としがあります。最大の問題点は、船橋案を実現するために必要な教師の確保です。船橋は、イマージョン教育における教師の役割を深く考えていなかったと思います。それは、各県の教育委員会が従来の英語教師とは別な免許証によって認定するとか、JETプログラムの卒業生を資格試験をした上で再活用する、といった安易な方法でイマージョン教育が進められると思っていることからもわかります。東照二 (2000: 154ff.) は、「カナダスタイルのイマージョン教育が全世界に広がったというニュースは現時点ではまだ聞いたこともないし、近い将来にそうなるとも思わない」と述べ、イマージョン教育が持っている問題点を次のように指摘しています。

- 熱意、技量をもったバイリンガル教師の不足。とくに、日本のような国では英語母語話者で日本語も堪能なバイリンガル教師を確保することは至難の業である。
- これらの教師はただバイリンガルであるだけでなく、言語教育の専門家でもあり、教科の専門家でなければならない。
- これらの教師には、かなりの知識、指導技術が要求されるため、そのトレーニングや養成も困難である。
- 教えられる側、とくに親のイマージョン教育に対する態度、意識が教育の効果を大きく左右する。
- これまでの研究結果が示すように、イマージョン教育の効果はすぐには現れない。長い目で見ながら対処することが必要で、場合によっては、1年やってもその効果が現れないばかりか、一見、逆効果とも思える事態になることもある。そのため、イマージョン教育を

成功させるには、一種の宗教的とでもいえるくらいの絶大な信頼が必要である。
- 教室の外では第二言語に触れる機会がほとんどない、あるいはプログラムが終了してからの第二言語使用の機会がほとんどないといったことで、せっかく築き上げた第二言語の保持・発展が困難である。
- 話し言葉、日常会話的なものは習得するのも速いが、忘れてしまうのも速い。バイリンガルであり続ける、息の長いバイリンガルになるためには、日常会話以上のもの（たとえば、書き言葉、認知的に高度の言語能力）を身につける必要がある。

　これらの問題点を見れば、船橋のイマージョン計画が、十分な検討のないままに提示されたものであることがわかります。JETプログラムの実態に少しでも注意を向けていれば、その卒業生を少し訓練しただけで利用するなどという乱暴な考え[154]は出てこないはずです。英語のネイティブ・スピーカーというだけでは、英語の教師はつとまらないし、ましてやイマージョン教育を担当することなどできない相談なのです。船橋は、イマージョン教育にためらいを感じながら、あえてこれを提案の一部にしたのではないでしょうか。「それでも、カナダはその政策を一貫して続けてきたおかげで、民族と言語の狭い垣根を越えた発展的な国としての一体感を育て、新たなカナダ人という動態的なアイデンティティをも生みだしつつあるようである。それはいまなお、脆弱な構築物には違いないが、それ以外の選択に比べて遙かに創造的な選択だっただろう」(2000b: 141) という彼の言葉に見られる不安要素（下線部分）は、暗にそのことを示していると思います。
　いずれにしても、船橋が自らの「英語第二公用語化案」あるいは「英語実用語化案」を実践するための拠り所としているイマージョン教育もまた、

---

[154] ALTの実態については、第2章で詳しく述べましたから、ここでは繰り返しません。

現実にはさまざまな問題を抱えていることが明らかになりました。早期英語教育は、多くの国で実践に移されているとはいえ、まだ検討しなくてはならない問題も多いのです。小学校で外国語を教えるということは、特定の言語を国民全てに義務づけることですから、どの国もその判断に慎重になる傾向があります。そうした中、EU は2002年の通貨統合に先立ってすでに早期外国語教育をスタートさせていますが、通貨統合に参加していないイギリスではまだ実施に踏み切れないでいます。ともあれグローバル化が進む中で、多くの国が、外国語教育をこれまで以上に重視し始めたことは間違いありません。そうした状況下、日本はあいかわらず戦後以来の無策を囲っていると非難されています[155]。日本における外国語教育を言語政策として長期的な計画のもとに進めることは、今後の大きな課題です。2002年度から実施に移された小学校における英語教育にしても、もしそれを本当に必要と考えるのであれば、「総合的な学習の時間」を利用するといった曖昧な形ではなく、正確な計算と方針のもとに取りかからなければなりません。船橋の提案は、こうした日本の無策に警鐘を鳴らすという意味では、一定の役割を果たしたと言えます。

第4節　言語政策の確立のために

　ここまで、もっぱら船橋案の瑕疵を批判してきました。しかし、英語第二公用語論のような無防備ともいえる提案がなされるには、それなりの理由があります。日本の英語教育の現状を見る限り、外国語教育に携わっている者が謙虚に反省すべき点は山積しているのです。入試などの制度的な問題、教員の養成や再教育の問題、教材や教育方法の問題、など改善の余

---

[155] たとえば、船橋（2000b: 251）、船橋（2000d: 26）。

地はまだまだ大きいと思います。もちろん、これらの問題については、その細部も含めて、これまでも繰り返し検討され改善が重ねられてきました。とくに教授法や指導技術、学習者論や教材論、教員養成などについては膨大な量の研究が見られます。ただ、残念なことに、これまでの日本の英語教育は、いわば、場当たり的な対応を繰り返してきたと言われても仕方のない面を持っています。その最大の原因は、個別に積み重ねられてきた研究を相互に結びつけ、全体として方向づけるような明確な政策的視点が欠如していたことにあります。

言語政策は、ひとえに政治の問題です。その意味では、日本のこれまでの教育行政に大きな責任があります。しかし、そうした行政上の怠慢を見過ごしてきた国民の無関心も、また、責められなければなりません。明治以来の官主導型の政治に慣れきってしまった日本人は、どこかに置き忘れている「健康で強力な批判精神」[156]を取り戻さなければなりません。幸い、今回の英語第二公用語化の考えは、私的とは言いながら元総理大臣の諮問機関の報告書に現れたものであり、また問題の性質上、政治的な議論となりやすいものです[157]。これをきっかけに、あらためて日本の言語政策が検討される可能性は高いと言えます。その場合、どのような方向性が打ち出されるにしても、新たな言語政策は十分な国民的議論を経た上のものでなくてはならず、われわれ自身も自らの意見を持って議論を見守る必要があります。「グローバル・リテラシー」、「アカウンタビリティ」など、国民の目と耳をすり抜ける用語が駆使される世界です。現在の政治家の勉強程度では、どのような方向に議論が進むか知れません。現に、民主党は、そのホームページ (2000) で「目指せ！　バイリンガル社会」と銘打ち、「私たち

---

[156] 司馬遼太郎(1978)、『街道をゆく 3　陸奥の道、肥薩のみちほか』、東京：朝日新聞社、115頁参照。
[157] 事実、「報告書」から二年後の2002年7月12日、日本としては初めて政策的な視点の盛り込まれた『『英語の使える日本人』の育成のための戦略構想」が公表されました(第5章において論述)。

が目指す将来の日本社会は日本語も英語も同時に使用されるバイリンガル社会です。日本国内が他言語を公に受け入れる中で、真の意味で日本人の国際化が実現すると考えます」と、驚くべき不勉強ぶりを広告しています。

　これまで指摘した問題点も含めて、今回の英語公用語論には、民主党の例に見られるような付和雷同を生みやすい面があります。たとえば、英語公用語論に対する賛否両論の拠り所になっている「日本語礼賛」は、その好例です。賛成と反対の両方の陣営から、「美しい日本語」とか「すばらしい日本語」といった言葉が飛び出してきて、それを守ったり育てたりという話に発展していきます。反対論者は、当然のように、日本語が乱れる、日本語に誇りを持て[158]、美しい日本語を守れ、といった論旨を展開します。一方、賛成論者は賛成論者で日本語を持ち上げながら、英語学習の意義を説きます。自分の言葉に対して誇りを持つことは大切なことですが、その種の感情が言語一般についての一定の理解に基づいているという保証はどこにもありません。

　「誇り」とか「美しい」という日本語に彩りを添える表現は、多くの場合、言語の専門家以外の人たちによって用いられています。こうした修飾語句には、一種まやかし的な力があります。人は、「誇りを持て」と言われれば、これまで日本語に対して無邪気に接していた自分のことかと驚き、「美しい」と諭されれば、敢えてそれに異を唱える勇気は持てないものです。われわれは、自国の言語に対する不要の思い入れから、そろそろ解放されなければなりません。言語的ナショナリズムを誘うような思考法の危険については、すでに歴史が証明しているではありませんか[159]。ただ、この種の論法は、日本語が他言語との緊張関係の中で意識されるときに、必ずとい

---

[158] 山口幸洋（2000）に、この視点からの批判が見られます。
[159] ある言語を称揚するために他の言語を貶める類の言説は、明治以来続いている日本語の純化運動、森有礼の日本語廃止論、日本語ローマ字化運動、朝鮮半島や台湾での日本語同化政策、外来語の使用に対する攻撃、などの中に形を変えながら受け継がれています。

ってよいほど現れてくるものです。残念ながら、今回の「報告書」の論調も、この域を脱しているとは言えません。次の引用で、その点を確認したいと思います。

> 誤解を避けるために強調しておきたい。<u>日本語はすばらしい言語である</u>。日本語を大切にし、よい日本語を身につけることによって、文化と教養、感性と思考力を育むべきは言うまでもない。だが、そのことをもって外国語を排斥するのは、誤ったゼロ・サム的な論法である。日本語を大事にするから外国語を学ばない、あるいは日本文化が大切だから外国文化を斥ける、というのは根本的な誤りである。日本語と日本文化を大切にしたいなら、むしろ日本人が外国語と他文化をも積極的に吸収し、それとの接触の中で日本文化を豊かにし、<u>同時に日本文化を国際言語にのせて輝かせるべきである</u>[160]。(「21世紀日本の構想」懇談会最終報告書第6章（第一分科会報告書）Ⅳ-3）（下線は、筆者）

この引用の細かな点については置くとして、ここでは、下線部に含まれる問題だけに焦点を絞ります。まず、「日本語がすばらしい言語である」というのは、どういう意味でしょうか。「すばらしい」というからには、「すばらしくない」ものが一方に想定されているのが普通です。世界には、6,000とも7,000ともいわれる言語が存在していますが、それらの間で、すばらしいものとそうでないものの区別があるのでしょうか。いかなる言語集団の場合も、そこで用いられている言語は、それ自体で当事者たちの生活を充足させるのに必要な機能を果たしています。もし生活上に何らかの不足が生じれば、語彙を拡大したりして自然にその不足が補われるのが一般

---

[160] この部分は、安田敏明 (2000: 14) によっても取り上げられ、「これは、日本における英語帝国主義批判論者が、無批判に日本語・日本文化を礼賛するのと同じ構図である」と指摘されています。

です。もちろん、発展途上国といわれる国々の言語にしばしば見られるように、現代文明の変化の速度に対応が追いつかず、新知識や学問上の語彙を借用語に頼らざるを得ない場合もあります[161]。しかし、それは、言語的優劣の問題ではなく、政治や経済を中心にしたグローバル化の引き起こす問題なのです。もし、そうした言語が「すばらしくない」というのなら、カタカナ外来語のあふれる現在の日本語も、同じ批判を受けなくてはならないことになります。言語間にいかなる意味でも優劣がないことを理解するために、たとえば、世界との交通がない密林に暮らす小部族の言語を想像してみるとよいと思います。彼らの言語の文法は、表面上は日本語の文法ほど複雑ではないかも知れません。語彙は、日本語のそれと比べて圧倒的に小さいでしょう。しかし、彼らはそのことによって日々の生活に支障を来しているでしょうか。答えは、明らかです。「すばらしい」とか「すぐれている」という形容は、日本語ナショナリズム的な思想を煽ることはできても、日本語の健全な成長の役に立つことはできません。

　二番目の下線部の表現も、事大主義の典型です。これは大げさな言葉を使っていますが、結局のところ、「英語によって日本文化を世界に宣伝せよ」と言っているに過ぎません。しかし、このような誇張的な表現の裏側に見え隠れする自文化礼賛の思想には、危険な面があります。もちろん、日本の文化を世界の人に知ってもらうことが悪いというのではありません。それは、日本人が、他の国々の言語や文化を知ることと同様に、大きな意味があります。問題は、「国際言語」である英語の学習を称揚するために、日本語・日本文化礼賛を後ろ盾にしている点です。

　先ほど言語について述べたのと同じ意味で、世界中のさまざまな文化も、その間に優劣の関係はありません。ただ、差異があるだけです。現在進行

---

[161] この点に関しては、外国語を翻訳使用することを既に放棄している日本語も同様です。その結果、カタカナ語は、増加の一途をたどっています。日本語の空洞化、隠語化の問題は、現在、多くの批判を招いています。

しているグローバリゼーションは、この言語・文化上の差異を小さくしながら世界的な均質化へ向かおうとする動きです。固有の言語や文化を維持することは、ますます困難になっています。しかし、だからといって、偏狭なナショナリズムに傾斜することだけは避けなければなりません。上に引用した「報告書」の文章では、グローバリゼーションへの対応という名目で、このナショナリズム的発想が逆手に取られて利用されています。若林俊輔 (2000) は、この欺瞞を捉えて「母語の放棄」と断じ、英語に対する過度の傾斜を非難しています。しかし、日本語にとって、このような非難による援護もまた、無用のことです。われわれが、本当に日本語を大切に育てていこうとするのであれば、一切の言語的・文化的偏見から自由でなければなりません。

　今回の英語公用語論をめぐる議論は、どこか、四半世紀前の「平泉・渡辺論争」を思い出させます。それは、おそらく、英語第二公用語化あるいは英語実用語化の真の目的が、その理念とは別に、日本人の英語力向上におかれているからでしょう。たまたま、時代が、この提案に「グローバル・リテラシー」とか「アカウンタビリティ」という人目を引く衣装を纏わせたにすぎません。ただ、提案の内容は、平泉試案のそれから見れば、遙かに刺激的です。平泉試案は、要するに、英語教育改革案であり、その中心となるエリート養成の必要性についての意見は、鈴木孝夫(1999a)や論争の当事者であった渡辺昇一 (2000) などに形をかえて受け継がれています。

　平泉試案が純粋に英語教育改革案であったのに対し、今回の提案は、「日本人のバイリンガル化」という船橋の持論を英語第二公用語化によって実現しようとする、独断的な方向づけから生まれたものです。奇妙なことに、日本の言語政策を左右するような提案であるにもかかわらず、「21世紀日本の構想」懇談会のメンバーには言語の専門家が一人として加わっていませんでした[162]。英語を公用語として国民全てに押しつけるという驚くべき非常識がまかり通ったのは、そのためかも知れません。そこでは、「公用語とは、国民にその習得が義務付けられるものではない」[163]というごく基本的

な認識すら欠落していたのです。かつて渡辺昇一が平泉試案を批判した文章に、次のような箇所があります。

> この平泉試案は始めの現状分析から結論に至るまで、すべて誤解と誤謬から成り立っているものである。しかしこれによって日本における外国語教育の重要な問題がことごとくと言ってよいほど、日の光の下に曝されたという意味で非常にありがたいのだ。この試案によって、われわれは外国語教育というものの意味と本質と方法についての真の反省を得ることができるであろう。(平泉・渡辺、1995: 22)

これまで筆者が批判してきた内容は、引用の冒頭にある「平泉試案」を「英語公用語論」に置き換えるなら、おおよそ、この渡辺の文章によって代弁されています。「懇談会」が、これほどの基本的な言語政策問題を論ずるにあたってその道の専門家の意見を聴取しなかったのは、実に不用意と言うよりほかありません。そして、そのもたらす結果もまた一種の確信犯的不用意であったことは、「懇談会」の座長である河合隼雄の次の言葉によって明らかです。

> 実は当初、「第二公用語」にまで踏み込むつもりはなかった。迷っていた。しかし「生きた英語教育の充実」ではインパクトに欠ける。それに、子どもでも一部ではやすやすと英語を使ったインターネットを使いこなすようになってきた。もちろん、英語での交信もやってのける。さらに、英語を含む多言語のシンガポールの実状などを見聞するうちに気持ちが変わったんです。(河合隼雄、2000)

[162) 少なくとも、公式ホームページに1999年4月現在で公表されているものには、言語の専門家は含まれていません。
[163) 松川禮子 (2000b)、「英語第二公用語論と英語教育」参照。

シンガポールのどのような実状が「懇談会」のメンバーの気持ちを変えたのかはわかりませんが、この引用に見る限り、今回の英語公用語論が事前の十分な検討の結果でなかったことだけは明らかです。ただ、この提案は、「懇談会」のねらい通り、幅広い議論を喚起することになりました[164]。「報告書」の内容の不十分な点はともかく、これを機会に日本がまじめな言語政策を検討することは、緊急の課題だと思います。入学試験、教員養成、JETプログラム、早期教育の問題、など、制度の見直しや確立を待っている問題は山積しています。四半世紀前の平泉試案の内容が、さまざまな批判を受けながら今なお有効な部分を残していることを考えると、「英語第二公用語論」の提案内容が、将来有効なものとして振り返られる可能性がないとは言えません。そのときに起こるかも知れない英語への無批判な傾斜を避けるためにも、時代の気分に振り回されない、確固とした言語政策を打ち立てることが必要なのです。

---

[164] 大修館書店が自社ホームページを通して行った世論調査「英語第二公用語論を知っていますか？」に対する回答は、「よく知っている」22.1％、「知っている」63％、「聞いたこと、見たことがある」11.2％となっています（「大修館書店ホームページ」に掲載あり）。

第5章　日本人に求められる英語

第1節　新しい動き：「英語が使える日本人」の育成のための戦略構想

　英語公用語論が言語政策として多くの不備と誤謬を含んでいることは、いま見たとおりです。しかし、このような刺激的な意見は、往々にして一種のショック療法的な効果を持つことがあります。今回の英語公用語論の場合も、その背景をなす思想とは別に、日本人全体の言語意識を目覚めさせたという意味での功績はあると思います。英語を日本の第二の公用語に、という意見を聞いて驚き、反発する日本人は多かったと思いますが、それと同時に、多くの人が、これまでのような漠然とした英語学習を続けていては駄目だと感じたのではないでしょうか。このような社会的気分の中で、文部科学省は、2002年7月12日、「『英語が使える日本人』の育成のための戦略構想」（以下、とくに全体を表示する必要のない場合は、「戦略構想」）という新しい英語教育施策を発表しました。これは、日本の英語教育としては、初めての政策らしい提案です。しかし、本書を通して論じたことからも予想できるように、このことによって日本人の言語認識が急変するというわけではありません。これまでに指摘してきた、外国語や外国人に対する曖昧な態度、対外的な戦略でありながら相変わらず内向きの基準から脱却できない甘さなどは、「戦略構想」の中に依然として見て取れるものです。この章では、「戦略構想」の全体的な特徴を整理し、その方針、内容、実行方法などを批判的に検討し、さらにその改良策を提案します。

　現在の世界は、英語教育ブームに沸いています。その過熱ぶりは、これまでの世界が経験したことのない程のものですが、ヨーロッパ、アジア、アフリカ、中近東、アメリカと、あらゆる国と地域で外国語教育環境が改

善されている[165]ことを考えれば、ここしばらくはこの状況が続くと見た方がよいでしょう。確かに、極端な英語一極集中を懸念する意見も数多く表明されています。Robert Phillipson (1992) が世界の英語教育に「言語帝国主義」の視点を持ち込んで以来、多くの研究者が、英語の覇権主義的な性格に対する警戒心を表明してきました。しかし、そうした警戒心や非難が繰り返されてきたにもかかわらず、英語教育に対する世界の熱中ぶりは加速する一方なのです。火付け役である Phillipson 自身においても、最近の論文(1996、2001)では、英語覇権主義に対する非難から言語権の擁護と弱小言語の保護へと、その論調に微妙な変化が見られるようになりました。確かに、英語への一極集中が世界の言語体系にどのような変化をもたらすかについては不確定な要素が多く、たとえば、David Graddol (1999) もこれからの世界に英語とのバイリンガルが増加するとは予想していますが、それによって英語がどのような立場に置かれるかについては予測できないとしている点は、すでに見たとおりです。

　このように、現在の世界は、こと英語教育に関するかぎり、実に騒々しくなっています。この喧噪が耳に届いたのかどうか、日本においても、2000年以降、英語教育についての刺激的な意見が現れるようになりました。もっとも、日本人の英語好きは昔からのもので、そのこと自体に特別な変化が見られるわけではありません。しかし、このところ繰り出される政府レベルでの英語称揚策は、これまでの惰性的な英語教育から見ると驚くほど積極的な内容になっています。たとえば、2000年以降今日までの二年半の間に、これまでの英語教育に大きな意識転換をもたらすと予想される提案や政策が、主なものだけでも三つ発表されています。第一は、「21世紀日本の構想」懇談会の報告書 (2000年1月18日発表、以下「報告書」) に現れた「英語

---

[165] たとえば、オマーン (Mike Ramsden, 2000)、バングラデシュ (Tom Hunter, 2000)、キューバ (Tony Irizar, 2001) など、世界の英語教育事情についての報告は、インターネット上で確かめるだけでも数多く入手できます。

公用語化」の提案（第4章）であり、第二は、2002年度から解禁となった小学校への英語導入（第2章）です。そして最新のものが、本章の主題である「『英語が使える日本人』の育成のための戦略構想」です。

　これら三つは、それぞれが独立して検討されたもので、互いに間合いを測りながら提案内容をまとめたというわけではありません。しかし、問題の性質上、またそれぞれが英語の取り扱いに直接関係しているという意味で、その内容には重なりあう部分が多く見られます。この三つは、いずれもグローバリゼーションという不可視の大きなエネルギーによって圧し出されたものであり、同じ流れに乗り、同じ方向に突き進んでいるという意味で、互いに密接に関連しているのです。

　さらに、この三つには、方向性を一にするということの外にも、別の共通点が認められます。それは、提案の内容が、これまでの英語教育行政の慣習と比較して、とくに目標面で具体性を増している点です。確かに、これらの提案は、政策として捉えた場合、いくつかの欠点を持っています。たとえば、小学校への英語導入の方針を例に取れば、その説明は漠然とした部分が多く、国家の方向づけに関与する教育政策としての体をなしているとは言えません。しかし一方で、小学校における英語教育容認という施策は、たとえその具体的な方針や手段を曖昧にしたままとはいえ、これまでの英語教育への関わり方とは全く異なる性質を含んでいます。また、たとえば「英語公用語化案」に当てはまるように、内容が具体的であることがそのまま内容の適切であることを意味するわけではありません。しかし、仮にこうした提案が偏った思想や誤認識に基づいたものであるとしても、その内容が具体的であることによって救われる面は大きいと思います。方針が明瞭であるということは、言語政策における必須の要件であり、われわれは、そうした具体的な提案を前にして初めて公平な議論を開始できるのです。

　これまでの英語教育に関する政府レベルの干渉や指導は、例えば学習指導要領にその典型を見るように、言語政策の一環と言うにはあまりに曖昧

で方向性の見えにくいものでした。それは、単に見えにくいということにとどまりません。学習者にしてみれば、到達目標が明確でないということは、「何のために英語を学ぶのか」という問いに対する答えを先送りせざるを得ないことを意味しています。つまり、自分たちが学んだ英語の矛先をどこに向けたらよいのかわからないということです。その結果、日本人は、入学試験という奇態な目標を掲げることで、自らの英語学習の出口を見つけようとしてきたのです。しかし、入試という目標が外の世界への扉でないことは、長年にわたる英語学習の結果に光明を見いだせないでいる日本人が誰よりもよく知っています。苦労してたどり着いた出口も、その扉を開ければ、そこは相変わらずの日本でしかなかったのです。

　このように、日本の英語教育は、日本という社会の内側で堂々巡りを繰り返してきた面を持っています。この自家中毒的な英語学習が繰り返されてきた主な原因としては、いくつか指摘できます。しかし、それら全ての原因の出発点には、日常生活において基本的に日本語以外の言語を必要としないという日本の言語環境があります。現在の日本語は、われわれの生活の隅々に至るまで、何の滞りもなく表現できる言語に成長しています。加えて、日本人一般は、これまで、日本語以外でコミュニケーションが行われる風景に親しむ機会もありませんでした[166]。日本の英語教育が、今日まで、英語を「使用」の対象としてではなく、どこまでも「学習」の対象に留めることができたのは、こうした言語環境に影響された面が大きいのです。その結果、日本の英語教育は、外国語学習の根本的な意味を捉え切れないまま、精神主義や実利主義という理念的な目的論議に陥り、最終的に両者の融合体である「入試」に拠り所を見いだすことになったのではな

---

[166] この環境は、今日、急速に変わりつつあります。この傾向は、とくに1990年代以降顕著になっています。大手企業における外国人社長の登場、サッカーチームの代表監督の国籍の多様化など、言語的障壁を度外視した交流が急速に増えています。日本が、グローバリゼーションの名を借りて対応を急いでいるのには、こうした現実的な背景があるのです。

いでしょうか。

　本来、言語は、自然のものであり、外国語の学習も自然に行われなければなりません。生活の中に第二言語がある場合、その必要の有無と学習の時期は、一般には、環境が決定してくれます。その意味では、日本のような言語環境では、第二言語の学習において人工的な目標を設定する必要が生じやすいと言えます。言語というものは、常に触れていなければ、たとえ第一言語の場合でもその能力は後退するものです。第二言語となると、学習の効果を維持するためには、それを支える言語環境がなければなりません。これまでの日本には、その環境が欠如していました。そのため、学習者は、学習の目標を無理にでも見いださなければならなかったのです。学生を対象に英語学習の目的を調べたところ[167]、「英会話」ができるようになりたいという答えが圧倒的に多く見られました。それでは、「何のための英会話か」と尋ねると途端に反応が鈍くなります。結局、海外旅行のためにとか、異文化コミュニケーション[168]とか、英語に関係する仕事に就きたいといった、具体性の乏しい答えが返ってくるのです。「入試」が日本人の英語学習の最大の目標になった原因と結果が、ここにも凝縮した形で現れていると言えます。

　このような従来の英語教育の実態と比較すると、上に挙げた三つの提案のもつ明確な方向性は、これまで見られなかった政策的色合いを含んでいるという意味で画期的です。すでに検討したように、これらの提案には多くの問題点が含まれていますが、現在の日本は、その閉鎖性から脱却して国際的な視野を手に入れるための準備運動の段階にあると考えれば納得も

---

[167] 筆者の勤務する大学の英語専攻生（1年生約150名）を対象にしたアンケート調査（2001年）。
[168] この言葉は、最近、ある民間英会話学校の宣伝に使われています。「異文化コミュニケーション」が宣伝文句として「効果がある」と判断する背景には、この得体の知れない言葉に魅力を感じる日本人の存在が前提されているわけで、ここにも依然として日本人の脱ぎ捨てなければならない「曖昧の衣」があると思います。

できます。それでは、これら三つの提案のどの部分が具体的なのでしょうか。それぞれについて、特徴的な部分を一部抜粋して例示します。

英語公用語化案[169]

(1) ここでいう英語は、単なる外国語ではない。それは、国際共通語としての英語である。

(2) 長期的には、英語を第二公用語とすることも視野に入ってくるが、国民的議論を必要とする。まずは、英語を国民の実用語とするために全力を尽くさなければならない。

(3) これは単なる外国語教育問題ではない。日本の戦略問題としてとらえるべき問題である。(以上三項は、「報告書」より引用)

(4) 日本は公用語法という法律を制定し、日本語を公用語に、英語を第二公用語にするべきである。(船橋、2000b: 13)

(5) 公用語を定める法律では、英語を第二公用語とする。政府が、英語を日本社会において「外国語」ではなく「第二言語」の地位に高め、社会生活一般で広く使われる言語として認知する。そのために英語の普及サービスに対するさまざまな補助、助成を行うこととする。制度づくりを進めていく。(船橋、2000b: 203-4)

(6) 中央政府においては、次の文書は日本語と英語の両方で記す。(以下は例示である) (船橋、2000b: 222)

  1) 官広報・中央官庁文書

  2) 予算書

  3) 法廷 (英語人が当事者となった場合)

---

[169] 既に触れたように、この提案は、「21世紀日本の構想」懇談会の報告書の一部であるにすぎません。そのため、この提案の要点を整理するに当たっては、その7ヶ月後に懇談会委員の一人である船橋洋一によってまとめられた『あえて英語公用語論』(2000) を参照しています。項目中、(報告書) および (船橋) は、それぞれの出典を示しています。

4) 特許申請
　　5) 著作権登録

　以上が、「報告書」および船橋 (2000b) に現れた英語公用語化に関する記述のうち、その方向性の現れた部分です。ただ、ここに紹介したのは、あくまでも代表例であり、部分的な抜粋です。とくに船橋(2000b)では、上記以外にも、小学校における英語教育の方法や日本人の将来の英語力に関する記述、移民政策に対する見解など、英語公用語化に関連するさまざまな問題が扱われています。ここでは提案の具体性を示すのが目的であるため、内容の一部を例示するにとどめています。

小学校への英語教育導入
　(1) 小学校における外国語教育については、教科として一律に実施する方法は採らないが、国際理解教育の一環として、「総合的な学習の時間」を活用したり、特別活動などの時間において、学校や地域の実態等に応じて、子供たちに外国語、例えば英会話等に触れる機会や、外国の生活・文化などに慣れ親しむ機会を持たせることができるようにすることが適当である
　(2) 小学校において、子供たちに外国語や外国の生活・文化などに慣れ親しむ活動を行うに当たっては、ネイティブ・スピーカーや地域における海外生活経験者などの活用を図ることが望まれる。

　この引用は、1996年の中央教育審議会の答申からのものです。小学校への英語教育導入の提案は、三つの提案の中でもっとも曖昧さを残したものになっています。それは、おそらく、基礎教育期間における英語義務化は、国民全体に与える影響が直接的であるために、行政側も大いに慎重になっているからでしょう。しかし、この提案は、実現の可能性の低い英語公用語化とは違い、近い将来の小学校英語教育の義務化を前提にしており、そ

の意味から英語公用語化案とは比較にならないほど重要な問題を含んでいます。その点を考えると、提案内容の曖昧さは、国家の言語政策としては大いに疑問が残ります。現実問題として、この答申およびそれと連動している学習指導要領の記述上の曖昧さのせいで、実施に当たる現場ではさまざまな混乱と苦労が観察されています。文部科学省も『手引』[170]なるものを配布し、混乱を少しでも和らげようと努力していますが、この『手引』にしても、英語教育の経験がある教師から見れば役に立つ資料や示唆が含まれているものの、英語教育の経験のない小学校教師にとってはすぐに利用できるというものではありません。このように、小学校への英語導入に関しては、不備な点が多く、現在でも反対意見[171]は少なくありません。しかし、提案内容に関する不満は別として、日本の英語教育が、小学校における英語教育の始動によって大きな転換点を迎えようとしていることも認めないわけにはいかないでしょう。

「英語が使える日本人」の育成のための戦略構想

内容的に最も大きな特色は、国民全体に対して一定の英語能力を身につけることを求めている点にあります。さらに、その達成目標は、以下に示すように、極めて具体的です。これまでの達成目標、たとえば学習指導要領に示されたものと比べれば、その違いは歴然としています。それがどのくらい具体的であるかを見るために、達成目標の部分だけを抜粋して紹介しましょう。

1) 中学校卒業段階：挨拶や応対等の平易な会話（同程度の読む・書く・聞く）ができる（卒業者の平均が英検3級程度）。
2) 高等学校卒業段階：日常の話題に関する通常の会話（同程度の読

---

[170] 文部科学省（2001）、『小学校英語活動実践の手引』。
[171] たとえば、大津由紀雄・鳥飼玖美子（2002）や茂木弘道（2001）など。

む・書く・聞く）ができる（高校卒業者の平均が英検準2級〜2級程度）。
3）英語教員が備えておくべき英語力の目標値：英検準1級、TOEFL550点、TOEIC730点程度。

達成目標を具体的な行動目標として記述したり[172]数値化して示したりすることは、これまでには見られなかった新しいやり方です。もっとも、このような方法自体は、世界的にはとくに目新しいことではなく[173]、常識的な対応と考えた方がよいでしょう。むしろ、これまでの学習指導要領に見られるような曖昧な目標記述の方が、例外的であると言えます。参考までに、2002年4月1日施行の『中学校学習指導要領（外国語）』の目標部分を引用します。

1）英語を聞くことに慣れ親しみ、初歩的な英語を聞いて話し手の意向などを理解できるようにする。
2）英語で話すことに慣れ親しみ、初歩的な英語を用いて自分の考えなどを話すことができるようにする。
3）英語を読むことに慣れ親しみ、初歩的な英語を読んで書き手の意向などを理解できるようにする。
4）英語で書くことに慣れ親しみ、初歩的な英語を用いて自分の考えなどを書くことができるようにする。

ここに見られるように、従来の目標記述は、漠然としたものでした。2003

---

[172] 「戦略構想」には、到達目標を具体的に示されていますが、それを達成するための行動目標は示されていません。
[173] たとえば、Keith Sharpe（2001）に示されているイギリスの *MFL*（= Modern Foreign Languages）*National Curriculum* では、コミュニケーション能力育成のために必要な行動目標が具体的に示されています。第3章参照。

年度施行の高等学校の指導要領も、中学校のそれと大差はありません。法律上はともかく、事実上、国民のほとんど全てが英語学習に取組んでいることを考えると、いかにも不十分な対応であったと言わなければならないでしょう。学習者に到達目標が見えないということは、動機づけの面でも弱点となります。到達目標が見えなければ、教える立場にある教師も指導の目標を設定しにくくなります。結果的に、教科書を教えることに専心する教師が生まれ、教科書をなぞるような学習をする生徒が生まれます。学習者にしてみれば、義務教育としての英語世界に放りこまれるまではやむを得ないとしても、その出口を自分で見つけろと言われているわけで、そうした学習者や彼らを導く教師が「入試」という極めて現実的な対象を目標にしたとしても、それをとがめることはできません。求められるままに英語学習を始め、自己の目標設定ができないまま「入試」に学習の意義を見いだすという図式は、外国語学習の意味を考えるとき、決して健康的であるとは言えません。その意味で、「戦略構想」の持つ歯切れの良さは、閉塞状態にある日本の英語教育の突破口としての役割を果たす可能性があります。もちろん、「戦略構想」は、それ自体で十全のものというわけではありません。以下の検討で明らかになるように、「戦略構想」はとりあえず提案されたものであり、この計画を支えている思想やそれに基づく方法論は、今後改良されていくべき性質のものです。行政側の政策的提言とそれに対する率直な意見の表明は、日本に真の意味での言語政策が生まれ育っていくための必要条件であると言えます。

　以上、「英語公用語化案」、「小学校への英語教育導入」、および「戦略構想」という三つの政策的提案について、その具体的性格を簡単に確認しました。これらの提案は、それぞれに大胆な性格を持つものですが、その中でも「戦略構想」に見られる明確な目標記述は、特筆に値します。示された基準の妥当性についてはなお検討の余地がありますが、このような積極的な姿勢は、日本の教育行政においてかつてなかったことです。遠山文部

科学大臣自身、「戦略構想」発表時の記者会見において、「これまで問題提起はされていながら本格的な取組みがなかった」ことを認め、国家的戦略としてのこの構想に期待を示しています。次節以下、「戦略構想」の全体を整理し、その長所と短所を確認しながら改善すべき点を指摘します。

第2節 「戦略構想」誕生の背景

「戦略構想」の具体的な検討に入る前に、まず、この構想が発表されるまでのいきさつについて、簡単に触れておきます。先に述べたとおり、この構想は、2002年7月12日に公式に発表されました。その時の記者会見において、遠山文部科学大臣は、「戦略構想」の主旨を説明しています。その内容(以下、「大臣説明」)は、同日付けで、文部科学省のホームページに掲載されています。「大臣説明」では「戦略構想」の柱は、次の五項目にまとめられています[174]。

　(1) 教育目標あるいは到達目標を明確にすること
　(2) 教員の質・量ともに充実させること
　(3) 学習意欲を高めるために具体的な施策を講じること
　(4) 小学校における英語教育の本格的導入を検討すること
　(5) 日本人の国語力の増進をはかること

これらの項目の具体的内容、すなわち「戦略構想」の中味については、のちほど検討します。その前に、まず、この計画が発表されるに至るまでの準備期間がどのようなものであったかについて触れておきましょう。こ

---

[174] 「戦略構想」では、ここに示した五項目のうち、(2)と(3)の順序が逆になっていますが、ここでは、「大臣説明」に見られる順番に沿ってまとめて示してあります。

の計画の基本構想は、「英語教育改革に関する懇談会」(以下、「改革懇談会」)において検討されました。「改革懇談会」は、文部科学大臣の下に置かれたもので、文部科学省のホームページに公表されている目的などの記載は、次のようになっています。

【英語教育改革に関する懇談会の開催について】
(1) 趣旨： 昨年1月に文部科学大臣宛に提出された「英語指導方法等の改善の推進に関する懇談会」報告を踏まえ、学校教育全般を通じた、国民の英語によるコミュニケーション能力の飛躍的な向上を目指して、教育制度、教育課程等に係るものを含め、具体的な推進方策に関する意見を聴くことを目的とする。
(2) 形態及び進め方：文部科学大臣の下に懇談会を設け、そこにメンバーを固定せず毎回違った分野の複数の各界有識者を招き、文部科学大臣又は代理の文部科学省幹部が意見聴取を行う。その意見を基にして、文部科学省として英語教育改革のための具体的推進方策をまとめる。
(3) 検討事項例：
　　○ 学習者のモティベーションを高めるため、コミュニケーション能力を重視した英語力として、各学校段階の具体的な目標の設定がどこまで可能か、
　　○ 英語教員の質を高めるため、英語教員が備えておくべき英語力の目標値の設定がどこまで可能か、
　　○ 指導体制の充実として、ALT等ネイティブ・スピーカーを学校の英語の授業にどの程度活用することが効果的か、など。
(4) スケジュール：平成14年1月　懇談会の発足(以後、約1ヶ月に1回ずつ計5回程度開催)
　　事務局：文部科学省初等中等教育局(国際教育課)が、同省高等教育局と協力し実施する。

「改革懇談会」は、2002年7月12日の「戦略構想」の発表までに、予定通り5回開かれています。主旨および検討事項例を見ればわかるように、「改革懇談会」の目的は、最初から明確な方向性をもっていました。そのため、検討を受けて公表された「戦略構想」の内容も、その方向性に沿ったものとなっています。また、各回のメンバーは、事務局員を除いてその都度変わっており、その顔ぶれも、経済人、翻訳家、学校長、教育委員会教育次長、テレビキャスター、大学教員、各種学校関係者など、多彩なものとなっています。その中には英語教育の専門家も含まれており、その数は、併せて4名であったと思われます。「改革懇談会」では、英語教育全般にわたって自由な意見陳述が行われており、その内容は、「戦略構想」によく反映されています。自由懇談における意見は、会合別に文部科学省のホームページに公表されていますので、その中から、「戦略構想」に直接活かされていると思われるものを、「戦略構想」に盛り込まれた政策課題の順序に従って整理して紹介します。なお、ホームページに公表されている意見の中には、第五番目の柱である「国語力の増進」に関するものは全くありませんでした。意見の整理に当たっては、二つ以上の柱に共通すると思われるものもありましたが、敢えてどれかに分類して示しています。末尾（　）内の数字は、それぞれの意見がどの会合でのものかを表しています。参考までに各会合の日時を示しておきます。

　　　第1回　2002年1月21日（月）　8：00～9：40
　　　第2回　2002年2月20日（水）　8：30～10：00
　　　第3回　2002年3月18日（月）　8：30～10：00
　　　第4回　2002年4月26日（金）　8：30～10：00
　　　第5回　2002年5月30日（木）　9：30～11：00

【到達目標に関する意見】
　　○ 日本人がなぜ英語を勉強しなければならないかについてニーズを

きちんと分析を行わ(ママ)ないといけない。その上で、目標を明確にすることが必要である。(第2回)
○ 小学校段階では必要な条件を整え、中高との一貫性を図ることが大事である。中学校卒業段階ではサバイバルのために必要な英語力(TOEFL430点程度)をつけさせること。その上で小学校段階での目標を検討する。また、動機付けが一番難しい。英語教育では目標を設定し、それに向かって進まなければならない。(第1回)
○ 高等学校卒業段階で英語を普通に話すことができる、大学卒業段階で英語でディベートを行うことができるといった目標を明確にし、ALT卒業生を講師に採用したり、センター試験にリスニングやスピーキングを導入することを検討する必要がある。(第1回)
○ 英語教育に関して具体的な数値がでるような中期目標を各大学が設定し、結果を評価することが重要である。(第5回)

【学習意欲を高めるための施策に関する意見】
○ 教科として英語に触れるだけでなく、例えば、夏休みに2週間とか1か月とかまとまった時間、英語で生活するようでないと飛躍的な英語の向上はありえない。(第4回)
○ 例えば、多くの外国人を採用し、英語でしか通じないような状況を作るなど、学校の中に人工的に英語の環境を作っていくことが考えられる。(第4回)
○ 動機付けに関して言えば、e-learningのようなインターネットを活用したものを重視する必要がある。(第1回)
○ 大学においてはできる限り英語で授業を行ってほしい。国際的に必要な一般教養や専門領域を英語で学ぶべきである。(第1回)
○ 大学の英語教育から変えないといけない。また、教員養成カリキュラム全体を変え、異文化コミュニケーション能力の養成という視点から改革しないといけない。(第3回)

○ 高校入試や大学入試では外部試験をもっと活用すべきである。(第2回)
○ センター試験のリスニングについては心配しているだけではできない。どこかで踏み切らないといけない。(第3回)
○ 大学入試レベルで、TOEFLやSAT[175]を導入することで、知識のみだけでなく能力を問うことができ、大学受験文化も随分変化すると考えられる。但し、TOEFLのスコアを日本の国民英語能力の基準にすることはおかしい。(第5回)

【教員の養成・研修に関する意見】
○ 日本人の発想を理解した上での指導法があり、日本人の英語教員の役割は大きい。中学・高校の生徒の英語力の飛躍的な向上のためには、英語の教員の英語力を飛躍的に向上させることが一番早い。(第4回)
○ 教員の個人評価を行い、問題がある教員に対しては改善を促す。きちんと評価し、それを公表することによって、お互いに切磋琢磨していくようなシステムをつくることは各学校段階で非常に重要な問題であると思う。(第3回)
○ 語学教員の優れた部分には、制度的にも給与的にも優遇することが必要となってくる。(第5回)
○ 学生の交換プログラムだけではなく、教員の交換制度をより推進していくべきである。日本に来られた教員を積極的に活用し、海外の大学で教えることができる日本人教員を養成しなければならない。(第2回)
○ 自費研修を含めた教員研修について、研修に出やすい環境を整備してほしい。また、研修は海外研修を中心にしてほしい。(第3回)

---

[175] = *Scholastic Aptitude Test*(学力適正テスト)

○ ネイティブ・スピーカーを専任の形態で採用していくことも方法の一つであるが、相当の力を入れて教員養成と日本人の英語担当教員のレベルアップを図らないといけない。(第 3 回)
○ ALT の中にも非常に優秀な方も多く、先生になってほしい。そのような制度の整備が必要である。(第 3 回)

【小学校英語教育に関する意見】
○ ネイティブを英語教育に導入していくのであれば、小学校に十分配置して、1 年生から実施するべきである。(第 4 回)
○ 小学校での学習によって、英語が実技的な要素の強い科目になってきているという意識が生まれ、中学校でもその延長線上で良い影響が出る可能性がある。(第 4 回)

　ここに取り上げたのは、各会合で表明された意見のうち、「戦略構想」に反映されていると判断される主なものです。もちろん、これ以外にも色々な視点から各種の意見が述べられていますが、本書における議論に直接関連しないものは省略してあります。また、この会合は、先に示したとおり、約 1 ヶ月の間隔で合計 5 回開かれています。第 1 回の 1 時間 40 分を除いて、全て 1 時間 30 分の会合です。各会合は、二部構成になっており、前半は、各会 4 名の委員が資料をもとに意見を発表し、後半は、自由懇談の時間となっています。いずれにしても、1 時間半という短い時間での意見表明であったためか、文部科学省のホームページに公表されている議事要旨からは、意見の統一が図られた様子はなく、各委員が自由に発言したという印象を受けます。しかし、結果として現れた「戦略構想」は、上に引用した意見をそのまま利用した部分が多く、「戦略構想」の取りまとめに先だって各委員から出された意見を、さらに踏み込んで検討した様子は窺えません。各委員が各自の資料作成にあたってどの程度問題の本質を検討していたかを知るすべはありませんが、「戦略構想」に組込まれている問題の性質から

判断して、検討の甘さを指摘しないわけにはいきません。ここでその点を確認するために、上に紹介した意見を、「戦略構想」の柱にそってさらに要約し、「戦略構想」の内容と比較してみましょう。「改革懇談会」の意見は、およそ次のように整理することができると思います。

【到達目標に関する意見】
 ① 明確な到達目標を設定することが必要である
   中学校卒業段階　　TOEFL430点程度
   高等学校卒業段階　英語を普通に話すことができること
   大学卒業段階　　　英語でディベートを行うことができること
 ② 各大学が中期目標を設定すること

【学習意欲を高めるための施策に関する意見】
 ① 英語使用環境を整えること
   E-learning などインターネットの活用
   留学制度の拡充
   ALT の活用
 ② 入学試験の改善
   リスニングの導入
   外部試験の利用

【教員の養成・研修に関する意見】
 ① 英語教師の英語力を（飛躍的に）向上させること
 ② 教師の評価と研修などのシステムを確立すること
 ③ 教員養成制度を見直すこと
 ④ ALT の増員をはかり、正規教員としての採用を検討すること

【小学校英語教育に関する意見】
　① ALT の配置
　② 英語教育の早期化

　このように要点を整理してみると、それがどれほど「戦略構想」の内容に符合するものであるかがよくわかります。もちろん、「改革懇談会」の目的が「戦略構想」の策定にあったのですから、内容が重なりあうのは当然でしょう。しかし、落とし穴は、一見当然と思われる関係の中にこそ潜んでいるものです。「改革懇談会」の委員たちは、それぞれの立場で英語教育の問題を議論するという点では、十分な資格を有した人たちです。しかし、委員たちが、「戦略構想」に組み込まれた個別の問題を議論するだけの専門的知識や能力を有しているかということになると、簡単に首肯することはできません。それは、委員たちの力量不足というよりも、個々の問題の大きさに原因があるのです。たとえば、第1章で述べたように、早期外国語教育の問題一つにしても、専門の研究者たちの間でその効果が確認されているわけではありません。今日までの研究成果では、むしろ、逆の結論[176]が出されているといった方がよいのです。しかし、今回の会合のような形式では、専門家たちの研究成果を委員の間で共有したり、それについて深く検討したりする時間的な余裕はありません。また、委員の構成からして、この問題を専門的に議論することも、また、不可能です。結果として、印象的な意見や思いつきめいた意見が現れてくることになります。そうした意見の中には、十分検討を加えれば再考に値するものもありますが、今回の手順では、その過程が十分であったとは思われません。この手法の危険は、たとえば、「ネイティブを英語教育に導入していくのであれば、小学校

---

[176] 早期外国語教育あるいはバイリンガル教育の研究では、'the younger, the better' という仮説は、ほぼ否定されています。むしろ、'older learners are actually the better learners' と逆の結論が出されているほどです（Thomas Scovel, 2000: 125）。

に十分配置して、１年生から実施するべきである」のような理論的根拠の希薄な意見が、ややもするとまかり通ってしまうところにあります。以下、このような点に十分な注意を払いながら、「戦略構想」の細部を検討します。

第３節 「戦略構想」の批判的検討

ここでは、「戦略構想」の内容を個別に取り上げ、その妥当性や問題点、さらには改善すべき方向を検討していきます。「戦略構想」では、まず、達成目標が示されており、続いて五つの政策課題とそれに関連する施策とその目標が挙げられています。検討に当たっては、達成目標と五つの政策課題をそれぞれ枠内に示し、個別に論述を行います。なお、「戦略構想」の全体は、巻末の「資料２」に一括して掲載してあります。

1.「戦略構想の達成目標」の検討

> ◎国民全体に求められる英語力→中学・高校での達成目標を設定
> ・中学校卒業段階：挨拶や応対等の平易な会話（同程度の読む・書く・聞く）ができる（卒業者の平均が英検３級程度）。
> ・高等学校卒業段階：日常の話題に関する通常の会話（同程度の読む・書く・聞く）ができる（高校卒業者の平均が英検準２級～２級程度）。
> ◎国際社会に活躍する人材等に求められる英語力→各大学が、仕事で英語が使える人材を育成する観点から、達成目標を設定。

英語力の達成目標を二種類に分けて設定している点は、今回の特徴の一つです。もっとも、国民的課題としての英語力増強策となれば、基礎的な英語力と実践的な英語力を区別するのは自然な方向であり、その意味では特に目新しいことではありません。それに比べて、中学校と高等学校の卒業時の英語力を数値目標で示したのは、これまでの英語教育施策から見る

と異例のことです。

　その目標値は、「改革懇談会」の意見では、中学校卒業段階でTOEFL430点程度、高等学校卒業段階で英語を普通に話すことができることとなっていましたが、ここではTOEFLを英検に置き換える形で示されています。英検が国際基準として認知されていないことを考えれば、TOEFLを基準にする方が便利な面が多いのですが、この点に関しては、検討課題の一つとして「一年間を目処に結論を出す」と付記されていますのでその結果を待つほかないでしょう。また、「改革懇談会」の意見では、大学卒業段階の目標を「英語でディベートを行うことができること」と提案していたのですが、ここでは省かれています。以上を確認した上で、内容についての検討に入ります。質問に対する解答の形で、意見を述べることにします。

問1．国民全体に求められる英語力の基準は妥当でしょうか？
答および問題点の指摘：
① 現在の中学生や高校生の平均的英語力から見ると、やや高く設定されています。目標値であることと、日本人の英語力の飛躍的増大がねらいであることを考慮すれば、現実を見た対応と言えるでしょう。
② 中学校および高等学校卒業時の「平均」と表現していることから、国民全体の英語力の底上げを意図していることは明らかです。このように教育行政側が「到達目標」を掲げることには、危険な面もあります。それは、このことによって、学習者の希望するとしないとに関係なく、英語学習が強制される事態を招く可能性がある点です。

問2．目標記述の文章は適切でしょうか？
答および問題点の指摘：
①「挨拶や応対等の平易な会話」ができるとは、どの程度の英語力を指しているのか曖昧です。'Hello, how are you?'—'I'm fine, thank you.' とか 'My name is Taro.' などは言えるがその先の話題を展開すること

ができない程度、ということであれば、現在の中学卒業生と変わるところはありません。今後、この点についての具体的検討が必要になると思います。

② 高等学校卒業段階の目標記述は、さらに問題があります。「日常の話題に関する通常の会話」ができるためには、ここに示されている英検準2級や2級程度の英語力では十分とはいえません。英語教師の最低資格として示されているTOEIC730点程度でも、なお危ういかも知れません。「通常の会話」とは、常識的には日本人が日本語で行っている通常の会話と同程度という意味ですから、そのような英語力を日本人全体に求めることは無理であると思います。そうすると、ここで言う「通常の会話」とは、何か別の「通常でない会話」を指すことになります。「戦略構想」が、このあたりの問題を十分に研究して提案されたものではないことがわかります。

③ 大学について触れた箇所、「各大学が、仕事で英語が使える人材を育成する観点から、達成目標を設定」は、「懇談会」の意見を言葉を変えて表現したものです。この意見は、達成目標の設定とその目標を達成するための工夫が混同されているところに問題があります。英語力の達成目標は、大学ごとに異なるものであってはならないと思います。提案と同様の主旨は、「大臣説明」にも見られますが、この考え方は、明確な達成目標の設定と逆行するものではないでしょうか。国としての到達目標とは、たとえばECが打ち出した「ヨーロッパの共通枠組み」(Common European Framework)[177]のように、国際的に説明責任を果たせるような基準であるべきで、各大学の独自性は、それを実現するための方法にこそ求められるべきです。大学の独自性を達成目標の独自性に求めてはなりません。

---

[177] Council of Europe, *et al.* (2001) 参照。

2.「政策課題Ⅰ．学習者の動機付けの高揚」の検討

①英語を使う機会の拡充	○民間語学教育施設との連携強化等学校と地域が一体となった英語教育の推進。 ☆「外国人とのふれあい推進事業」：学校を中心とした英会話サロン、スピーチコンテスト及び留学生との交流活動等の事業を推進(自治体への補助事業)。 ☆「高校生の留学促進施策」：高校生の留学機会の拡大（年間1万人の高校生（私費留学生を含む））が海外留学することを目標。また、短期の国際交流事業等への参加も促進。 ☆「大学生等の海外留学促進施策」：海外への留学を希望する学生のための海外派遣奨学金の充実。
②入試等の改善	☆「高校入試」：外部試験結果の入試での活用促進。 ☆「大学入試」： ①大学入試センター試験でのリスニングテストの導入(平成18年度実施を目標)。 ②各大学の個別試験における外国語試験の改善・充実。 ③試験結果の入試での活用促進。 ☆「企業等の採用試験」：使える英語力の所持を重視するよう要請。文部科学省においても、職員の採用、昇任等の際に英語力の所持も重視。

(注) ○：現行施策、☆：新規・拡充施策。以下同じ。

「戦略構想」では、第一の政策課題として学習者の動機づけの問題が取り上げられています。「大臣説明」では、動機づけは三番目の特徴として説明されていますが、総合的に判断して、到達目標の設定と動機づけの問題が今回の計画の中心部分を成していると言えるでしょう。

学習者の動機づけの問題が重視される理由は、その施策説明の欄にあるように、この問題が入学試験の改革と直結しているからでしょう。入学試験が日本の英語教育をゆがめている点については、すでに論じた通りです。英語学習の目標を高校や大学の入学試験におくことは、たとえ結果的に英語学習が進むとしても、言語の学習としてあるべき姿ではないというのが

私の考えです。その意味から、今回の提案は、新しい可能性と方向性を示していると言えます。特に検討課題の一つとして、外部試験の結果を高校や大学の入試に積極的に活用する問題を取り上げている点は、高く評価できます。

　一方、動機づけの主たる施策として民間の語学学校を活用するという案は、慎重に検討されなくてはなりません。確かにこれまでも、文部科学省をはじめ多くの地方自治体が、民間の語学学校に協力を求めてきました[178]。英会話学校を中心とした語学学校では、一般に、ネイティブ・スピーカーが看板になっていることもあって、英語に接する機会を手軽に提供できる点が特徴になっています。しかし、そうした手軽さと第二言語の教育は、別の問題です。ネイティブ・スピーカーを言語教育の万能選手のように考えるのは一般的な傾向ですが、国家戦略の一環として英語教育を捉える以上、安易に惰性に流されてはなりません。

　高校生や大学生の留学機会を増やすという提案は、それ自体問題はありません。むしろ、中学生、場合によっては小学生にも同様の機会を与えることができるように検討を進めるのがよいでしょう。

問１．学校・地域と民間語学教育施設の連携は必要でしょうか？「外国人とのふれあい推進事業」の効果は？

答および問題点の指摘：

① 公表されている限りにおいて、「改革懇談会」の意見で、この問題に触れたものはありません。文部省（現文部科学省）は、1999年、英会話学校の講師や外国出身の地域住民の協力を得て、子どもが外国語に触れる機会を作るモデル事業を開始しました。2003年度以降も、この連携を強化

---

[178] 『日本教育新聞』（2002年7月26日）に、「駅前留学」で知られるNOVAや子ども向け英会話教室を展開しているECCジュニア教育研究所などの協力の実態が紹介されています。

し、同様の事業を進めるという方針がすでに明らかにされています[179]。この問題を学習者の動機づけと関係づけた背景には、こうした経緯が働いたものと思われます。民間語学学校の持つ利点は、ネイティブ・スピーカーを所有していること、広く地方にネットワークを持っていること、英会話を中心とした実践的英語教育のノウハウを持っていること、の三点です。その点でとりあえずの利用価値は高いでしょう。しかし、教育行政が真に為すべきことは、別の所にあります。いわく、質の高い教員の養成、教育の制度的改革など本来為すべき仕事は山積しています。民間語学学校へのよりかかりが、仮に緊急避難的措置であるならば、できるだけ早くこの間に合わせの施策から脱却する必要があります。

② 「外国人とのふれあい推進事業」についても、「改革懇談会」の意見は見られません。文部科学省は、「改革懇談会」の第１回会合と前後して「外国語教育充実のための施策」を公表しています。その後半部は、「小学校における英会話学習の推進」となっており、その一部として「学校いきいきプラン」という支援策が打ち出されています。「外国人とのふれあい推進事業」は、発想としては同じ種類もので、教育的効果以前の政策的理由から生まれたものではないかと思います。仮に述べられている通り「英語を使う機会の拡充」がその目的であるとすると、一般の在日外国人を受け入れるための本格的なシステムを作らない限り、その効果を期待することはできないでしょう。

問２．高校生・大学生の留学促進計画は適当でしょうか？
答および問題点の指摘：

① 高校生や大学生の留学制度に触れる意見は、「改革懇談会」の第４回の会合の折りに一度出されています。「改革懇談会」では、動機づけに

---

[179] 『日本教育新聞』、「文部科学省　英語教育の「戦略構想」：「動機付け」を重視／"触れる機会"創出へ／ALT との連携が課題」（2002年7月26日）

関しては、ALTによる授業を充実するとか英語を話す人工的な環境を用意するといった意見は複数見られますが、留学制度に言及したものはほとんどありません。その意味から、この項が「戦略構想」に加えられているのは、行政側の視点が反映されたものとして評価できます。
② 施策の説明記述では、詳しいことは何も書かれていないので、計画の具体的内容を知ることはできません。留学派遣先としては、従来のように英語国を想定しているのではないかと思われます。その効果は認めるとして、今後は、非英語国における留学や研修を増やすべきだと思います。英語を「学ぶ姿勢」が基本となる英語国における留学や研修だけでなく、それまで学んできた英語を「使う姿勢」が基本となる非英語国での交流は、英語を使う積極的な態度をはぐくむ効果があると同時に、日本が何のために英語教育に力を入れているかを自然な形で世界に示す機会になるはずです。
③ さらに、新しい提案として、留学生としての対象年齢を引き下げることを考えてはどうでしょうか。従来、海外留学といえば高校生以上といった暗黙の了解があったように思われますが、今後は、長期留学は別として、短期の留学研修の機会を中学生にも開放することを考えてはどうでしょうか。

問3．入試制度改革に関する提案は適切でしょうか？
答および問題点の指摘：
① 長年の懸案であったリスニングをセンター試験に導入するとした点は、大きな前進だと思います。
② リスニングテストは、これまでも大学ごとに色々な形で実施されてきましたが、入試制度の改善につながるような効果は生まれませんでした。その原因の一つは、テストの配点にあると思います。英語試験全体に対してせいぜい20〜30％しか配点されない場合がほとんどで、その内容も高校側の実態と配点との関係で初歩的なテストの域を大きく超え

ることができませんでした。センター試験で実施する場合、こうした点に十分配慮し、英語教育改革に実効のある配点(たとえば英語全配点の50％)と質を確保すべきでしょう。

③ 外部試験の導入を進めている点も、高く評価できます。TOEFL やTOEIC などを活用し、一定の基準を満たせば入学資格を認めるというのは、受験生にとって最もわかりやすい基準です。ただ、外部試験に入学資格試験の役割を与えるのは、あくまでも次善の策です。本来、センター試験がその役目を果たすべきであり、現在のようなセンター試験と大学ごとの個別試験という二重の入試制度は、負担と無駄が多いと思います。たとえば、韓国の大学入試制度のように統一試験制度を設け、一度の試験で複数の進学先から選択できるような制度を設けてはどうでしょうか。大学の序列化を懸念する意見もありますが、どんな制度を利用しようと序列はできます。問題なのは、現在の日本で底なしの序列化が起こっていることです。日本国民の真の底上げを期待するなら、名ばかりの大学生を大量に生みだす現行の制度を改めなければなりません。

問4．採用試験で英語力の所持を重視するという考えは、妥当でしょうか？

答および問題点の指摘：

①「使える英語力の所持を重視するよう企業側に要請する」とありますが、無用のことです。企業が英語力を必要とするなら、企業の責任でそれを求めればよいことで、行政側の指示を待つ必要はありません。文部科学省の意図は、企業の姿勢を英語学習の動機づけにしたいということでしょうが、そうした不自然な発想は英語教育を助けることになりません。ALT を増やせば問題が解決するというのも、同根の発想です。人工的に英語を使う環境を作ることは、その場の英語学習の助けにはなるでしょうが、教室を離れれば英語を使う機会が全くないという社会では、かえって論理的な学習を妨げる面もあります。仮想現実に生きるこ

とを強制するような施策は、どこか無理があるのではないでしょうか。

3．「政策課題Ⅱ．教育内容等の改善」の検討

〈中学校・高等学校〉
○新学習指導要領の推進（→4技能の有機的な関連を図り基礎的・実践的コミュニケーション能力を重視）。
○中学・高校において、生徒の意欲・習熟の程度に応じた選択教科の活用又は補充学習の実施等、個に応じた指導の徹底。
☆「スーパー・イングリッシュ・ランゲージ・ハイスクール」：高等学校等（3年間で計100校指定）における先進的な英語教育の実践研究。
☆「外国語教育改善実施状況調査」：少人数指導や習熟度別指導等に関する実施状況及び先進的指導事例を調査。調査結果を公表するとともに、関連施策の進度の基準とする。
☆「外国語教育に関する先進的指導事例集の作成」：教育課程研究センターにて上記調査結果をもとに、先進的授業事例に関する指導事例集を作成。
〈大学〉
○優れた英語教育カリキュラムの開発・実践等を行う大学や、特に全課程を英語で授業する大学（又は学部）を重点的に支援。
☆「英語による特別コースへの参加の促進」：留学生を対象として実施されている英語による特別コースへの日本人学生の参加の促進。

　ここに述べられている施策については、とくに関心を引くものはありません。2002年度施行の中学校学習指導要領および2003年度から施行される高等学校学習指導要領の記述内容にも、目立った新しさや工夫は見られません。一人一人の学習者の目的意識に直接関わっている入学試験制度の改善が先行しない限り、指導技術や特別クラスを設けるといった部分的な改良では根本的な変革を期待することはできないでしょう。「改革懇談会」の意見も、これらの項目に関してとくに注目に値するようなものはありません。ただ、近い将来、英語による授業や色々な国籍の学生がいる教室が生まれるよう、つまり、自然に英語を使用する環境が整うよう、配慮を続け

ることにはそれなりの意味があります。

4．「政策課題Ⅲ．英語教員の資質向上及び指導体制の充実」の検討

①英語教員の資質向上	○国内研修（指導者講座）：毎年2千名（4週間）。 ○国外研修：短期118人、長期28人。 ☆目標設定：英語教員が備えておくべき英語力の目標値の設定（英検準1級、TOEFL550点、TOEIC730点程度）。 ①英語教員の採用の際に目標とされる英語力の所持を条件の1つとすることを要請。 ②教員の評価に当たり英語力の所持を考慮することを要請。 ☆研修：「英語教員の資質向上のための研修計画」： ①平成15年度から5カ年計画で中学・高校の全英語教員6万人に対し、集中的に研修を実施（都道府県等への補助事業）。 ②大学院修学休業制度を活用した1年以上の海外研修希望の英語教員の支援（年に計100名、各都道府県2名ずつ）。
②指導体制の充実	○ALTの配置(JETプログラムにより5,583人、地方単独事業により2,784人（計約8,400人))。 ☆目標設定：中学・高校の英語の授業に週1回以上は外国人が参加することを目標。これに必要なALT等の配置を促進（全体で11,500人を目標）。 ☆JETプログラムによるALTの有効活用：国際理解教育や小学校の外国語活動への活用又は特別非常勤講師への任用などを通じて一層ALTの有効活用を促進。 ☆外国人（ネイティブ）の正規の教員への採用の促進：上記目標の達成のため、当面3年間で中学について加配措置により300人、将来的に中学・高校について加配措置等により1,000人の配置を目標。 ☆英語に堪能な地域社会の人材の活用促進：一定以上の英語力を所持している社会人等について、学校いきいきプランや特別非常勤講師制度等により英語教育への活用を促進する。

「大臣説明」において、「戦略構想」では第一の政策課題に挙げられている「動機付け」に先立って「到達目標」と「教師の資質向上」を取り上げ

たことからも想像できるように、「英語教員の資質向上」の問題は今回の計画の中で重要な位置を占めています。「大臣説明」においては控えられていますが、英語教員の英語力の低さは、これまでも繰り返し指摘されてきました。たとえば、澤田昭夫 (1982) は、英語教師の資格試験について論じる中で、2001年までには「だめな英語教師―だめな英語教育―だめな英語学生」の悪循環が少しでも断ち切れることを期待したいと述べています。20年前の澤田の期待は、結局、実現されないままで2002年が訪れたことになります。「戦略構想」に示された目標値の妥当性については後に触れますが、学習者に期待されている英語力から考えても、これからの英語教師は、少なくともここに示された数値を満足させるような実力を身につけなくてはなりません。

　教員研修制度の実施に当たっては、英語力が一定の基準に満たない教員に対して優先的に割り振るのがよいでしょう。そのためには、どこかで英語教員の実力試験をしなければなりません。それを回避する場合には、現在の英語教員全てに対して研修を実施することになりますが、それでは、研修の内容が薄められたり、研修の焦点が定めにくいという欠点が生まれてしまいます。しかし、この問題は、厄介な面を持っています。一般に、英語教員は、英語の実力テストを受けたがらないでしょうし、研修そのものに対しても積極的に参加するとは限りません。これは、別に日本だけの特徴というわけではないのです。最近、同様の問題に直面した香港のケースを紹介しましょう。

　　香港政府は、英語教師の能力判定テストの実施を延期することにした。教師達は、このような試験は「侮辱的」(insulting)であると6ヶ月も反対キャンペーンを張ったのである。政府は、14,000人の英語教師に対して2005年を期限に指定された英語能力の最低基準を満たすよう提案していた。ところが、今月(2000年11月)実施する予定であったテストは、来年の3月まで延期されることになった。また、新規採用の教師につ

いては、基準を満たすまで2年間の猶予が与えられる。(Max de Lotbinière, 2000)

　教員に対する実力テストについては、たいていの国で、この香港の例に見られるような反応が起こると予想されます。教師に限らず、どんな仕事や領域でも、抜き打ち検査に耐えられる人は案外少ないものです。そのため、このような事態が起こると、まずそれに対する反対運動が起こるのが普通です。しかし、現実に示される基準が途方もなく高いものでない限り、その専門職にある者がそれに対して表立って反対する理由は見あたりません。こうして、「侮辱的」(insulting)という最後の砦に立てこもることになるのですが、論理の外圧をこのような感情の砦で守りきることはできません。香港のケースは、次のような結末を迎えました。

　香港政府は、英語教師の60％以上が能力判定テストのライティング部門で基準に達しなかったと発表した。ライティングテストを受験した387人の教師の内、基準を満たしたのはわずかに33％であったという。このテストは義務的ではないものの、香港の英語教師の多くは、「沽券に関わる」(demeaning)と不満を表明している。政府は、基準に達しない場合でも職を失うことはないが他教科の担当に配置換えするか研修を受けさせるということを、当初から言明していた。(Max de Lotbinière, 2001)

　この試験は、結局2001年3月に実施され、その結果は、2001年6月に発表されたようです。ライティングテストにおいて60％以上の教師が基準に達しなかったと報告されていますが、香港政府としては、この程度の結果になるかも知れないということはある程度予測していたのだろうと思います。だからこそこのテストが必要だと考えたわけでしょう。また、恐らく教師の方も、同様の危惧を抱いていたと思われます。それは、このテスト

に対する反対理由が、「侮辱的」(insulting)とか「沽券に関わる」(demeaning)といった感情的な言葉で表されているだけで、なぜこのテストが必要ないのかについての論理的説明が見あたらないことからも説明できます。事実関係を明らかにする資料は手許にないので即断はできませんが、このテストが途方もなく難しかったとは考えられません。いずれにしても、香港の騒動は、この種のテストに対する教師側の反応の典型例と言えるでしょう。

将来、日本で同じような試験を実施する事態が生じれば、英語教師からの反発はどれほどのものになるでしょうか。失格者に対して職場替えなどの措置をとれば、反発は必至でしょう。さまざまな権利主張がなされるのは、目に見えています。それを予想させるデータは、十分に揃っています。たとえば、千田潤一(2002)[180]は、TOEIC公開試験データの英語教師のスコアを取り上げ、「英語教師の英語力は悲しいほど低い。企業戦士のように必死に英語を学ぶ姿も見えてこない。学ぶべき人が学ばないのなら学びに駆り立てる何かが必要だ」と述べ、全英語教師に対するTOEIC強制受験を提案しています。いずれにしても、現在の英語教師の英語力が問われているのは間違いありません。事実、英語教師の学力不足が、日本の英語教育に与えている影響は大きいのです。何よりも、教育は、能力や意欲のない教師に任せていてよいものではありません。その意味から、「戦略構想」が基準を明示したことは、大きな前進であると思います。現在のところ、大した反発が起こっていないのは、香港に見られるような具体的な実行を伴っていないからにすぎません。文部科学省が、本当に日本の英語教育に危機感を持っているのであれば、多少の摩擦は覚悟の上で英断を下す必要があるでしょう。

---

[180] 千田に示されている英語教師の平均スコアは、小学560点、短大575点、大学645点、中学655点、高校720点となっています。なお、ここでいう公開試験データとは、自主的受験者を対象としたものを意味しており、千田は、「かりに全英語教師にTOEICを受験させれば、その平均点はさらに100点以上は下がるであろう」とも述べています。

問1．英語力の目標設定は適切でしょうか？
答および問題点の指摘：
① 「改革懇談会」では、教員が備えておくべき英語力の具体的な数値目標は示されていません。実用英語検定準1級あるいはTOEFL550点、TOEIC730点といった基準がどの段階で議論されたのかはわかりません。基準としてはやや低いという印象がありますが、実行の可能性を考慮すれば妥当なところだという気もします。問題は、現在、この基準を満たしていない教師が多数存在するということなのです。
② 採用時に一定の英語力を要求するという考えは、本来、制度化されていて然るべき問題です。実際に、地方自治体の中には、これに類似した制度を取り入れているところもあります。たとえば、福岡県教育委員会では、英検1級合格者、TOEFL550点以上の取得者及び同等の資格を有する者については、第一次試験の教職教養専門択一試験及びヒアリングテストを免除しています[181]。
③ 「戦略構想」に示されている目標値は、今後、その妥当性が検討されると思いますが、問題は、設定した目標値を教員の上にどうやって確保するかです。この点の計画や施策が明確でなければ、折角の目標値がいつまでたっても実現できないということになるでしょう。

問2．教員の評価にあたり英語力を考慮することは適当でしょうか？
答および問題点の指摘：
① これまで英語力を問わないまま採用してきた教員に対して、いきなり英語力を問うことには、問題があります。しかし、先ほどの香港の例にあるように、一定の猶予期間（たとえば5年間）を与え、その間に所定の能力を身につけるよう求めることは可能です。研修は、その上で、基準

---

[181] 坂田正雄（1995）参照。

を満たさなかった教員を対象に義務づければよいでしょう。
② 新規採用者に対しては、早い段階で、一定の通知期間を設けて所定の目標値を超えることを義務づけるのがよいでしょう。
③ 最終的には、英語教員資格の認定に当たって、所定の英語力を求めるべきだと思います。

問3．英語教員の資質向上のための研修計画は必要でしょうか？
答および問題点の指摘：
① さまざまな形での研修は、今後とも必要であると考えます。しかし、ここに述べられているような全教員に対する一律の研修は、対費用効果を考えるとき、問題があります。一律の実施は、研修内容の焦点が定まりにくく、研修を受ける教員の側にも問題意識が生まれにくいのではないでしょうか。
② 研修によって教員の英語力を伸ばすという考えには、問題があります。研修によって英語教育に関する技術的な能力や体系的な知識を与えることは可能ですが、英語の能力を短期間の研修で身につけさせようとすることには無理があります。英語教師の英語力は、たとえていえば、運動選手の自己管理のようなもので、本来、自己の責任で身につけ、維持すべきものなのです。
③ 英語教員の海外研修については、上記の研修とは別に、体験的な研修という意味から是非実施すべきであると考えます。むしろ、大学における教員養成課程の段階で一定期間の海外研修を義務づけるのが適当かも知れません。
④ いずれにしても、英語教員の研修をシステム化することが必要です。この点に関しては、「改革懇談会」においても同様に意見が表明されています。

問4．ALTの加配措置の効果は？
答および問題点の指摘：
① 「戦略構想」では、もっぱら、ALTの量的な充実が強調されています。現在、ALTの質の低下は世界的な問題なっています。無資格、無経験な若者が、場合によっては教師の代理を務めるのですから、この点にいつまでも目をつむることはできません。立派なALTがいる一方で、来日した途端に帰国の支度をする無責任な若者もいるのです。日本人英語教員の能力を問うだけでなく、ALTに対しても厳しくかつ公平な目を向けなければなりません。
② 「改革懇談会」の意見にもあるように、長期的に見れば、優秀な日本人教員の養成こそが優先されなければなりません。ネイティブ・スピーカーは、英語使用の自然な機会を提供するという意味では得難い存在です。その一方で、第二言語の学習が一貫性のある訓練の集大成であることを考えれば、優秀なALTを日本人が育てるという姿勢も必要です。その意味で、優れたALTを専任の教員として採用することに賛成です。
③ 総合的に判断して、ALTの加配措置は、これまでの長所と短所がその規模を大きくするだけで終わる可能性が高いと思います。今まで以上の効果を得るためには、ALTの選考の見直しと指導の強化に加えて、受け入れ側とALTの双方が責任と義務と権利を十分認識することが必要です。

5．「政策課題Ⅳ．小学校の英会話活動の充実」の検討

☆「小学校の英会話活動支援方策」：総合的な学習の時間などにおいて英会話活動を行っている小学校について、その回数の3分の1程度は、外国人教員、英語に堪能な者又は中学校等の英語教員による指導が行えるよう支援

「改革懇談会」での意見として公表されているものの中に、小学校の英語教育に関して積極的な発言は見られません。この「改革懇談会」がもともと「英語教育改革に関する懇談会」であったため、その時点での英語教育が議論の対象となったのでしょう。「戦略構想」の中に小学校における英語教育が加えられたのは近い将来の本格的な導入を検討するための足場とするためだと考えられます。この部分は、結果的に、上の記述に見るような平凡な表現に終わっています。しかし、この課題は、日本の言語政策の方向性を左右するという意味では、これまでの中学校や高等学校での英語教育とは別な性格を持っています。「戦略構想」の検討課題の欄には、研究協力者会議を組織し、3年を目処に結論を出すと書かれています。

　現在、早期外国語教育は、世界の時流に乗っています。この流れを変えることは、ほとんど不可能と言ってよいでしょう。現在、この課題の焦点は、'Why' を通り越して 'When' と 'How' に移ってしまった感があります。研究協力者会議では、これらの問題を是非とも慎重に検討してもらいたいと思います。かつて Robert Phillipson (1992) が誤謬として指摘した二つの仮説、「早ければ早いほど効果がある」と「最良の教師はネイティブ・スピーカーである」は、衰えを見せるどころか、ますます多くの信者を集めているように見えます。「改革懇談会」の意見を見る限り、委員の中にもその信者がいたことは明らかですし、「大臣説明」から判断する限り、文部科学大臣もこの問題に関してさほど慎重とは言えません。研究協力者会議のメンバーが、日本の言語政策の方向を誤らせないよう、この問題を十分に研究されることを期待します。

6.「政策課題Ⅴ．国語力の増進」の検討

適切に表現し正確に理解する能力の育成
○新学習指導要領の推進（→表現力、理解力等を育て、伝え合う力を高める）。 ○児童生徒の意欲・習熟の程度に応じた補充学習の実施等、個に応じた指導の徹底。 ○子どもの読書活動の推進：「朝の読書」の推進などにより、子どもの読書に親しむ態度を育成し、読書習慣を身に付けさせる。 ☆「これからの時代に求められる国語力」：文化審議会において「これからの時代に求められる国語力」を本年度中にとりまとめる。 ☆「教員の国語指導力の向上」：小学校の教員等に対し、国語に関する知識や運用能力を向上するための研修を実施。 ☆「国語教育改善推進事業」：児童生徒の国語力を総合的に高めるためモデル地域を指定。

　既に述べたように、「戦略構想」は、およそ「改革懇談会」すなわち「英語教育改革に関する懇談会」の意見を参考にして策定されています。しかし、「改革懇談会」は、その性質上、日本語の問題を論じることはなかったと思われます。ホームページに記載されている意見の中にも、日本語の問題に触れたものはありません。「戦略構想」を取りまとめるに当たって、英語一辺倒で日本語を無視したのではいかにもバランスが悪い、バランスが悪いだけでなく、非難の矢面に立たされる危惧すらある、ということから、最後に「国語力増進」が付け加えられたのではないでしょうか。実際の舞台裏を知ることはできませんが、ここに示されている施策はそれを物語っています。三項目のいずれをとっても、これまでの教育行政の延長線上にあり、英語に関する思い切った提案内容と比べるといかにも新奇性に乏しいものになっています。

　ところで、「大臣説明」の中に、興味深い点が観察されます。大臣は、しきりに「日本語」という言葉を用いており、日本人が無意識に用いる「国語」という言葉を避けている節があります。大臣が、「国語」という言葉を

用いているのはすべて「国語力」という表現になった場合であり、それ以外の箇所では、「日本語」で通しています。大臣が意識して使い分けたのかどうかはわかりませんが、意識していたのではないかと思います。「国語」という精神性を強調した表現を避け、「日本語」という客観性の高い表現を敢えて選んだのだとすると、それはそれで立派な見識だと思います。私自身は、日本語に対する無用の思い入れから自由になるためにも「国語」という表現を避けています。

　いずれにしても、日本語教育が大切なことは言うまでもありません。基礎教育である小学校課程で、良い日本語の文章をたくさん読む、私は、それだけでも立派な日本語の教育につながると考えています。その意味から、「子どもの読書活動の推進」のような、子どもに読書の習慣を身につけさせる手立てを真剣に考えてもらいたいと願っています。

　以上、「戦略構想」の内容について、私の考えを示しました。「戦略構想」は、言語に関して日本が初めて打ち出した政策らしい提案です。これまで検討した限りでは、まだまだ改良の余地が大きいと言わなくてはなりませんが、同時に、そこには、日本の英語教育を変える可能性も潜んでいます。今後、「戦略構想」自体がどのように変化し、日本の英語教育にどのような効果をもたらすか、大いに注目したいと思います。

終章　日本における多言語使用の可能性

　ここまで、日本の英語教育に大きな影響を与えている問題について、その背後にある思想とその思想を支える基盤がいかに脆弱であるかについて考察してきました。そして、こうした基盤の建て直しが早急に求められているのですが、建て直し計画の目玉とも言える「小学校への英語導入」や「英語第二公用語化案」が、やはり脆弱な思想によりかかっていることもわかりました。このような点に現れる日本の政策的弱さは、言語に対する日本人の感覚の鈍さとそれがもたらす言語的曖昧さ、閉鎖的な思考法[182]にその一因があると思います。日本では、学校教育制度が整えられた明治以来、日本語以外の言語は常に外国語として位置づけられ、大部分の日本人にとっては不要不急の学習対象であり続けてきました。外国語が、使用の対象としてではなく、主として学習の対象としてのみ存在してきたという点は、日本人の他言語に対する意識に少なからぬ非現実性を添えることになりました。西洋人と見れば英語に結びつけようとする態度、目的の曖昧な英会話学習、受験対策のための英語授業、意味を犠牲にした外来語使用など、日本人の言語感覚を疑わせるものには事欠きません。2000年に登場した英語第二公用語論は、日本人の鈍磨した言語感覚に対する一種の覚醒剤としての役割を果たしました。しかし、皮肉にも、この英語第二公用語論自体が鈍磨した言語感覚の産物であり、その主張は驚くほどの認識不足に基づいています。

---

[182] たとえば、鈴木孝夫 (1995) は、「これまでの伝統的な相手同化型で受信中心的な英語教育を、相手「理解」型を加味した発信、自己説明型に改革すること」の必要性を訴えています。

いま、世界は、日本の混乱とは無関係に、その言語地図を大きく塗り替えようとしています。そして、地図の塗り替えを促すような言語意識の変化は、世界の至る所で休みなく進行しています。現在は、グローバリゼーションのもと、世界の危惧を誘うような英語一極化が進んでいますが、これとて永続的な流れとは言えないかも知れません。帝国は、強大になればなるほど、内部的な不統一が生まれやすくなります。たとえば、アメリカ合衆国が、将来、英語圏とスペイン語圏とに内部分裂する可能性がないとは言えないのです。また、中国語圏が、アジアを中心に一大勢力に発展する可能性も否定できないでしょう。目前に起こっていることを観察することは誰にでもできることですが、問題は、その観察をもとに未来について的確な予測と計画をたてられるかどうかということです。言語政策は、その国の将来を左右する重要な政治的課題です。これからの日本が、これまでの日本を手本にし続けることは、もはや通用しない時代になっています。船橋(2000b)に触れられているように、日本において複数の言語が用いられる可能性は、十分に想定できるのです。Raphael Confian (1997: 125) は、ある座談会[183]で、次のように述べました。

　しかし、現在の世界の動きをみれば、いかなる世界の民族も単一のアイデンティティを持って生きていくことはできない。もはやそれは不可能になった。グローバリゼーションによって、これは世界的規模で第二のユニフィケーション（統一）が起こっているからだ。この第二の世界の統一は、不可逆的な形で人口の移動を引き起こしています。(中略)日本におけるコリアンが、このコリアンとしてのアイデンティティを選ぶのか、日本人としてのアイデンティティを選ぶのか、それを二者択一的な形ではもはや出せないのではないか、同時に両方である

---

[183]　1996年10月10日に放映された NHK 教育テレビ・ETV 特集「民族の壁を越えて―クレオール文化の可能性」を指しています。

あり方も選べるのではないか、と思うのです。

　Confian にならって、グローバリゼーションを一種の世界統一だと考えると、その統一は、これまでの帝国主義とは、明らかにその性質が異なります。John Tomlinson(1997: 342) は、グローバリゼーションを1960年代までの近代を特徴づけてきた帝国主義に代わる運動として位置づけ、その特質を次のように説明しています。

　　グローバリゼーションは、この上なく一貫性がない、あるいは文化的目標をもたないプロセスであるという点で、帝国主義とは異なっている。確かに帝国主義は、経済的・政治的な意味では曖昧なものだが、少なくとも目的を持った企てという概念だけは含んでいる。つまり、ある権力中枢から地球全体に向かってひとつの社会体制が意図的に拡張されるという考え方である。一方「グローバリゼーション」という概念は、地球上のあらゆる地域の相互連絡や相互依存を意味するが、それは「帝国主義」の場合よりもはるかに無目的な方法で行われる。これらの作用は、経済的活動や文化的活動の結果として生じるものだが、そうした活動自体は決して世界統合などを目指しているわけではないのに、なぜかそういう結果を生み出してしまうのだ。さらに重要なのは、グローバリゼーションにはあらゆる国民国家の文化的一貫性を弱める効果があるということである。もちろんその中には、かつて「帝国主義の列強」と言われた経済的に強大な力を持つ国家も含まれている。（下線は、筆者）

　Confian の言う複合的アイデンティティも Tomlinson の言うグローバリゼーションの無目的性も、その意味するところは同じです。ただ、どちらにしろ、これからの日本は、否応なくこれらの渦の中に巻き込まれていくでしょう。そのとき、日本人は、自らの上にどのようなアイデンティテ

ィを見出しているのでしょうか。将来、日本人の多くが、日本語以外の言語をあやつる時代が訪れるのでしょうか。この問題に対する答えを探るために、ここで、日本と日本人の現実を言語の視点から確認してみましょう。

　言語と民族は、密接に結びついています[184]。「民族」という言葉は、一般に、特定文化への帰属意識を共有する人間集団を指して用いられます。言語は、その特定文化を構成する要素の中で、もっとも大きな比重を占めると言ってよいでしょう。普通、一つの民族は、一つの言語を所有しています。ここで「普通」と断ったのは、現在の国民国家的な枠組みの中では、世界の大部分の国が複数言語状態におかれているため、やむを得ず複数の言語を使用している民族も多いからです。この点、日本は、世界に希有の事例[185]となっています。すなわち、この国は、「日本＝日本語＝日本人」という等式がさほど違和感無く受け入れられるという意味で、言語的な均質度の高い国民構成となっているのです。これが例外的な存在であることは、「アメリカ＝アメリカ語(英語)＝アメリカ人」とか「中国＝中国語＝中国人」という等式が、現実を映していないことを考えれば、すぐに理解できます。

　言語と国民構成が単純な国は、国家を維持・発展させる上で、極めて有利な立場にあります。日本語は、近代語彙をよく発達させているために、法律、経済、情報工学、科学、教育、医学など、現代生活に必要なあらゆ

---

[184] 第1章でも触れたように、言語と民族の結びつきが緩やかな例も報告されています（渡邊日日、2000）。ただし、田中克彦（2000b: 50）は、「言語と民族を切り離し得る」という考えを言語帝国主義を支える思想として位置づけ、次のように述べています。「民族と言語とを切りはなしておけば、民族は言語にしばられることなく、自由に「文明の最良の形態」を示した言語を選ぶことになり、そのような言語はといえば帝国言語をおいて他にない。なぜなら帝国主義とは、結果によって原因を説明する方法を用いてその正当性を主張するイデオロギーのことだからである」

[185] A.D. Smith (1981: 9) の計算によると、民族的に均質と言えるのは、ポルトガル、ギリシャ、アイスランド、ノルウェー、マルタ、それから条件つきで旧西ドイツ、日本などといった、ひと握りの近代国家だけということになります。Smithは、この点を捉えて、「国民国家」という呼び名の不適当であることを指摘しています。

る領域に対応できるようになっています。その結果、われわれは、日本語であらゆる教育を受けることができるようになっているのですが、そのことの便利さにあまり気づいてはいません。しかし、地球上には、自分の言語で教育を受けることのできない民族が、数多くあるのです。恵まれた言語環境におかれている日本人は、この種の認識が希薄なところがあります。これまで検討を繰り返してきたALT問題、小学校への英語教育導入、あるいは英語第二公用語案は、そのいずれをとっても日本人の言語意識の低さを露呈しています。

　このように、「日本＝日本語＝日本人」という国家、言語、民族の単純な結びつき（が成り立つという錯覚）には、長所と短所が同居しています。先ほど指摘した言語意識の低さという問題は、その短所が表に現れたものと考えることができます。英語をリンガ・フランカあるいは「国際語」と呼ぶことについては、意見が分かれますが、現在の英語が世界の共通語の様相を呈していることについては、誰も否定できません。どの国にとっても、英語との関係をどのように結ぶかという問題は、言語政策上避けて通れない問題となっています。このような状況の中、複数の言語の中で日本語を捉えるという感覚が鍛えられていない日本人にとって、加速するグローバリゼーションと二人三脚の関係にある英語との間合いの取り方は、意外に難しい問題と言えるのかも知れません。そして、英語との距離の取り方は、そのまま、日本人の他言語に対する姿勢を決定します。現在の日本の英語教育は、こうした視点がすっぽり抜け落ちたまま進行しています。そのため、英語以外の言語の教育は、かけ声だけで、ほとんど無視された状況にあります。将来の日本の言語風景は、これからの英語教育をどのような考えと方法の下で進めていくかにかかっていると言っても過言ではありません。

　国民国家（nation state）は、「一定の領域を政治的に支配する、主権を備えた国家の住民が、国民的一体性の意識を共有している国家」[186]であると説明されます。ごく一部の事例を除いて、民族＝国家という意識を素朴な

形で維持しうる民族集団は、現代国家においてはほとんど存在しません。多くの国は、自国内に、政策的な対応が必要となるような複数の民族集団を抱えています。そうした国は、さまざまな葛藤の中で国家語や公用語を制定しなくてはなりません。そして、この問題は、なにもアフリカやアジアの旧植民地国に限ったことではありません。現代のフランスやアメリカ合衆国など、ほとんどの国家を悩ませている問題なのです。英語は、こうした各国の葛藤の中に進入してきて、それぞれの言語問題を、一方では複雑化し、一方では単純化しつつあると言えます。多言語主義は、言語間の平等よりもその階層化を促進する面があります。言語間の階層化と効率主義が結びつけば、単一言語主義が生まれます。現在、EUが直面しているのが、外国語である英語の台頭とその結果進行しつつある単一言語主義にどう対処するかという問題です。また、同様の問題は、世界中で観察されます。その具体的な例として、リベリアとスウェーデンを紹介しましょう。

　アフリカ西部に位置するリベリア共和国は、1822年米国から解放された奴隷が入植し、1847年に正式に独立した国です。以来今日まで150年以上が経過していますが、いわゆる植民地としての体験はありません。しかし、米国における奴隷として英語を強制されてきた入植者たちは、アフリカの新天地における建国に際して、今度は自分たちが支配者の役割を演じました。アメリカ系リベリア人（Americo-Liberians）と呼ばれた彼らは、土着の部族言語を無知、無教養の言語と決めつけ、持参の英語を西洋文明と政治的権力の表象として押しつけました。英語は、現在、リベリアにおける公用語として、西洋的な教育、政治、商業などの中心的機能を受け持つことにより、言語階層の頂点を占めています。こうしてリベリアにおける土着の言語は、多数の国民の母語でありながら、リベリア共和国という国民国家の下でかつての地位を失って今日に至っているのです。Bernard Ngovo

---

[186] 『世界民族事典』、東京：弘文社（2000: xvi）参照。

(1999: 44) は、その様子を次のように伝えています。

> リベリアの部族言語は、(新たにアメリカからやって来た) 植民者たちによって軽視された。また、国は、英語を公用語とする政策をとった。しかしその結果、こうした土着の言語が死に絶えたり、その社会的・文化的役割が弱められることはなかった。こうした言語は、今日でもなお、第一、第二、あるいは第三の言語として大多数のリベリア人、とりわけ読み書きのできないリベリア人によって話されている。

また、スウェーデンにおいて観察される英語の勢力拡大も、外見と規模は異なりますが、リベリア共和国における英語進出と相通じる面を持っています。スウェーデンの公用語は、スウェーデン語です。しかし、1930年代以降顕著になってきた移民受け入れ政策のために、現在では、国内で約140の言語を耳にすることができると言われています[187]。これらの周辺言語は、今日まで一定の教育上の保障を与えられてきましたが、第一外国語としての英語の勢力拡大は、スウェーデンにおける言語関係に少なからぬ影響を与え始めています。E. Cathrine Berg, *et al.* (2001) によると、英語はスウェーデンのエリート階層において既に圧倒的な優位にあり、近い将来の言語シフトを予感させるほどだということです。

以上、限られた例からも予想できるように、国内に複数の言語が共存するに至る経緯は、国ごとにそれぞれ違っています。現代の多言語社会は、その多くが、国民国家という逃げ場のない空間に取り込まれた複数の民族集団によって構成されています。別な言い方をするなら、国民国家は、そこに囲い込まれた複数の民族集団の協力と犠牲の上に成り立っているのです。ここでいう「協力」と「犠牲」は、表裏の関係にあります。うまく共

---

[187] 山下泰文 (1994) 参照。

同戦線をはることができ、国家の繁栄を享受しているときは、国民としての一体感が働きやすいものです。しかし、ひとたび不安定の状況が現出すると、各民族の権利意識が、犠牲的な精神を押さえ込んでしまいます。浅井信雄(1993: 15)は、民族の共生が紛争に至る関係をマンションと一軒家の比喩を用いて、次のように述べています。

> 民族の数を一万以上とする説をさきに書いたが、国家の数は国連加盟国が約180ヶ国である。(中略)仮にこの数字をもとにすれば、どの国家も複数の民族を抱えているか、むしろどの国家にも多数の民族が共生しているのが、国家の普通の姿と言える。ちょうどマンション棟の各部屋に複数の民族が別れて住んでいるのに似ているが、どれかの民族が「気心の知れた」者だけで一軒家に住みたいと言い始めるときに、民族紛争が芽生える。

近代の日本人は、民族紛争につながるような言語上あるいは宗教上の対立を経験したことがありません。明治以降の植民地政策は、アイヌや沖縄はもとより、併合の対象となった朝鮮や台湾に距離を持って相対する余裕を持っていませんでした。言語政策だけを見ても、「併呑・同化」というしかないような日本語化政策を押しつけました。小熊英二(2000: 57)から、国民国家形成期の日本の様子を描写した箇所を一部借用します。

> 日本においては、国民国家形成と植民地領有が不分明のまま連続していた。憲法制定や沖縄県の設置と、台湾や朝鮮の領有が時間的に連続していた。(中略)当時の政策担当者や教員、あるいは知識人やマスメディアにとって、国民国家形成と植民地領有、言語政策でいえば「標準語普及」と「宗主国語教育」は、明確に分けられるものではなかった。

小熊は、『単一民族神話の起源』(1995)において、日本人の心に「単一民族神話」が生まれていく様子を詳しく検証しています。小熊は、敢えて「神話」ということばを用いることによって、日本語という「単一言語使用」に依拠した「日本＝日本語＝日本人」という思い込みからの脱却を訴えています。小熊によれば、神話化の本質とは、「他者とむかいあって対応をはかる煩わしさと怖れから逃避し、現在にあてはめたい自分の手持ちの類型を歴史として投影すること」(404)と説明されます。その上で、われわれ自身をあらゆる神話の外に置くことの重要性が説かれています。小熊は、この労作を、「異なる者と共存するのに、神話は必要ない。必要なものは、少しばかりの強さと、叡智である」(404)という言葉で締めくくっています。

全ての誤謬は、自己の経験と知識を過信することから始まります。同様に、「主義」への盲目的荷担は、自己の経験と知識に対する不信から生まれます。われわれは、この双方から自由でなければなりません。しかし、そのために必要な「少しばかりの強さと叡智」を手に入れるのは、さほど簡単なことではないかも知れません。よく言われる日本人のバイリンガル願望も、こうした過信と不信の交錯した感情が紡ぎ出す幻影のようなものです。それでは、なぜそれが幻影であり、その幻影によりかかっていることが、なぜ、強さと叡智の対極に置かれることになるのでしょうか。その点を、バイリンガルの本当の意味を考えることによって確認しようと思います。

一般にバイリンガル状態は、土着の言語、すなわちある民族の言語が外部からの進入言語との共存を余儀なくされる場合に生まれます。バイリンガル状態は、出合った二言語がまったく対等の関係で向き合うのではなく、二言語の間に生まれる力関係によって支えられるのが普通です。この関係は、典型的には、植民地における支配・被支配の枠組みにおいて観察されます。その場合、バイリンガルとなるのは主として弱小言語集団であり、支配的地位にある言語集団が自ら進んでバイリンガルになるということはまず起こりません[188]。このように、一般にバイリンガル国家あるいは多言

語国家と呼ばれている言語共同体においても、その国民の全てがバイリンガルというわけではありません。すなわち、バイリンガル社会とは、そこに住む人たちがバイリンガルであるというよりも、バイリンガルに対して一定の役割を与えている社会、と考えた方がよいでしょう。その場合のバイリンガルは、P.G. Djité (1990) が旧仏領アフリカの公用語となっているフランス語について語ったように、決して望ましい存在というわけではなく、さまざまな理由からやむを得ず生まれている「必要悪」(mal necessaire) であるかも知れないのです。

それでは、いま述べた、バイリンガルの社会的役割がどんなものであるのかについて考えてみましょう。「言語は二言語使用者(バイリンガル話者)によってお互いに結びついており、バイリンガル・システムは力関係によって決定される」と述べたのは、Louis-Jean Calvet (2000b: 30) でした。一人の人間が二つ（以上）の言語を用いる場合、それらの言語に対して同一の役割を与えるということは少なく、大抵の場合、場所、目的、相手などの条件によって使い分けています。こうした使い分けが言語社会全体で起こってくるとき、それは社会バイリンガリズムと呼ばれます。バイリンガル社会あるいは多言語社会では、複数の言語の間でその役割分担が行われるわけですが、その言語社会が安定的に機能するためには一定のシステムが必要となります。Calvetは、各言語の力関係がこのシステムを決定づけると述べたわけです。

言語の力関係は、端的に言うなら、各言語が、当該社会において、個々

---

[188] 国力と言語のステータスが逆になっている興味深いケースが、初期のローマ帝国において観察されます。第一次ポエニ戦役後（紀元前241〜）、ローマの良家の子弟たちを中心に、いわゆる「ギリシア文化熱」の時代が訪れました。彼らは、ギリシア語習得のために、こぞって、ローマの傘下（友邦関係）に入ったシラクサ（シチリア島にあるギリシア民族の国）を目指しました。このときのギリシア語とラテン語は、国家間の関係とは逆の階層関係にあったものと考えられます（塩野七生、2002: 101、『ローマ人の物語：ハンニバル戦記（上）』、新潮文庫版参照）。

人の学業や就業といった社会的上昇の機会にどの程度関わってくるかによって決定されます。たとえば、アメリカにおけるスペイン語系移民は、英語ができなければ、高等教育や高収入につながる社会的上昇の機会を極端に制限されることになります。彼らにとって最も大切な言語はスペイン語のはずですが、アメリカ社会における力関係では、英語が上位に位置づけられることになるのです。個々のスペイン語系移民にとっては、自分の中で英語の占める役割が大きくなればそれだけ社会的上昇の機会が増えるため、第一言語であるスペイン語を犠牲にする形で英語を習得するという、いわゆる減算バイリンガリズム（subtractive bilingualism）が起こりやすい状態にあると言えます[189]。

これに対して、英語を第一言語とするアメリカ人の場合はどうでしょうか。彼らがアメリカ社会で暮らす限り、どの言語とのバイリンガルであっても、第一言語である英語の役割が縮小されるということはありません。彼らの場合は、常に「英語＋α」の加算バイリンガリズム（additive bilingualism）が保障されていると言ってもよいでしょう。それは、日本人の英語学習と本質的には同じであり、第二言語の未習得が彼らの社会的上昇を妨げる度合いは、アメリカのスペイン語系移民の英語未習得の場合にくらべてはるかに小さいと考えられます。そのせいかどうか、英語を第一言語とするアメリカ人やイギリス人は、一般に、外国語が不得手であるとか外国語学習に不熱心であるとか言われています。日本人の英語下手も同根で、その原因の一つは、日本の社会における英語の役割の低さにあると考えてよいでしょう。2000年に登場した英語第二公用語論は、端的に言ってしまえば、英語を公用語にすることによって生じる英語の社会的役割（＝強制力）の援けを借りて、日本人の英語下手を解消しようとする目論見です。しか

---

[189] アメリカにおける減算バイリンガリズム、あるいは類似のケースについては多くの報告があります。とくに、Leanne Hinton (1999) には、その典型例が紹介されています。

し、この発想が、言語使用の本質から外れていることは、これまでの指摘で明らかであると思います。それは、スペイン語を第二公用語にすれば外国語音痴のアメリカ人（英語母語話者）もスペイン語がうまくなるだろう、と言っているのと同じで、その乱暴さは議論の余地もないほどです。

　日本人には、バイリンガルに対する強い憧れがあると言われています。もっともバイリンガルに憧れる気持ちは、なにも日本人に限らないでしょう。複数の言語を自由に操りたいというのは、国際化の進行している現在では、特に風変わりな願望というわけではありません。ただ、外国人やバイリンガルたちと日常的に接する機会の乏しい日本人の場合、バイリンガルを特別視する傾向が強いことも事実です。それは、帰国子女に対する羨望とその裏返しの差別、分別を欠いたネイティブ・スピーカー崇拝、英会話学校の隆盛などと密接な関係があります。それらについては、これまでの各章で何度か触れた通りです。また、これに関する説明は、たとえば、Douglas Lummis (1975)、津田幸男 (1990)、マークス寿子 (1995) など多くの文献に見られるので、ここでは指摘するにとどめます。

　ところで、人がバイリンガルであることは自然なことかと問われれば、それは、モノリンガルであると同様に自然なことだと答える以外にありません。多くの人は、モノリンガルに生まれ落ち、モノリンガルのままで一生を終わります。その一方で、これまた多くの人が、生涯の大部分をバイリンガルあるいはマルチリンガルで過ごすのです。複数の言語が接触しあう場所に暮らす人々は、不可避の成り行きとして必要な数の言語を習得していきます。バイリンガルを強いる環境が悲惨なことはあり得ますが、バイリンガルであるということ自体は、幸福なことでも不幸なことでもないと言えるでしょう。同様に、モノリンガルであるからといって人生が不幸になるというものでもありません。獲得された言語の数は、それが環境がもたらす「自然な」結果である限り、当人にとっては生活そのものである他はありません。そして生活の運不運は、話す言語の数とは関係がないのです。

終章　日本における多言語使用の可能性　*231*

　Charlotte Hoffmann（2000）は、ヨーロッパにおいて進行している第三の言語としての英語を「学校バイリンガリズム」(school bilingualism) と呼んで、環境が強制するバイリンガリズム[190]と区別して説明しています。大陸ヨーロッパは、非英語国の集合体です。そのヨーロッパで、英語学習が盛んになっているのです。EUが複数言語主義を標榜している現在、この流れが逆行するとは考えにくいと思います。EU加盟国の間では、将来の「ヨーロッパ人」として「母語＋二言語」の獲得が目標となっており、小学校における外国語プログラム策定の基本方針となっています。英語は、その二言語の一つとして選ばれるのです。EU側の理想としては、たとえばフランス国民を例に取れば、「フランス語（第一言語）＋ドイツ語＋イタリア語」とか、悪くても「フランス語＋ドイツ語＋英語」であって欲しいのですが、現実には英語の勢力は大きく、第二の言語として選ばれることがしばしば起こります。また、EUを取り巻くヨーロッパ諸国、とくに旧東欧諸国では、1991年の旧ソ連崩壊を契機に外国語学習の比重が大きく英語に傾いたという事情があり、ヨーロッパ全体の英語学習熱は過去に例がないほどに高まっていると言ってよいでしょう。

　Hoffmannのいう「学校バイリンガリズム」は、ヨーロッパのさまざまな場面で登場し始めた庶民レベルの「新しい英語」[191]を意識したものです。これらの英語の話し手は、自分たちの第一言語として、あるいは、「家庭バイリンガリズム」(family bilingualism) の結果として英語を身につけている

---

[190] Hoffmannは、これを「家庭バイリンガリズム」(family bilingualism) と呼んでいます。また、バイリンガリズムの二つの区別は、Max K. Adler (1977) による「生まれながらの (ascribed)」バイリンガリズムと「努力して獲得された (achieved)」バイリンガリズムという区分に端を発しています。両者は、それぞれ、'additional languages naturally acquired' および 'additional languages institutionally learned' として説明されています。

[191] Allan R. James (2000) は、Alpine-Adriatic Englishを取り上げ、リンガ・フランカとしての「新種」の英語が、社会言語学の新しい研究領域となりつつあることを示しています。

のではありません。彼らは、また、「知識層バイリンガリズム」(elite bilingualism) と呼ばれる、高等教育の成功者としての選民でもありません。彼らの話す英語は、学校における一般的な外国語教育の落とし子としての英語 (Allan R. James, 2000: 31) であり、教育から得た知識を下地にして実践を通して練り上げた類のものです。それは、話し言葉であり、かつ、必要に応じて場当たり的に使用されるという特徴を持っており、いわゆる「正しいイギリス英語」や「正しいアメリカ英語」とは異なる独特の用法を生みつつあると言われています。

このように、ヨーロッパにおける英語は、第三、あるいは第二の言語として、さらにはリンガ・フランカとしての地位を獲得しつつあります。この新しい英語は、現在のところ、ヨーロッパのあちこちで散発的に観察されているに過ぎません。しかし、これからは国境を越えた交流がこれまで以上に加速するでしょうから、この種の英語の使用される場もそれに応じて拡大していくと予想されます。こうして招来される英語学習熱の一層の高まりは、英語教育の制度化を促すことになり、結果として新しい英語をさらに安定したものにしていくと考えられます。このシナリオが実現すると、将来のヨーロッパの言語風景は、現在とはかなり変わったものとなるはずです。すなわち、第一言語としての話し手をほとんど持たない「ヨーロッパ英語」なるものが、ヨーロッパ人の生活のあちこちに浮遊するように存在することになります。ヨーロッパ人は、その浮遊物としての英語を、必要に応じて自分たちの日常のなかに取り込むことになります。もちろん、彼らの日常生活の中心は、あくまで各自の第一言語によって営まれるのです。こうして、ヨーロッパにおける英語は、近い将来、新しい種類のバイリンガリズムの基軸言語としての役割を担うことが予想されます。

ところで、このシナリオは、日本にもあてはまるのでしょうか。私は、その可能性は、大きいと考えています。そして、それは、もう始まっていると思います。たとえば、2002年のワールドカップに出場した各国のサッカーチームの監督の顔ぶれを振り返ってみましょう。大部分は、自国出身

の監督でしたが、その中で日本代表チームの監督は、フランス人でしたし、韓国代表チームの監督は、オランダ人でした。次期日本代表チームの監督には、ブラジル人が選ばれました。これは、現在のサッカーの中心がヨーロッパと南米にあるからだとも説明できますが、理由はそれだけではないと思います。こうしたことがさほど抵抗なく起こるのは、世界中が言語的な障壁を気にかけなくなってきていることの現れ[192]だと思います。因みに、イギリス代表チームの監督はスウェーデン人で、外国人監督を迎えるのはイギリスのサッカー史上初めてのことでした。

　必要ならば、通訳を通して、場合によっては共通語を用いて必要な仕事をこなすという積極的な姿勢は、現在では決して珍しいものではありません。日本の自動車会社だけでも、三社が外国人社長をいただいています。当然ながら、この人たちと共に日本で働き始める外国人も増えていきます。こうした会社では、自然に、英語やフランス語、ドイツ語といった言語が、日本語と共に使われるようになります。そこに働く日本人社員も、必要に応じてそうした外国語を習い覚えていくことになります。もちろん、外国から日本にやってきた人たちも、必要に応じて日本語を習得していくでしょう。日本において、将来、二言語使用あるいは複数言語使用が生まれるとすれば、およそ、このような形で進行していくのではないでしょうか。

　EUを中心にヨーロッパで進行している言語障壁の撤去作業は、ベルリンの壁の打ち壊しにも似て、かなりの力仕事と言わなくてはなりません。しかし、ベルリンの壁の崩壊に象徴される東西冷戦の終結が、歴史の必然

---

[192]　これに対しては、サッカーの世界もヨーロッパ中心主義に傾いているという批判も成り立ちます。その意味から、日本や韓国がヨーロッパ人の監督を招くのは、グローバリゼーションの一例と解釈することもできます。今福龍太は、「フットボールの快楽」と題した寄稿文の中で、2002年のワールドカップの試合に見られたヨーロッパ型の合理主義、勝利至上主義を批判し、「勝敗原理の支配のなかでわたしたちのフットボール観戦の文法がいかに抑圧されているか」を指摘しています（『日本経済新聞』、2002年6月30日付け朝刊）。

として捉えられる側面を持っているのと同様に、ことばの壁もいつか自然に取り除かれていくことになるのでしょう。ECの「言語パスポート」(Language Passport)あるいは「ヨーロッパ言語明細」(the European Language Portfolio)というアイディアやEUの多言語政策は、いわば、ことばの壁を打ち壊すための官製の道具のようなものです。しかし、言語は、このような道具にしばられてじっと指示を待っているようなものではありません。言語は、われわれの気づかぬところで、いつも気ままに振る舞っているのです。

また、ことばの壁という表現は、象徴的な意味を持つことはできますが、ベルリンの壁のように目の前に立ちはだかる物理的な障害の役目を果たすことはできません。さらに、ことばの壁という表現には、誤解を招く部分があります。ベルリンの壁は、文字通り東西ベルリンの間に立ちはだかっていたのですが、ことばの壁は、二つの言語の間に互いを遮断する障害物があるということではありません。異なる二つの言語の出会いが、混乱の果てに越えがたい壁を形成するというわけではないのです。事実は、むしろ逆で、出会った二つの言語は、互いの距離を測りながら、音声、語彙、文法などあらゆる面で影響を与えあっていきます。例えば、日本語がそうです。原始日本語に漢字が取り入れられていったのは、5〜6世紀のことです(大野晋、1994: 4)。その結果、現代日本語は、とくに音声と語彙の面で、中国語からの影響が歴然と観察される言語に変質してしまっています。このように、二つの言語が出会うと、対等な関係で折り合いをつけるのではなく、水が高いところから低いところへと流れるように、上位の言語から下位の言語へと影響が及ぶのが一般です。このように考えると、「美しい日本語を守れ」とか「日本語の乱れ」というスローガンが、美しい誤解に基づいた言語イデオロギーであることがよくわかります。

われわれは、これまで、ことばの壁という表現に必要以上に惑わされていたのかも知れません。あらゆることを地球規模で考えなくてはならなくなった今日、この表現は、すでにその居場所を失いつつあると言えるのか

も知れません。人はもちろん、あらゆるものが、既成概念にとらわれることなく、自由に国境を越えようとしています。私は、先に、英語をグローバリゼーションの先兵と表現しましたが、そうではなくて、言語よりも先に人や物が交流を活発にし、言語は、その交流をさらに活発にし円滑にするためにそれら事物の周辺を走り回っているといった方がよいでしょう。その意味では、外国語教育の振興は、どの国にとっても大きな戦略的意味を持ってきます。

　2002年7月8日、アフリカ統一機構(OAU)加盟53ヶ国の首脳が、南アフリカのダーバンに集まりました。「アフリカ連合（AU）」の発足[193]です。欧州連合(EU)型の共同体を構築し、経済交流を通じた開発や政治対話による紛争の予防・解決を目指し、日米欧からの投資や援助を引き出す狙いということです。これに先立つ2002年6月末のカナナスキス・サミット（カナダ）では、南アフリカ共和国やナイジェリアがまとめた汚職の根絶などを目指す「アフリカ開発のための新パートナーシップ(NEPAD)」が評価され、支援を大幅に拡大するという合意が示されました。AUはNEPADを具体化する組織として経済面での専門機関として「アフリカ通貨基金（AMF）」や投資銀行などを設立するほか約二十年かけ通貨統合も目指しているそうです。

　アフリカ連合の登場は、グローバリゼーションが、文字通り、世界中の統一を意味していることを象徴しています。この波は、やがてアジア地域を巻き込むことは必定です。タイ、マレーシア、フィリピン、インドネシア、シンガポールの5ヶ国からなる東南アジア連合(ASEAN)が誕生したのは、1967年8月のことでした。当時は、反共を公言するこれら5ヶ国が、ベトナムを挟んで中国と対立するという構図が生まれていました。いきおい、アメリカの強い影響のもとで、ベトナム越しに中国と対立するという

---

[193] 公式には、翌2002年7月9日をもって発足しました。AUに関する記述については、『日本経済新聞』(2002年7月9日付け朝刊)を参照。

反共軍事同盟の性格を帯びることになりました。この構図が崩れた今日、各国は、より大きな連携の可能性を探っています。

　ヨーロッパ連合の構想が始めて打ち出されたのは、1929年のことです。当時のフランス外相アリスティード・ブリアンは、ジュネーブの国際連盟で、「われわれはみな同じヨーロッパの民であり、地理的にも相集まって暮らしている民族同士で連邦をつくれないはずがない」[194]と述べましたが、その夢を実現に結びつけるような状況は全くありませんでした。しかし、その半世紀後の世界は、欧州共同体（EC）の誕生を見ることになりました。EUは、東西冷戦の終結と共に、ECの役割を深化、拡大する目的で1993年に成立しました。ブリアンの構想から、64年後のことです。EU加盟国は、現在、15ヶ国となっていますが、今後、この数が増えていくことが予想されています。旧東欧諸国やトルコ共和国など、経済や政治の基盤が整っていない国々の中にも、加盟に向けて準備を進めている国は少なくありません[195]。われわれがヨーロッパの新しい舞台装置を見るのに、ブリアンの64年は、もはや必要ありません。

　アジアも、この例外であることはできないでしょう。ここで仮に、日本や中国、韓国、オーストラリア、ニュージーランドなどを加えたアジア連合を、アジア・オセアニア連合（AOU）と呼ぶことにします。もちろん、そのAOUが誕生するのにどのくらいの時間がかかるのかは、今の段階ではわかりません。しかし、その成立可能性は、確実に高まっていると思います。たとえAOUが生まれなくても、類似の連帯は、必ず誕生するでしょう。グローバリゼーションの流れを逆行させることができないとすると、世界

---

[194]　『20世紀全記録』、東京：講談社（1991: 422）参照。
[195]　EUは、2004年5月を目途に25ヶ国体制を発足させます。東欧諸国を中心に一挙に10ヶ国が同時加盟する予定ですが、その正式決定のためのEU首脳会議が2002年12月、コペンハーゲンで開かれました。一方、トルコに対しては、「2004年12月までにEUの基準を満たせば交渉を開始する」と回答しています（『日本経済新聞』、2002年12月14日付け朝刊参照）。

は、その行き着く先を見守るしかありません。ただし、現在のグローバリゼーションは、Confian や Tomlinson の指摘にもあるとおり、多様性を前提にしたものとなりそうです。グローバリゼーションによって引き起こされる 'unification' や 'unilingualism' は、「統一」とか「単一言語主義」という言葉が持つ狭い概念を超えたところで進行していると考えた方がよいでしょう。

　既に述べたように、私は、近い将来、日本において複数の言語が使用される日が来ると考えています。しかし、私は、そのときのために英語を公用語に指定して国民の英語力を底上げしようとか、早期英語教育によって子供たちを英語漬けにすればよいと考えているわけではありません。そのような強引な手法は、言語習得には馴染まないものです。言語の習得は、どこまでも「自然」でなければなりません。日本人が、自ら進んで外国語学習の必要性を認識するとき、初めて学習の効果が高まります。そして、日本人がその必要性を認識する環境は、すでに十分に整っています。必要なものは、意識の覚醒と、明確な外国語教育政策に基づいたほんの少しの改革だけなのです。そして、この意識の覚醒と外国語教育への政策的な取組みは、別物ではありません。同時に、それは、意外と手強い相手かも知れません。イ・ヨンスク (1996: 339) は、日本人の多言語使用を妨げている理由を、次のように説明しています。

> 「国語＝日本国民の母語」という等式は、いまだに疑われていない。まるで、「日本人」はすべて、「国語＝日本語」を母語とすることが自明の事実であるかのようである。このような思考法は、日本語を母語とする定住外国人や、学校教育で日本語を「国語」として強制される外国人の存在を見えないものにしてしまう。「国語」という概念そのものが、日本における「多言語主義」を不可能なものにしているのである。

　残念ながら、われわれは、イ・ヨンスクによって指摘された意識の壁を

未だに越えることができないでいます。それを証拠立てる事件は、枚挙にいとまがありません。最近の事例を一つだけ示しましょう。それは、滋賀県の県営住宅の入居をめぐって、行政側と在日外国人との間に起こったトラブルです。新聞記事[196]の一部を引用します。

「日本語が話せない」という理由だけで滋賀県が、日系ブラジル人ら外国人を県営住宅の募集対象から除外していることが分かった。公営住宅の運営などを定めた公営住宅法は日本語能力を入居基準にしていないが、県は独自の要領を設けて申し込みを拒否。支援グループは「税金を払っているのに、公共サービスが受けられないのはおかしい」と批判しており、国松善次知事は10日、「国際化の時代に合わない」として要領を見直す考えを明らかにした。

担当者が外国人の入居申し込みを拒否した理由は、彼らの日本語能力の欠如とそのために「起こるかも知れない」あるいは「起こるであろう」と担当者自身が判断した「近隣住民とのトラブル」ということのようです。この事件の意味するところは、明らかです。ただ、ここに見られる閉鎖性は、なにも日本人だけのものというわけではありません。米国、フランス、イギリス、ドイツ……と、世界の至る所で同様の問題が観察されます。もっとも、暗い面ばかりが現れているわけではありません。この閉鎖性の一方で、「戦略構想」や滋賀県知事の対応に見られるような、ある種の解放性が日本人の間に生まれつつあることも事実です。もちろん、知事と同じように感じる日本人が、イ・ヨンスクの言う「国語」のしがらみを意識したり、それから自由になることによって多言語社会を迎えようと思っているわけではないでしょう。しかし、このような開放的な精神は、理屈を抜き

---

[196] 『毎日新聞』、2002年7月11日付け朝刊。

にして育てることができるのです。人間の判断は、自己の経験の外にでることはできません。判断の豊かさを保障するためには、自らの経験を豊かにするより他にありません。こと教育に関するかぎり、行政側の行う判断は、十分な経験と確かな知恵と少しばかりの勇気を土台にしたもっとも豊かな判断でなければなりません。'The teaching will have to be provided as a matter of professional responsibility not just as an expression of interest' という Keith Sharpe (2000: 111) の言葉が、改めて思い起こされます。本書が、外国語教育の政策的見直しを訴える理由も、また、この点にあるのです。

資　料

【資料1：JETプログラム】（この資料は、文部科学省のホームページを利用して作成したもので、編集上の異同はありますが、原典との内容上の相違はありません）

JETプログラムの概要
＊事業趣旨

　JETプログラムは、地方公共団体（都道府県、政令指定都市及び市町村）等が外国青年を招致する事業であり、外国語教育の充実を図るとともに、地域レベルでの国際交流を推進することを目的としています。

　来日する参加者は、日本全国の学校で外国語を教えたり、各自治体における国際交流活動に携わることにより、地域の住民とさまざまな形で交流を深めています。このようにして、諸外国との相互理解を増進するとともに、日本の国際化の促進に資することが期待されています。

＊事業主体

　事業主体は、地方公共団体ですが、要望があれば私立学校にもあっせん配置をします。

　現在、すべての都道府県・政令指定都市を含む地方公共団体等が参加者を受け入れています。事業主体（契約団体）ごとの参加者の具体的な配置とその活用については、知事又は市長村長等が自主的に定める配置活用計画によっています。

JETプログラムにおける三省の役割

　JETプログラムは、地方公共団体をはじめ総務省、外務省、文部科学省、（財）自治体国際化協会（CLAIR）が協力して推進しています。三省は次のような役割を果たしています。

＊総務省（国別招致計画・財源）

　総務省は、配置活用計画をとりまとめ、総務省、文部科学省、外務省とCLAIR

(the Council of Local Authorities for International Relations) により構成された国際化推進連合協議会において協議のうえ、国別の招致人数を定めた国別招致計画を策定します。また、参加者の報酬、旅費等本事業の所要財源を地方交付税において措置します。

＊外務省（募集・選考）
　外務省は、国別招致計画に基づき、在外公館を通じて、参加者の募集・選考の事務を行います。その配置決定の確認は、前記連合協議会で行われます。

＊文部科学省（ALTへのオリエンテーション、カウンセリング）
　ALT(外国語指導助手)に対する、学校教育研修、指導及びカウンセリングを行います。

JETプログラムにおけるCLAIRの役割
＊事業内容
　JETプログラムの目的を達成するため、CLAIRでは三省との連絡調整、配置活用計画に基づく参加者の契約団体（地方公共団体等）へのあっせん・配置、契約団体への助言・指導、参加者に対するオリエンテーション・研修、カウンセリング及びJETプログラムに係る広報活動等を担当しています。
＜CLAIRの業務＞
　(1) 参加者の募集・選考に関する関係省庁との連絡調整
　(2) 参加者の地方公共団体等へのあっせん・配置
　(3) 参加者の赴任時の渡航調整
　(4) 参加者へのオリエンテーション及び各種研修の企画・実施
　(5) 研修資料の作成（日本語カセットテープ等）
　(6) 地方公共団体等に対する助言、指導
　(7) 参加者のカウンセリング
　(8) 各種ハンドブックや機関誌等の発行
　(9) 事業に関する広報活動
　(10) 日本語教育研修の実施
＜会員・財源＞
　JETプログラムの実施に関し、会員(正会員：都道府県・政令指定都市、特別会員：

市町村等）を置き、JETプログラムの運営は会員からの会費（団体割会費及び人員割会費）並びに（財）日本宝くじ協会からの助成金により賄われています。

＊あっせん
　参加者の各契約団体へのあっせんは、配置活用計画及び国別招致計画に基づいて、CLAIRが行います。

＊オリエンテーション
　CLAIRは地方公共団体、三省と協力して、次のようなオリエンテーション・研修を実施しています。

研修名	主催・時期	目的・対象
来日直後オリエンテーション	CLAIR、三省 4月上旬・7月・8月下旬	来日直後の生活及び勤務に役立つ知識・情報を提供し、以後の生活・勤務を円滑なものにすることによって本事業の充実を図ります。 新規来日者を対象とします。
中間研修	CLAIR、文部科学省、総務省、各都道府県・政令指定都市 10月～1月上旬	勤務期間の中途で、生活及び勤務に役立つ知識・技術・情報を提供し、以後の生活・勤務をより円滑にすることによって本事業の充実を図ります。 全参加者を対象とします。
再契約予定者研修	CLAIR、文部科学省、総務省 5月～6月頃	再契約者としての生活及び勤務に役立つより高度な知識・技術・情報を提供し、新たな契約年度に当たっての任務を再認識させます。 前年度来日した契約更新者を対象とします。

帰国前研修	CLAIR 3月上旬	帰国後の生活に関する情報・心構えを提供し、母国の産業界の関係者からの情報提供をすることにより、帰国後の生活の充実とJETプログラム終了後の進路決定に役立てます。 帰国予定者のうち希望者を対象とします。

※日程等については、今後変更されることがあります。

＊カウンセリング体制
　参加者の職務上、生活上での相談に応じ、JETプログラムの円滑な推進を目的として、次のとおりカウンセリング体制を整備しています。
＜契約団体の役割＞
　参加者の上司や同僚が、日常の職務を通じて十分な意思疎通を行うとともに、相談に対しては十分な説明と話合いによる解決をはかります。
＜取りまとめ団体の役割＞
　カウンセリング担当者が契約団体や参加者からの相談に対応し、問題解決へ向けて援助するとともに、CLAIR、その他関係機関との連絡にあたります。
　また各取りまとめ団体に、2名以上のカウンセリング担当者（PA: Prefectural Advisor）を設置しています。
＜CLAIRの役割＞
　取りまとめ団体で対応が困難な問題や、参加者が直接相談したい事項への対応のため、JETプログラム経験者である外国人スタッフ（プログラム・コーディネーター＝PC）9名を配置しています。彼らは定期的に専門のカウンセラーを招いて、カウンセリングの基本理論と技法を学んでいます。さらに、日本人スタッフと連携をとりながら、直接参加者からの相談に応じるとともに、取りまとめ団体からの相談にも応じています。
　また、日常的なカウンセリング体制を充実させ、中途退職者等の未然防止、不測の事態への円滑な対応ができるよう、取りまとめ団体のカウンセリング担当者等を対象に、カウンセリング担当者研修会を開催しています。
　研修会では、カウンセリングの基本理論、カウンセリング技法、心構えなどの研修を、ロールプレイ、ディスカッションを含め専門カウンセラーの指導の下に

行っています。
＜専門カウンセラーとの連携＞
　CLAIRでは、このようなカウンセリング体制の強化のため、専門カウンセラーと連携し、困難なケースに対応しています。また、定期的に会合を開き（カウンセリングシステム委員会）、システムの構築、ケーススタディ等を行っています。

＊専門委員会
　JETプログラムの円滑な運営を図るため、関係行政機関や地方公共団体の担当者、学識経験者から構成される、次の専門委員会が設置されています。
①運営専門委員会
JETプログラム実施計画案の作成に関すること
②あっせん専門委員会
外国青年の地方公共団体等へのあっせん方針及びあっせん案の作成に関すること
③カウンセリング・研修専門委員会
参加者のオリエンテーション・研修、福利厚生及びカウンセリングに関すること

＊日本語学習
＜目的＞
　参加者に対し、日本語能力の向上と帰国後における日本語の普及等を通じた対日理解の促進を図るため、CLAIRでは次のような継続的・体系的な日本語学習の機会を提供しています。
＜内容＞

講座名	JETプログラム日本語講座（初級・中級・上級コース）
研修期間	6ヶ月
研修内容	初級・中級・上級の3講座から、自己の日本語力にあったレベルを選択します。受講者は、毎月送付されるテキストと音声教材を学習し、マークシート方式あるいは添削方式による月次テストを提出。採点結果は後日、本人あてに通知されます。本講座では、青年の日常生活におけるコミュニケーションを円滑にするための日本語を中心に解説します。

講座名	JET プログラム日本語講座（言語・教育コース）	
研修種別	通信研修	集合研修
研修期間	9ヶ月	2週間
研修内容	受講者は、6週毎に送付されるテキストと音声教材を学習し、タスクシートによる演習結果を提出します。提出されたタスクシートは、日本語教育の専門家により添削され、本人に返送されます。本講座では、日本語について言語学的観点から考察するとともに、教育技法についても解説します。	受講者は、全国市町村国際文化研修所（滋賀県大津市）において、協会と同研修所の共催により日本語教育技法等の実習を行います。

講座名	JET プログラム日本語講座（翻訳・通訳コース）	
研修種別	通信研修	集合研修
研修期間	6ヶ月	1週間
研修内容	受講者は、毎月送付されるテキストと音声教材を学習し、月次テストを提出します。提出されたテストは添削され、本人に返送されます。本コースでは、翻訳・通訳業務に必要な基本的知識や技法について解説します。	受講者は、東京において、主に通訳技法を中心とた実習を行います。

＊地方公共団体に対する支援

　JET プログラムを円滑に実施するためには、地方公共団体との緊密な連携が不可欠です。CLAIR では各種問い合わせに関して助言・指導等を行うとともに、団体の実務担当者を対象に各種研修教材、マニュアル等の作成・配布や、機関誌を通じての各種情報を提供しています。また CLAIR が各種会議を開催する他、各取りまとめ団体（都道府県・政令指定都市）が、管内の契約団体を対象に行うセミナーに対して支援を行っています。

参加者の職務内容・処遇

＊参加者の職務内容
　参加者の職種は、国際交流員(スポーツ国際交流員を含む)、外国語指導助手の2種類があります。応募者はいずれか1つの職種(併願不可)にのみ応募することができます。

＊国際交流員
　国際交流員には、地方公共団体の国際交流担当部局等で国際交流活動に従事する国際交流員（CIR: Coordinator for International Relations）と、スポーツを通じた国際交流を行うスポーツ国際交流員（SEA: Sports Exchange Advisor）があります。

和文職名	国際交流員
英文職名	CIR: Coordinator for International Relations
配　属	地方公共団体の国際交流担当部局等
職務内容	1．契約団体の国際交流関係事務の補助（外国語刊行物等の編集・翻訳・監修、国際交流事業の企画・立案及び実施に当たっての協力・助言、外国からの訪問客の接遇、イベント等の際の通訳等） 2．契約団体の職員、地域住民に対する語学指導への協力 3．地域の民間国際交流団体の事業活動に対する助言、参画 4．地域住民の異文化理解のための交流活動への協力 5．その他

和文職名	スポーツ国際交流員
英文職名	SEA: Sports Exchange Advisor
配　属	地方公共団体の関係部署等
職務内容	1．契約団体のスポーツ指導事務の補助（スポーツ事業の企画・立案及び実施に当たっての協力、助言等） 2．地域における優秀な選手等に対するスポーツ指導への協力 3．地方公共団体の職員、地域住民に対するスポーツ指導への協力 4．地域の民間国際交流団体のスポーツ事業活動に対する助言、参画 5．その他

＊外国語指導助手（英語・仏語・独語・中国語・韓国語）

外国語指導助手（ALT: Assistant Language Teacher）は教育委員会や学校で、外国語担当指導主事又は外国語担当教員等の助手として職務に従事します。

和文職名	外国語指導助手（英語・仏語・独語・中国語・韓国語）
英文職名	ALT: Assistant Language Teacher
配　属	中学校・高等学校、教育委員会等
職務内容	1．中・高等学校における日本人教師の外国語授業の補助 2．小学校における外国語会話の補助 3．外国語補助教材作成の補助 4．日本人外国語担当教員等に対する現職研修の補助 5．外国語関連のクラブ等活動への協力 6．外国語担当指導主事や外国語担当教員等に対する語学に関する情報の提供（言葉の使い方、発音の仕方等） 7．外国語スピーチコンテストへの協力 8．地域における国際交流活動への協力 9．その他

＊外国青年の処遇

参加者は、特別職の地方公務員として地方公共団体に雇用され、その報酬、赴任、帰国時の旅費等は、当該地方公共団体の負担によって支給されます。契約期間は、原則として1年とします。また、契約団体と参加者との合意がなされた場合に限り、再度1年間の契約を締結することができます。この場合、再契約の回数は最高2回までとします。

報　酬	1人当たり税引後年間360万円程度を支給
旅　費	赴任及び帰国時の旅費を支給
勤務時間	1週35時間　週休2日制（土、日）を標準とする
契約期間	1年間（来日の翌日より1年間とする）再契約は2回までとする
保　険	・政府管掌健康保険・厚生年金保険・海外旅行傷害保険

【資料2：「英語が使える日本人」の育成のための戦略構想】（この資料は、文部科学省のホームページを利用して作成したもので、編集上の異同はありますが、原典との内容上の相違はありません）

「英語が使える日本人」の育成のための戦略構想
——英語力・国語力増進プラン——

平成14年7月12日

戦略構想の達成目標		検討課題
◎国民全体に求められる英語力→中学・高校での達成目標を設定 ・中学校卒業段階：挨拶や応対等の平易な会話（同程度の読む・書く・聞く）ができる（卒業者の平均が英検3級程度）。 ・高等学校卒業段階：日常の話題に関する通常の会話（同程度の読む・書く・聞く）ができる（高校卒業者の平均が英検準2級〜2級程度）。 ◎国際社会に活躍する人材等に求められる英語力→各大学が、仕事で英語が使える人材を育成する観点から、達成目標を設定。		☆「英語教育に関する研究グループの組織」 1年間を目処に結論を出す。 ①各段階で求められる英語力等に関する指標について裏付けのための研究。 ②外部試験結果を指標に関連づけることの妥当性に関する研究。 ③外部試験結果を入試等で活用すること等の方策に関する研究。 ④英語教育に関する研究や基礎的データの集約。 ⑤学校種を通じて一貫した教育内容の研究。 ⑥大学の英語教育
主な政策課題	主要な施策とその目標	
Ⅰ．学習者のモティベーション（動機付け）の高揚 ①英語を使う機会の拡充	○民間語学教育施設との連携強化等学校と地域が一体となった英語教育の推進。 ☆「外国人とのふれあい推進事業」：学校を中心とした英会話サロン、スピーチコンテスト及び留学生との交流活動等の事業を推進（自治体への補助事業）。 ☆「高校生の留学促進施策」：高校生の留学機会の拡大（年間1万人の高校生（私費留学生を含む））が海外留学することを目標。また、短期の国際交流事業等への参加も促進。 ☆「大学生等の海外留学促進施策」：海外への留学を希望する学生のための海外派遣奨学金の充実。	

②入試等の改善	☆「高校入試」：外部試験結果の入試での活用促進。 ☆「大学入試」： ①大学入試センター試験でのリスニングテストの導入（平成18年度実施を目標）。 ②各大学の個別試験における外国語試験の改善・充実。 ③試験結果の入試での活用促進。 ☆「企業等の採用試験」：使える英語力の所持を重視するよう要請。文部科学省においても、職員の採用、昇任等の際に英語力の所持も重視。	の在り方に関する研究。
II．教育内容等の改善	〈中学校・高等学校〉 ○新学習指導要領の推進（→4技能の有機的な関連を図り基礎的・実践的コミュニケーション能力を重視）。 ○中学・高校において、生徒の意欲・習熟の程度に応じた選択教科の活用又は補充学習の実施等、個に応じた指導の徹底。 ☆「スーパー・イングリッシュ・ランゲージ・ハイスクール」：高等学校等（3年間で計100校指定）における先進的な英語教育の実践研究。 ☆「外国語教育改善実施状況調査」：少人数指導や習熟度別指導等に関する実施状況及び先進的指導事例を調査。調査結果を公表するとともに、関連施策の進度の基準とする。 ☆「外国語教育に関する先進的指導事例集の作成」：教育課程研究センターにて上記調査結果をもとに、先進的授業事例に関する指導事例集を作成。	

		〈大学〉 ○優れた英語教育カリキュラムの開発・実践等を行う大学や、特に全課程を英語で授業する大学（又は学部）を重点的に支援。 ☆「英語による特別コースへの参加の促進」：留学生を対象として実施されている英語による特別コースへの日本人学生の参加の促進。	
Ⅲ．英語教員の資質向上及び指導体制の充実 ①英語教員の資質向上		○国内研修（指導者講座）：毎年2千名（4週間）。 ○国外研修：短期118人、長期28人。 ☆目標設定：英語教員が備えておくべき英語力の目標値の設定（英検準1級、TOEFL550点、TOEIC730点程度）。 ①英語教員の採用の際に目標とされる英語力の所持を条件の1つとすることを要請。 ②教員の評価に当たり英語力の所持を考慮することを要請。 ☆研修：「英語教員の資質向上のための研修計画」： ①平成15年度から5カ年計画で中学・高校の全英語教員6万人に対し、集中的に研修を実施（都道府県等への補助事業）。 ②大学院修学休業制度を活用した1年以上の海外研修希望の英語教員の支援（年に計100名、各都道府県2名ずつ）。	⑦英語教員が備えておくべき英語力の目標値について裏付けのための研究。 ⑧効率的な英語の指導方法の研究及び有効な教員養成・研修プログラムの作成等。
②指導体制の充実		○ALTの配置（JETプログラムにより5,583人、地方単独事業により2,784人（計約8,400人））。 ☆目標設定：中学・高校の英語の授業に週1回以上は外国人が参加することを目標。これに必要なALT等の配置を促進（全体で11,500人を目標）。	

	☆ JETプログラムによるALTの有効活用：国際理解教育や小学校の外国語活動への活用又は特別非常勤講師への任用などを通じて一層ALTの有効活用を促進。 ☆ 外国人（ネイティブ）の正規の教員への採用の促進：上記目標の達成のため、当面3年間で中学について加配措置により300人、将来的に中学・高校について加配措置等により1,000人の配置を目標。 ☆ 英語に堪能な地域社会の人材の活用促進：一定以上の英語力を所持している社会人等について、学校いきいきプランや特別非常勤講師制度等により英語教育への活用を促進する。	
IV. 小学校の英会話活動の充実	☆「小学校の英会話活動支援方策」：総合的な学習の時間などにおいて英会話活動を行っている小学校について、その回数の3分の1程度は、外国人教員、英語に堪能な者又は中学校等の英語教員による指導が行えるよう支援。	☆「小学校の英語教育に関する研究協力者会議の組織」：3年間を目処に結論を出す。 ①現行の小学校の英会話活動の実情把握及び分析。 ②次の学習指導要領改訂の議論に向け、小学校の英語教育の在り方を検討する上で必要となる研究やデータ等の整理・問題点の検討。
V. 国語力の増進	○新学習指導要領の推進（→表現力、理解力等を育て、伝え合う力を高める）。	

適切に表現し正確に理解する能力の育成	○児童生徒の意欲・習熟の程度に応じた補充学習の実施等、個に応じた指導の徹底。 ○子どもの読書活動の推進：「朝の読書」の推進などにより、子どもの読書に親しむ態度を育成し、読書習慣を身に付けさせる。 ☆「これからの時代に求められる国語力」：文化審議会において「これからの時代に求められる国語力」を本年度中にとりまとめる。 ☆「教員の国語指導力の向上」：小学校の教員等に対し、国語に関する知識や運用能力を向上するための研修を実施。 ☆「国語教育改善推進事業」：児童生徒の国語力を総合的に高めるためモデル地域を指定。	

(注)　○：現行施策、☆：新規・拡充施策。　　　　　　（初等中等教育局国際教育課）

参考文献

Achebe, Chinua (1994). 'The African writer and the English language,' in P. Williams & L. Chrisman (eds.) *Colonial Discourse and Post-Colonial Theory: A Reader*, New York: Columbia University Press, 428-434.
Adler, Max K. (1977). *Collective and Individual Bilingualism: A Sociolinguistic Study*, Hamburg; Helmut Buske.
Ager, Dennis, George Muskens & Sue Wright (eds.) (1993). *Language Education for Intercultural Communication*, Clevedon: Multilingual Matters Ltd.
阿原成光 (1994).「早期英語教育で考えること」、『現代英語教育』、31巻9号、26-28.
Allan, Keith & Kate Burridge (1991). *Euphemism and Dysphemism: Language Used as Shield and Weapon*, New York: Oxford University Press.
Alsagoff, Lubna & Ho Chee Lick (1998). 'The Grammar of Singapore English,' in Joseph A. Foley et al. (eds.). *English in New Cultural Contexts*, Singapore: Oxford University Press, 127-151.
有馬敏行 (1975).「小笠原での日本語教育」、『言語生活』、No. 281、35-41.
浅井信雄 (1993).『民族世界地図』、東京:新潮社.
東照二 (2000).『バイリンガリズム:二言語併用はいかに可能か』、東京:講談社.
Barbour, Stephen & Cathie Carmichael (eds.). *Language and Nationalism in Europe*, Oxford: Oxford University Press.
Berg, E. Cathrine, Francis M. Hult & Kendall A. King (2001). 'Shaping the climate for language shift? English in Sweden's elite domains,' *World Englishes*, 20, 3, 305-319.
Blakeston, Rodney (2002). 'Why do Britons waive the rules?,' *The Guardian Weekly* (on line), Thursday November 21, 2002.
Block, David & Deborah Cameron (eds.) (2002). *Globalization and Language Teaching*, London: Routledge.
Bolinger, Dwight (1980). *Language: the Loaded Weapon*, London: Longman.
Bragg, Jeff (2000). 'Country of the month: Kazakhstan,' *The Guardian* (on line), Tuesday May 23, 2000.

Brutt-Griffler, Janina (1998). 'Conceptual questions in English as a world language,' *World Englishes*, 17, 3, 381-392.
Brutt-Griffler, Janina (2001). 'Transcending the nativeness paradigm,' *World Englishes*, 20, 1, 99-106.
Brutt-Griffler, Janina (2002). *World English: A Study of its Development*, Clevedon: Multilingual Matters Ltd.
Burchfield, Robert (1985). *The English Language*, Oxford: Oxford University Press.
Byram, Michael & Peter Doyé (1999). 'Intercultural competence and foreign language learning in the primary school,' in Patricia Driscoll & David Frost (eds.), *The Teaching of Modern Foreign Languages in the Primary School*, 138-151.
Calvet, Louis-Jean (1996).『超民族語』、東京：白水社.
Calvet, Louis-Jean. (1999). *Pour une écologie des langues du monde*, Paris: Plon.
Calvet, Louis-Jean. (2000a).『言語政策とは何か』、東京：白水社.
Calvet, Louis-Jean. (2000b).「言語生態学の重層的〈中心―周辺〉モデル」、三浦信孝・糟谷啓介(編)『言語帝国主義とは何か』、東京：藤原書店、27-38.
Canagarajah, A. Suresh (1999). *Resisting Linguistic Imperialism in English Teaching*, Hong Kong: Oxford University Press.
Cenoz, Jasone & Ulrike Jessner (2000). *English in Europe: The Acquisition of a Third Language*, Clevedon: Multilingual Matters Ltd.
Chaudenson, Robert (1991). *La francophonie: représentations, réalités, perspectives*, Aix-en-Provence: Institut d'Etudes Créoles et Francophones.
千田潤一 (2002).「「英語が使える日本人」育成プラン発動」、『英語教育』、51巻10号、12-13.
鄭讃容 (2001).『英語は絶対、勉強するな！』、東京：サンマーク出版.
中公新書ラクレ編集部・鈴木義里 (2002).『論争・英語が公用語になる日』、東京：中央公論新社.
Clyne, Michael (1997). 'Multilingualism', in F. Coulmas (ed.) *The Handbook of Sociolinguistics*, Oxford: Blackwell Publishers Ltd., 301-314.
Cominos, Antony, *et al*. (1999).「ALT座談会：Are We Assistants or Are We Teachers?」、『現代英語教育』、35巻11号、12-19.
Confian, Raphael & 西谷修 (1997).「クレオール文化の可能性」、三浦信孝 (編)『多言語主義とは何か』、東京：藤原書店、118-137.

Coulmas, Florian (1987).『言語と国家：言語計画ならびに言語政策の研究』、東京：岩波書店.
Coulmas, Florian (1993).『ことばの経済学』、東京：大修館書店.
Coulmas, Florian (ed.) (1997). *The Handbook of Sociolinguistics*, Oxford: Blackwell Publishers Ltd.
Council of Europe, *et al.* (2001). *Common European Framework of Reference for Languages: Learning, teaching, assessment*, Cambridge: Cambridge University Press.
Crawford, James (2000). 'Proposition 227: a new phase of the English Only Movement,' Roseann D. Gonzalez (ed.), *Language Ideologies: Critical Perspectives on the Official English Movement*, Vol. 1, 28-61.
Crystal, David (1999a).『地球語としての英語』、東京：みすず書房.
Crystal, David (1999b). 'The future of Englishes,' *English Today*, 15, 2, 10-20.
Crystal, David (2000). *Language Death*, Cambridge: Cambridge University Press.
Davies, Alan (1996). 'Review article: ironising the myth of linguicism,' *Journal of Multilingual and Multicultural Development*, 17, 6, 485-496.
De Swaan, Abram (1991). 'Notes on the Emerging Global Language System: Regional, National and Supranational,' *Media, Culture and Society*, 13, 309-323.
De Swaan, Abram (2001). *Words of the World*, Cambridge: Polity Press.
Djité, Paulin G. (1990). 'The Place of African Languages in the Revival of the Francophonie Movement,' *International Journal of the Sociology of Language*, 86, 87-102.
Dixon, R.M.W. (2001).『言語の興亡』、東京：岩波書店.
『英語教育』編集部 (2002).「インタビュー：『英語が使える日本人』の育成のための戦略構想」について文部科学省に聴く」、『英語教育』、51巻10号、30-35.
Ferguson, Charles (1959). 'Diglossia,' *Word*, 15, 325-340.
Ferguson, Charles (1966). 'National sociolinguistic profile formula,' in William Bright (ed.), *Sociolinguistics: Proceedings of the UCLA Sociolinguistics Conference, 1964*, The Hague: Mouton, 309-324.
Frath, Pierre (2001). 'Hégémonie de l'anglais: fantasmes et dangers,' *Les langues modernes*, 95, 3, 31-38.
藤掛庄市 (1994).「公立小学校英語教育≠児童英語教育」、『現代英語教育』、31巻

9号、24-25.
船橋洋一(1999).「巻頭インタビュー：日本も法律で「英語」を公用語にすべし」、『選択』、6月号、3.
船橋洋一・鈴木孝夫対談(1999).「英語が日本を救う」、『論座』、通巻56号、12-27.
船橋洋一(2000a).「〈論争〉英語第二公用語時代　世界とのつきあいを一握りのエリートにゆだねてはいけない」、『エコノミスト』、3月14日号、82-83.
船橋洋一(2000b).『あえて英語公用語論』、東京：文藝春秋.
船橋洋一(2000c).「英語公用語論—21世紀構想の一環として」、『英語展望』、107号、2-5, 11.
船橋洋一(2000d).「英語公用語論の思想—英語リテラシーは共存と信頼のテーマ」、『月刊言語』、29巻8号、22-27.
船橋洋一・鷲田清一対談(2001).「英語公用語化で日本語はタフになる」、『中央公論』、2月号、220-231.
Gonzalez, Roseann D. (ed.) (2000). *Language Ideologies: Critical Perspectives on the Official English Movement*, Vol. 1, New Jersey: Lawrence Erlbaum Association, Inc.
Gonzalez, Roseann D. (ed.) (2001). *Language Ideologies: Critical Perspectives on the Official English Movement*, Vol. 2, New Jersey: Lawrence Erlbaum Association, Inc.
後藤斉(2001).「インターネットと言語—英語公用語論との関連において」、『宮城教育大学情報処理センター年報』、第8号、41-45.
後藤典彦(1994).「児童英語教育は認知されるか」、『現代英語教育』、31巻9号、8-11.
後藤典彦(1996).「研究開発校の実践が示唆するもの—アンケート調査をふまえて」、『現代英語教育』、33巻2号、6-10.
後藤典彦(1999).「横浜市立小学校「国際理解教室」の現在」、『英語教育』、48巻8号、26-29.
Graddol, David (1999).『英語の未来』、東京：研究社出版.
Grenfell, Michael (2002). *Modern Languages across the Curriculum*, London & New York: Routledge Falmer.
Halberstadt, Wolf (2001). 'Le Portfolio européen des langues,' *Les langues modernes*, 95, 2, 38-47.
Halliday, Michael A.K. (1978). *Language as Social Semiotic*, London: Longman.

Hamers, J.F., & M.H.A. Blanc (2000). *Bilinguality and Bilingualism*, 2nd Edition, Cambridge: Cambridge University Press.
橋本明子 (2000).「一線で働く人たちにアンケート:公用語には疑問だが、英語は使えなければ」、『エコノミスト』、3月14日号、86-87.
服部孝彦 (1999).「小学校の「総合的な学習の時間」の学習活動としてできること」、『英語教育』、48巻8号、20-22.
樋口忠彦 (編) (1997).『小学校からの外国語教育』、東京:研究社出版.
樋口忠彦 (1999).「早期英語教育のすすめ」、『英語教育』、48巻8号、8-10.
樋口忠彦 (2000).「外国語、英語教育の改革が急務」、『英語青年』、146巻6号、25.
Hinton, Leanne (1999). 'Trading tongues: loss of heritage languages in the United States,' *English Today*, 15, 4, 21-30.
平泉渉・渡辺昇一 (1995).『英語教育大論争』、東京:文藝春秋.
Hoffmann, Charlotte. (2000). 'The Spread of English and the Growth of Multilingualism with English in Europe,' in J. Cenoz & U. Jessner (eds.) *English in Europe: The Acquisition of a Third Language*, Clevedon: Multilingual Matters Ltd., 1-21.
House, Juliane (2001). 'A stateless language that Europe must embrace,' *The Guardian Weekly* (on line), Thursday April 19, 2001
Hunter, Tom (2000). 'Teacher power grows in Bangladesh,' *The Guardian* (on line), Thursday November 9, 2000.
一谷浩史 (1996).「小学校で英語を学んだ生徒を受け入れて」、『英語教育』、45巻8号、32-34.
飯田展久(2001).「世界は今、ことば:『公用語何に』住民困惑」、『日本経済新聞』、2001年10月14日朝刊.
今井京 (2000).「先行研究校の授業:金沢市立南小立野小学校の場合」、『英語教育』、49巻10号、20-21.
稲垣明子 (1996).「公立小学校への導入の前に考えること—児童英語教育の課題と試み」、『現代英語教育』、33巻2号、23-25.
井上史雄 (2000).「公用語化の必要経費—英語第二公用語論の言語経済学」、『月刊言語』、29巻8号、30-37.
井上史雄(2001).『日本語は生き残れるか:経済言語学の視点から』、東京:PHP研究所.
井上一馬他 (1996).「〈アンケート〉小学校への外国語教育導入について私はこう考える」、『英語教育』、45巻8号、24-25.

井上一馬 (2002).『英語のできる子供を育てる方法』、東京:PHP研究所.
Irizar, Tony (2001). 'English language education in Cuba,' *ESL Magazine* (on line), January/February 19.
石塚雅彦 (2001).「ここが変、日本人の英語観」、『中央公論』、5月号(通巻1404号)、226-231.
石山文彦 (1999).「言語政策と国家の中立性」、井上達夫他(編)『法の臨界III法実践への提言』、東京:東京大学出版会、97-117.
伊藤嘉一(編) (2000).『小学校英語学習レディゴー』、東京:ぎょうせい.
伊藤隆太郎 (2000).「英語なんかぶっとばせ:話せなくて悪いか!…と言いたいけれど」、『AERA』、5月29日号、10-13.
イ・ヨンスク (1996).『国語という思想—近代日本の言語認識』、東京:岩波書店.
イ・ヨンスク (2000).「「国語」と言語的公共性」、三浦信孝・糟谷啓介(編)『言語帝国主義とは何か』、東京:藤原書店、339-352.
James, Allan R. (2000). 'English as a European *Lingua Franca*: Current Realities and Existing Dichotomies,' in J. Cenoz & U. Jessner (eds.) *English in Europe: The Acquisition of a Third Language*, Clevedon: Multilingual Matters Ltd., 22-38.
Jenkins, Jeniffer, & Barbara Seidlhofer (2001). 'Bringing Europe's lingua franca into the classroom,' *The Guardian* (on line), Thursday April 19, 2001.
Kachru, Braj B. (1983). *The Other Tongue: English Across Cultures*, London: Pergamon Press Ltd.
Kachru, Braj B. (1985). 'Standards, codification and sociolinguistic realism: the English language in the outer circle,' in R. Quirk & H.G. Widdowson (eds.), *English in the World: Teaching and Learning the Language and Literature*, Cambridge: Cambridge University Press for the British Council.
影浦攻 (2000).「小学校でできる国際理解と英語活動」、『英語教育』、49巻10号、8-10.
Kandiah, Thiru, & John Kwan-Terry (eds.) (1994). *English and Language Planning: A Southeast Asian Contribution*, Singapore: National Univertity of Singapore and Times Academic Publications.
金森強(1996).「伊木力小学校での英語教育の試み」、『現代英語教育』、33巻2号、14-16.
菅正隆 (2002).「ALTが増えるのはいいけれど—声に出して読んではいけない

ALT 問題」、『英語教育』、51巻10号、16-17.
加藤重広 (2000).「英語の公用語化」、『いじわるな言語学者(加藤重広のホームページ)』、3月27日、(hmt.toyama‐u.ac.jp/gengo/petit‐27mar2000.html).
河合隼雄 (2000).「国際社会で不可欠な「手段」(インタビュー)」、『朝日新聞』、4月4日朝刊.
河合忠仁 (1999).「「国際理解」と「英語教育」の思想：早期教育の功罪」、『英語教育』、48巻8号、11-13.
姜尚中 (1996).『オリエンタリズムの彼方へ：近代文化批判』、東京：岩波書店.
姜信子 (1997).「英語教育以前に語るべきこと」、『週刊金曜日』、157号(2月7日号)、17-19.
Kubota, Ryouko (1998). 'Ideologies of English in Japan,' *World Englishes*, 17, 3, 295-306.
木谷勤 (1997).『帝国主義と世界の一体化』、東京：山川出版社.
慶應義塾大学湘南藤沢学会 (1999).『特集・多言語主義の可能性』、KEIO SFC RREVIEW、No. 5.
小池生夫 (2000).「英語第2公用語論と外国語教育政策」、『英語青年』、146巻6号、19.
小池清治 (1995).『日本語はいかにつくられたか？』、東京：筑摩書房.
小島一夫 (1999).「小学校の英語教育 根底に皮相な「国際化」」、『毎日新聞』、12月24日東京朝刊.
子どものしあわせ編集部(編) (2000).『どうする？小学校の英語』、東京：草土文化.
小堀桂一郎(編著) (2002).『ゆとり教育が国を滅ぼす』、東京：小学館.
コ・ヨンジン (2000).「韓国の英語公用語化論」、『月刊言語』、29巻8号、38-39.
國弘正雄 (2000a).「エネルギーありやなしや」、『英語青年』、146巻6号、18.
國弘正雄 (2000b).『英語が第二の国語になるってホント!?』、東京：たちばな出版.
久埜百合 (1999).「早期教育の Dos & Don'ts」、『英語教育』、48巻8号、17-19.
Lamb, Terry (2001). 'Language policy in multilingual UK,' *Language Learning Journal*, No. 23, 4-12.
Lewis, Michael (1993). *The Lexical Approach: The State of ELT and a Way Forward*, Hove, Eng.: Language Teaching Publications.
Lotbiniére, Max de (2000). 'ELT Diary: HK backdown,' *The Guardian* (on line), Thursday November 9, 2000

Lotbinière, Max de (2001). 'ELT Diary: HK teachers fail,' *The Guardian Weekly* (on line), Thursday June 21, 2001.
Lummis, Douglas (1975).「イデオロギーとしての英会話」、『展望』、2月号、112-125.
MacLeod, Donald (2001). 'Lost for words,' *The Guardian* (on line), Tuesday March 22, 2001.
マークス寿子 (1995).『爆弾的英語教育改革論』、東京：草思社.
松香洋子 (1994).「公立の小学校で教えてほしいこと」、『現代英語教育』、31巻9号、22-23.
松川禮子(1996).「生津小学校での英語教育の試み」、『現代英語教育』、33巻2号、11-13.
松川禮子 (1997).『小学校に英語がやってきた！』、東京：アプリコット.
松川禮子 (2000a).「小学校英語教育の教科化の可能性」、『英語教育』、49巻10号、14-16.
松川禮子 (2000b).「英語第二公用語論と英語教育」、『英語青年』、146巻6号、26.
松田徳一郎 (2000).「何のための第二公用語化」、『英語青年』、146巻6号、27.
松山明子 (1997).「ウェールズにおける英語の普及-国家語の拡大と教育言語政策」、田中克彦他(編)『言語・国家、そして権力』、東京：新世社、254-268.
丸谷才一・山崎正和 (2002).『日本語の21世紀のために』、文藝春秋.
Mattos, Andrea Machado de Almeida (1997). 'Native and Non-native Teacher: A Matter to Think Over,' *English Teaching Forum*, 35, 1, 38.
McKay, Sandra L. (1992). *Teaching English Overseas: An Introduction*, Oxford: Oxford University Press.
三浦信孝（編）(1997).『多言語主義とは何か』、東京：藤原書店.
三浦信孝・糟谷啓介（編）(2000).『言語帝国主義とは何か』、東京：藤原書店.
三浦信孝 (2000).「日本はクレオール性の零度か？－新しい精神の三角貿易のために」、西川長夫他（編）『20世紀をいかに越えるか』、東京：平凡社、437-468.
宮島喬・藤田英典 (1993).『文化と社会』、東京：放送大学教育振興会.
民主党英語第二公用語化検討プロジェクトチーム (2000).「英語の第二公用語化についての提言(中間まとめ)」、『民主党ホームページ』、5月23日、(dpj.or.jp/seisaku/kyoiku/BOX_KK0008.html).
Modiano, Marco (1999). 'International English in the global village,' *English Today*, 58, 15, 14-19.
Modiano, Marco (2001). 'Linguistic imperialism, cultural integrity, and EIL,'

ELT Journal, 55, 4, 339-346.
文部科学省（2001）．『小学校英語活動実践の手引』、東京：開隆堂出版．
茂木弘道（2001）．『小学校に英語は必要ない。』、東京：講談社．
茂木弘道（2002）．「会話も文法もできなくなる」、小堀桂一郎（編著）『ゆとり教育が国を滅ぼす』、東京：小学館、161-171．
Mufwene, Salikoko S. (2001). *The Ecology of Language Evolution*, Cambridge: Cambridge University Press.
Musolff, Andreas, et al. (eds.) (2001). *Attitudes Towards Europe: Language in the unification process*, Aldershot: Ashgate Publishing Ltd.
中村敬（1997）．「この国を「米国ニホン州」にしないために」、『週刊金曜日』、157号（2月7日号）、9-12．
中村敬（2000a）．「「英語公用語化」から「日本語」を守るのはいわば「国防」問題である」、『SAPIO』、5月24日号、26-28．
中村敬（2000b）．「「英語奴隷」半世紀の到達点」、『英語青年』、146巻6号、24．
Nettle, Daniel, & Suzanne Romaine (eds.) (2001). 『消えゆく言語たち：失われることば、失われる世界』、東京：新曜社．
Ngovo, Bernard L. (1999). 'The dominance of English among Liberian children,' *English Today*, 15, 4, 44-48.
Ngugi wa Thiong'o (1987). 『精神の非植民地化』、東京：第三書館．
「21世紀日本の構想」懇談会（2000）．「21世紀日本の構想報告書：日本のフロンティアは日本の中にある―自立と協治で築く新世紀」、(21century/houkokusho/index2.html)．
日本英語教育改善懇談会（1992）．「外国語教育の改善に関するアピール」、『英語教育』、40巻12号、40-41．
西川長夫・姜尚中・西成彦（編）（2000）．『20世紀をいかに越えるか』、東京：平凡社．
Noguchi, Mary G., & Sandra Fotos (eds.) (2001). *Studies in Japanese Bilingualism*, Clevedon: Multilingual Matters.
越智道雄（2000）．「文部省、〈Japイングリッシュ〉化？」、『英語青年』、146巻6号、17．
小田実(1989)『小田実の英語50歩100歩―自まえの英語をどうつくるか』、東京：河合文化教育研究所．
小熊英二（1995）．『単一民族神話の起源』、東京：新曜社．
小熊英二(2000)．「日本の言語帝国主義：アイヌ、琉球から台湾まで」、三浦信孝・糟谷啓介（編）『言語帝国主義とは何か』、東京：藤原書店、55-65．

沖原勝昭（1999）.「ALTはいらない」,『現代英語教育』、35巻12号、21.
大野晋（1994）.『日本語の起源』、東京：岩波書店.
大野晋・森本哲郎・鈴木孝夫（2001）.『日本・日本語・日本人』、東京：新潮社.
大谷泰照（2000）.「世界の外国語教育：台湾-手厚い教育予算を憲法に定めた先進的教育政策」、『STEP英語情報』、7・8月号、40-43.
大津由紀雄・鳥飼玖美子（2002）.『小学校でなぜ英語？―学校英語教育を考える』、東京：岩波書店.
O'Sullivan, Jerry (1992). *Teaching English in Japan*, Brighton: In Print Publishing Ltd.
Plomin, Joe (2000). 'New guidelines in place for teaching English abroad,' *The Guardian* (on line). Monday July 2.
Phillipson, Robert (1992). *Linguistic Imperialism*, Oxford: Oxford University Press.
Phillipson, Robert & Tove Skutnabb-Kangas (1996). 'English Only Worldwide or Language Ecology?' *TESOL Quarterly*, 30, 3, 429-452.
Phillipson, Robert (2001). 'English yes, but equal language rights first,' *The Guardian Weekly* (on line), Thursday April 19.
Pinker, Stephen (1995).『言語を生み出す本能（上）』、東京：NHKブックス.
Pugliese, Chaz (2001). 'Languages go to top of the class,' *The Guardian* (on line), Thursday March 22, 2001.
Ramsden, Mike (2000). 'Country of the month: Oman,' *The Guardian* (on line), Wednesday April 5, 2000.
Rubdy, Rani (2001). 'Creative destruction: Singapore's Speak Good English movement,' *World Englishes*, 20, 3, 341-355.
佐伯啓思（2001）.『国家についての考察』、東京：飛鳥新社.
Said, Edward M. (1978). *Orientalism*, New York: Georges Borchardt Inc.
Said, Edward M. (1998a).『知識人とは何か』、東京：平凡社.
Said, Edward M. (1998b).『文化と帝国主義Ⅰ』、東京：みすず書房.
斎藤英行（1996）.「小学校英語教育についての意識調査から」、『英語教育』、45巻8号、26-28.
酒井邦嘉（2002）.『言語の脳科学』、東京：中央公論新社.
坂田正雄（1995）.「教員採用試験と英語運用力―福岡県教育委員会の取組み」、『現代英語教育』、32、5、14-15.
佐々木勝男（1997）.「子供の世界認識を歪める」、『週刊金曜日』、157号（2月7日号）、12-13.

佐藤宏子 (2000).「失うものを考える」,『英語青年』、146巻6号、20.
澤田昭夫 (1982).「英語教師の資格試験について」,『英語教育』、30、11、20-21.
澤井繁男 (2001).『誰がこの国の英語をダメにしたか』、東京：NHK出版.
Scovel, Thomas (2000). '"The Younger, the Better" Myth and Bilingual Education,' Roseann D. Gonzalez (ed.) *Language Ideologies: Critical Perspectives on the Official English Movement*, Vol. 1, New Jersey: Lawrence Erlbaum Association, Inc., 114-136.
Sharpe, Keith (2001). *Modern Foreign Languages in the Primary School: the what, why & how of early MFL teaching*, London: Kogan Page Ltd.
Sheehan, Andrew (2002). 'A warm welcome in Chile,' *The Guardian* (on line), Monday August 5, 2002.
白畑知彦 (1994).「「公立小学校への英語教育導入について」のアンケート調査結果概要」,『現代英語教育』、31巻9号、32-35.
白畑知彦 (1999).「小学校への英語導入が抱える課題：現状での可能性」,『英語教育』、48巻8号、14-16.
塩田紀和 (1973).『日本の言語政策の研究』、東京：くろしお出版.
静岡新聞トークバトル (2000a).「英語第二公用語論～学生討論」,『静岡新聞』(2000年5月21日).
静岡新聞トークバトル (2000b).「英語第二公用語論 こう考える―投稿特集」,『静岡新聞』(2000年5月28日).
Singleton, David. (1989). *Language Acquisition: the Age Factor*, Clevedon: Multilingual Matters Ltd.
Skutnabb-Kangas, Tove & Robert Phillipson (1995). *Linguistic Human Rights: Overcoming Linguistic Discrimination*, Berlin: Walter de Gruyter & Co.
Smith, Anthony D. (1981). *The Ethnic Revival in the Modern World*, Cambridge, Cambridge University Press.
早期英語教育研究会 (編) (1998).『これでいいの、早期英語教育？』、東京：三友社出版.
Stewart, William S. (1962). 'An outline of linguistic typology for describing multilingualism,' in Frank A. Rice (1962) (ed.), *Study of the Role of Second Languages in Asia, Africa and Latin America*, Washington: Center for Applied Linguistics of the Modern Language Association of America, 15-25.
Stewart, William S. (1968). 'A sociolinguistic typology for describing national

multilingualism,' J.A. Fishman (ed.), *Readings in the Sociology of Language*, The Hague: Mouton, 531-545.
砂野幸稔 (2000).「アフリカの言語問題：多言語状況と単一言語支配」、『ことばと社会』、3号、57-80.
鈴木孝夫 (1971).「English から Englic へ」、『英語教育』、19巻10号、4-5.
鈴木孝夫 (1975).『閉ざされた言語・日本語の世界』、東京：新潮社.
鈴木孝夫 (1985).『武器としてのことば』、東京：新潮社.
鈴木孝夫 (1995).『日本語は国際語になりうるか』、東京：講談社.
鈴木孝夫 (1999a).『日本人はなぜ英語ができないか』、東京：岩波書店.
鈴木孝夫 (1999b).「英語で「日本文化」を発信せよ」、『諸君』、31巻11号、89-92.
鈴木孝夫 (2001).『英語はいらない!?』、東京：PHP研究所.
竹下裕子 (1997).「タイの英語教育：新しいあり方を模索する」、『英語教育』、46巻9号、26-27.
田中克彦 (2000a).「公用語とは何か」、『月刊言語』、29巻8号、40-46.
田中克彦 (2000b).「言語と民族は切り離し得るという、言語帝国主義を支える言語理論」、三浦信孝・糟谷啓介（編）『言語帝国主義とは何か』、東京：藤原書店、39-52.
田中克彦 (2000c).「英語を公用語にするためには」、『英語青年』、146巻6号、21.
田中慎也 (2000).「公用語論の常識—日本の言語問題との関連で」、『英語展望』、No.107、12-17.
田中安行 (2000).「「21世紀日本の構想」の言語観」、『英語青年』、146巻6号、22.
Thomason, Sarah G. (2001). *Language Contact: An Introduction*, Edinburgh: Edinburgh University Press.
土屋澄男他 (1994).「徹底討論：公立小学校への英語教育導入をめぐって」、『現代英語教育』、31巻9号、12-19.
築道和明他 (1998).「小学校の英語教育」、『英語教育』、47巻7号、40-59.
築道和明 (2000).「教員養成の実態」、『英語教育』、49巻10号、17-19.
津田幸男 (1990).『英語支配の構造』、東京：第三書館.
津田幸男 (2000).「英語第二公用語化「三つの落とし穴」が待っている！」、『エコノミスト』、3月14日号、84-85.
東北産業活性化センター（編）(1999).『国益を損なう英会話力不足：英語教育改革への提言』、東京：八朔社.
Tomlinson, John (1997).『文化帝国主義』、東京：青土社.
Trudgill, Peter (2002). *Sociolinguistic Variation and Change*, Edinburgh:

Edinburgh University Press.

梅本多 (2000).「教科としての英語:研究指定校・大阪府河内長野市立天野小学校の場合」、『英語教育』、49巻10号、22-23.

Van Der Walt, Johann L., & Bertus Van Rooy (2001). 'Towards a norm in South African Englishes,' *World Englishes*, 21, 1, 113-128.

Von Schon, Catherine V. (1987). 'The question of pronunciation,' *The English Teaching Forum*, 25, 4, 22-28.

和田稔 (1991).「国際交流の狭間で:AET の "quality control"」、『現代英語教育』、28巻2号、29.

和田稔・マークス寿子 (1992).「〈対談〉ALT の採用条件をめぐって」、『現代英語教育』、29巻5号、36-41.

和田稔(1996).「公立小学校の英語教育:その論点を整理する」、『現代英語教育』、33巻2号、17-19.

若林俊輔 (2000).「母語をつぶすつもりか」、『英語青年』、146巻6号、28.

渡邉寛治(1994).「公立小学校での英語教育に思う」、『現代英語教育』、31巻9号、20-21.

渡邉寛治(1999).「外国語会話等の授業で、子どもの何を育むのか」、『英語教育』、48巻4号、28-29.

渡邊日日 (2000).「民族的な言語行為のジレンマ:ロシア・ブリヤーチアにみえる多言語使用の諸相」、『ことばと社会』、3号、187-209.

渡辺武達 (1983).『ジャパリッシュのすすめ』、東京:朝日新聞社.

渡辺昇一 (2000).「それはエリート官僚英語の問題だ」、『英語青年』、146巻6号、29.

渡辺昇一 (2001).『国民の教育』、東京:産経新聞社.

渡辺時夫(2000).「韓国の小学校英語科—学習指導要領を読む〈前〉」、『英語教育』、49巻7号、46-48.

White, Ron V. (1997). 'Going round in circles: English as an International Language, and cross-cultural capability,' prepared for the Cross-Cultural Capability Conference '97, Leeds Metropolitan University, 15-16 December 1997 (available on http://www.rdg.ac.uk/AcaDepts/cl/SLALS/circles.html).

Widdowson, Henry G. (2001). 'Monolingual teaching and bilingual learning,' in R. L. Cooper, E. Shohamy & J. Walters (eds.), *New Perspectives and Issues in Educational Language Policy: In honour of Bernard Dov Spolsky*, Amsterdam/Philadelphia: John Benjamins Publishing Company, 7-18.

Williams, David (2000). 'Agents of influence? Oh behave yourself! But exchange programmes could be just a cove,' *The Guardian* (on line), Saturday May 6.

Wright, Sue (ed.) (2000). *Language Policy & Language Issues in the Successor States of the Former USSR*, Clevedon: Multilingual Matters Ltd.

八木敏雄（1997）.「国家百年の計をあやまるな！」、『週刊金曜日』、157号（2月7日号）、14-16.

山口幸洋(2000).「民族の言語が消えた歴史も　日本語は数少ない固有文化」、『静岡新聞』（トークバトル：英語第二公用語論こう考える）、5月28日.

山田雄一郎(1999).「外来語考序説」、山田雄一郎（編）『新英語教育講義』、広島：広島修道大学総合研究所、1-28.

山田雄一郎・難波恭子（1999）.「外来語批判―最近50年間の新聞資料の検討」、『広島修大論集』、40巻1号（人文編）、143-181.

山田雄一郎（2001）.「外国映画題名のカタカナ表記について―変遷とその社会的意味」、『広島修大論集』、41巻2号（人文編）、1-52.

山田雄一郎（2002）.『外来語と小説』、広島：広島修道大学総合研究所.

山田雄一郎（2002）.「ガーディアンを読む：イギリスの言語政策と世界の英語」、『広島修大論集』、43巻1号（人文編）、97-137.

山田雄一郎（2003）.「夏目漱石「語學力養成」再考」、『広島修大論集』、43巻2号（人文編）、1-51.

山本雅代（1991）.『バイリンガル―その実像と問題点』、東京：大修館書店.

山下泰文（1994）.「文学と言語」、『スウェーデンハンドブック』、東京：早稲田大学出版、233-252.

安田敏朗（2000）.「「英語第二公用語論」におもう」、『創文』、420号（5月号）、11-15.

矢次和代（2000）.「年齢に応じたカリキュラム・シラバスを作るために」、『英語教育』、49巻10号、11-13.

米田信子(1997).「民族語に対する言語政策とその影響―タンザニアの事例から」、田中克彦他（編）『言語・国家、そして権力』、東京：新世社、318-335.

吉田研作（1996）.「小学校の英語教育を考える」、『現代英語教育』、33巻2号、20-22.

吉澤寿一(2000).「プロジェクトチームによる研究：川崎市の場合」、『英語教育』、49巻10号、24-25.

あ と が き

　本書のタイトルは、『言語政策としての英語教育』となっていますが、当初は、『言語政策としての英語教育のために』とするつもりでいました。今でも、「～のために」の部分に多少のこだわりが残っています。本書は、これまでの英語教育に言語政策の視点が欠けていたことを指摘しその必要性を訴えていますが、政策そのものを具体的に提案しているわけではないからです。もっとも、政策提言が全く無いわけではありません。これまでの日本の英語教育への取組みを批判的に検討する中で、私自身の考えは十分に披瀝したつもりですし、それに伴う改善案や政策的なヒントになるものもいくらかは述べたつもりです。ただ、日本の英語教育を改善しようとすると、対症療法的な治療では追いつかないというのが、私の正直な感想です。

　本書で取り上げた ALT 制度や小学校英語教育の問題にしても、当面の不足を増量で補えばよいという単純なものではないのです。また、英語教員の養成にしても、従来の仕組みや基準はもはや世界的には通用しないと言ってよいでしょう。少なくとも、今の制度では、どこの国に行っても通用するような、安定した英語能力や指導技術を備えた教師を育てることはできません。今のままでは、日本で養成した英語教師は日本の教室でしか通用しない、という変則的な状況から抜け出すことはできません。日本人にしか通用しない英語教育は、これまで十分すぎるほど反省の対象になってきました。日本が日本の中だけで英語教育を完結する時代は、終わったのです。日本自身、すでに、ALT という名の国際的な補助教員を受け入れているではありませんか。現在この制度が効果的に働いていない（そう判断する理由は、本文中に述べました）のは、内向きにしか通用しない日本の英語教育や日本人英語教員と外の世界の基準に従って行動しようとする ALT と

の間で、さまざまな矛盾がぶつかり合っているからです。これからの日本は、日本人相手にしか通用しない思考法や基準に縛られていてはならないのです。

　いま、ALTと呼ばれる補助教員たちは、そのほとんどが英語国から来ています。しかし、私は、近い将来、この構図が崩れていくと考えています。いや、崩れるよう願っています。英語のネイティブ・スピーカーは、現在でもすでに、世界的な供給不足に陥っています。これは、ネイティブ・スピーカー供給国の総人口とそれに占める稼働人口（＝ALTとして海外で働ける人口）を計算すれば、およそ見当のつくことです。日本に来ているALTも、全員が英語のネイティブ・スピーカーというわけではありません。私は、このこと自体、大いに歓迎すべきことだと考えています。むしろ、積極的に非英語国から英語教師を採用すべきだと考えています。韓国や中国、タイやインドネシア、エジプトやトルコ、どこの国からでもかまわないと思います。一定の英語能力と教師としての適性基準を満たせば、英語国にこだわる必要はありません。また、日本の英語教師も積極的に海外に出かけていくべきだと思います。日本語の通じない相手に英語を教えるという経験は、日本人だけの集団を相手にしている日本の英語教師にとって「目から鱗」の機会になるはずです。その経験は、英語教師としての能力や技術、さらにはものの見方、考え方において大きな変化をもたらしてくれるでしょう。とくに、若い時期に外国人に英語を教えるという経験を持つことは、たとえそれが二ヶ月、三ヶ月の短い期間であっても、その後の教師生活に堅固な視座と足がかりを残してくれるはずです。英語教師としてのたくましさも育つはずです。

　また、仮にこのような状況が現れるなら、「国際交流」という言葉は、放っておいても死語になります。国際交流というのは、それを旗印に掲げてかまびすしく訴えているうちは、なかなか効果を生まないものです。つまり、国際交流を目的にしてはよくないのです。国際交流は結果であればよい、というのが私の考えです。その意味で、この言葉がわれわれの意識の

外に置かれるのは、歓迎すべきことなのです。

　話が、「あとがき」にふさわしくない方向に進んでいるような気がしますので、この辺で締めくくりたいと思います。最後に、本書が出来上がった経緯について、簡単に述べておきます。本書は、書物の形で出版するつもりで書き始めたものではありませんでした。第１章の部分を論文として書いているうちに、偶然まとまったものです。この章は、2002年に発表した「ガーディアンを読む：イギリスの言語政策と世界の英語」という論文が基になっています。本書の第１章として組み入れる際、新しい資料を加えたり、引用部分を翻訳したりして少し手を加えました。文章自体も追加されたり、変更されたりしています。この論文は、ヨーロッパ、あるいはアジアやアフリカの国々の外国語教育への取組みをグローバルな視点から関連づけて扱ったものです。実は、この論文を書きながら、日本の英語教育が世界の英語事情を適切に捉えていないのではないか、と思うようになりました。もともと日本の英語教育は、その根本的な部分に手をつけないまま、対症療法的な解決手段でその場しのぎを繰り返してきたところがあります。世界で進行している外国語教育が本質的に外の世界を念頭に置いて行われているのと比較して、日本の英語教育は相変わらず内向きの姿勢に終始しているのではないか、という疑問が生まれたのです。そのようなわけで、とくに政策的な特徴を持つテーマを選び出し、それらを全体として関連づける形で論述することにしたというわけです。もちろん、本書で扱ったテーマは、われわれが考えなくてはならない問題の一部に過ぎません。また、論述も十分であったとは言い難いと思います。私自身の勉強不足から、思わぬ誤解も含まれていることでしょう。これらの不備については今後の研究によって補っていくつもりでいますが、同時に、読者諸兄よりの厳しいご指摘、ご指導を戴くことができれば、これに優るものはありません。

　本書の出版にあたっては、溪水社の木村逸司氏に一方ならぬご配慮をいただきました。また、同僚の山口智子氏からは、原稿の校正に際して貴重

なご意見を頂戴しました。ここに記して謝意を表する次第です。

2003年5月

山　田　雄一郎

付記：
　本書は、広島修道大学総合研究所の出版助成を受けています。なお、本書中の外国文献よりの引用は、すべて私自身の翻訳によって示してあります。また、引用部分については、原文の縦書きを横書きに改める際に、漢数字をアラビア数字に変更した箇所があります。

索引

あ行

アカウンタビリティー 164,174,178
新しい英語 22,35,43-8,231-2
アフリカ連合 (AU) 235
ELT 38,41,47,64,67,75
イマージョン教育 163-4, 168-72
移民 27-8,157-162,167-8
イングコ指数 11
English First 27
English Only 27
英語変種 9,43,54
オーディオリンガリズム 21,94

か行

外円 (Outer Circle) 34-5,45
改革懇談会 192-3,197-200,203-4,212-6
加算バイリンガリズム (additive bilingualism) 229
学校バイリンガリズム (school bilingualism) 231
家庭バイリンガリズム (family bilingualism) 231
教授言語 (language of instruction) 117-8
共通語 7,23,26,53,147-8
銀河モデル (galactic model) 4
グローバリゼーション 4,9-15,54-60, 111-3,163,220-3,235-7
グローバル・スタンダード 66,164
グローバル・リテラシー (国際的対話力) 116
言語階層 11-2,224
言語殺し (linguistic genocide) 60
言語消失 7,60
言語戦略 9
言語帝国主義,27,182,222
言語的平等 13,41-2
言語の多様性 (linguistic diversity = LD) 60
言語パスポート (language passport) 43,234
言語明細 (language portfolio) 43,234
研究開発学校 96,100-2
減算バイリンガリズム (subtractive bilingualism) 229
国語 150-3,216-7,237-8
国際語 154,223
国際理解教育 112-6,119-24,131,134-6,142-3
国民国家 (nation state) 14,54,159, 222-6
個人バイリンガリズム 165
ことば喰い (glottophagie) 60,62
コミュニカティブ・アプローチ 64,129
コーパス計画 (corpus planning) 152, 155
殺し屋言語 (killer language) 60,62

さ行

財団法人自治体国際化協会 (CLAIR) 69,73,82
社会バイリンガリズム 165-7,228
十字軍発言 28-9
重力モデル (gravitation model) 4
小英国主義者 (little Englander) 32
植民地英語 54
シングリッシュ (Singlish) 53-5,61
新植民地主義 (neo-colonialist) 64
数字運用能力 (numeracy) 117,121, 140
ステータス計画 (status planning) 152,155-7
スーパー中心言語 4
早期外国語教育 19,23,25,37-40,124-6,173,198,215

た行

第二公用語　147-51,155,157-8,172-4,178-80
多言語国家　118,158-60,163,167,227-8
多言語社会　22,26,31,50,114,225,228,238
多言語政策　13,19,24,29,46,57,234
正しいモデル　46,48
単一言語主義（unilingualism）　24,37,58,224,237
地球村（global village）　26
知識層バイリンガリズム（intellectual bilingualism）　232
中央教育審議会　101,131,187
超民族語　162-3
通行手形　8,20,24
提案227号（Proposition 227）　27-8
帝国主義　10,13,27,32,64,221
東南アジア連合（ASEAN）　235
TOEFL　141,189,194-5,187,200,206,208,212
TOEIC　141,201,208,211-2

な行

内円（Inner Circle）　34
ナショナリズム　175,177-8
二言語教育法（The Bilingual Education Act）　28
21世紀日本の構想　13,116,147,176,178,182-3

は行

バイカルチュラル　23,35-6
ハイパー中心言語　4
非英語国　19-20,26,34-5,55,205,231,270
東ティモール　17-8
ピジン　53-4
標準中国語を話そう運動（Speak Mandarin Campaign）　54
平泉試案　178-9
武器としてのことば（language as a weapon）　9
ブリティッシュ・カウンスル　63-4
膨張円（Expanding Circle）　34-5,45

ま行

マルチリンガリズム　29
マルチリンガル　60,230
民族　10-11,13-4,222-7,236
モノリンガリズム　30

や行

ゆとり教育　144
U.S. English　27
よい英語を話そう運動（Speak Good English Movement）　52-4
読み書き能力（literacy）　116-7,119-20
ヨーロッパの共通枠組み（Common European Framework）　31,201

ら行

リテラシー（literacy）→読み書き能力
リンガ・フランカ　25,33,41,43,62,155,223,232
臨時行政改革審議会　96,99
レジスター（register）　43

わ行

わかりやすさ（intelligibility）　52,57

著者略歴

山田　雄一郎（やまだ　ゆういちろう）

広島大学教育学部大学院修士課程（英語教育学専攻）修了。佐賀大学教育学部助教授を経て、現在、広島修道大学人文学部教授。オーストラリア・シドニー大学教育学部およびイギリス・レディング大学応用言語学センターで外国語教育学を学ぶ。その後、ニューヨーク、ロンドン、パリ、イスタンブルなどにおいて研究活動。専門は、外国語教育学および言語政策論。主な著書に、*Culture, Language, and Advertising*（1997）、『外来語と小説』（2002）などがある。

言語政策としての英語教育

広島修道大学学術選書22
平成15年6月20日　発行

著　者　山　田　雄　一　郎

発行所　㈱　溪　水　社
広島市中区小町1-4（〒730-0041）
TEL (082) 246-7909／FAX (082) 246-7876
URL : http://www.keisui.co.jp

ISBN4-87440-760-9　C3082